elefante

conselho editorial
Bianca Oliveira
João Peres
Tadeu Breda

edição
Tadeu Breda

assistência de edição
Carla Fortino
Luiza Brandino

preparação
Bhuvi Libanio

revisão
Mariana Brito
Erika Nogueira Vieira

assistência de tradução
Lígia Xavier
Kenya Sade

projeto gráfico
Leticia Quintilhano

ilustração da capa
Katlen Rodrigues

direção de arte
Bianca Oliveira

diagramação
Victor Prado

tradução
Sandra Silva

bell
hooks

cultura
representações
de resistência
fora da lei

para John Amarh — arriscando com fé

prefácio à edição brasileira

paixão e revolução
Terra Johari, 8

introdução

o compasso da revolução cultural, 24

sobre a autora, 416

01. poder para a buceta: nós não queremos
ser um idiota vestido de *drag*, **36**

02. altares de sacrifício: relembrando Basquiat, **60**

03. o que a paixão tem a ver com isso? uma entrevista
com Marie-France Alderman, **80**

04. sedução e traição: *Traídos pelo Desejo* encontra
O Guarda-Costas, **102**

05. censura da esquerda e da direita, **118**

06. falando de sexo: além do imaginário fálico patriarcal, **134**

07. Camille Paglia: pagã "negra" ou colonizadora branca?, **150**

08. calor dissidente: *Fogo com fogo*, **164**

09. Katie Roiphe: um pouco de excesso feminista é útil, **180**

10. não mais seduzidos pela violência, **194**

11. cultura *gangsta* — sexismo e misoginia:
quem levará a culpa?, **202**

12. cultura Ice Cube: uma paixão em comum
por falar a verdade, **216**

13. cultura de gastar: comercialização da classe baixa negra, **248**

14. Spike Lee concebendo Malcolm X: a negação da dor negra, **262**

15. ver e produzir cultura: representando os pobres, **280**

16. de volta ao negro: acabando com o racismo internalizado, **294**

17. Malcolm X: a tão desejada masculinidade feminista, **310**

18. Colombo: o passado não esquecido, **332**

19. entrando no feminismo e indo além — só pelo prazer de
fazer isso, **348**

20. o amor como prática da liberdade, **402**

prefácio à
edição brasileira

paixão e revolução
Terra Johari

Em 2014, a New School, universidade localizada na cidade de Nova York, nos Estados Unidos, promoveu uma residência com bell hooks, proporcionando o encontro da comunidade acadêmica com a célebre teórica feminista e cultural. Um dos eventos ocorridos naquele contexto foi uma conversa pública entre hooks e a atriz trans Laverne Cox,[1] que ganhou notoriedade ao interpretar a personagem Sophia Burset na série *Orange Is the New Black*, transmitida originalmente pela Netflix entre 2013 e 2019.

Em determinado momento, Cox comentou a ideia de construir espaços seguros para o diálogo, fazendo referência ao livro *Ensinando a transgredir: a educação como prática da liberdade*, de bell hooks, lançado em 2004. A atriz foi, então, interpelada pela autora: "Sou crítica à noção de segurança no meu trabalho; o que eu quero é que as pessoas se sintam confortáveis com a cir-

---

1 "bell hooks and Laverne Cox in a Public Dialogue at The New School" [vídeo], out. 2014. Disponível em: https://www.youtube.com/watch?v=9oMmZIJijgY.

cunstância do risco". hooks foi além, questionando sobre como construir comunidades que possibilitem a existência de espaços para o risco — por exemplo, o risco de conhecer alguém fora dos seus próprios limites de raça, gênero e classe.

Assim como em vários outros livros e momentos de sua carreira, em *Cultura fora da lei: representações de resistência* bell hooks assume esse risco, que é inerente ao pensamento crítico radical que almeja expandir nossas possibilidades de existência. Dando continuidade a ideias formuladas em obras como *Anseios: raça, gênero e políticas culturais* (1990) e *Olhares negros: raça e representação* (1992), ambas lançadas no Brasil em 2019, a autora introduz este trabalho nos conduzindo à sala de estar de sua casa, à esfera íntima de sua vida. Constrói um texto em performance, uma contação de histórias, encenando um ambiente de familiaridade e também de curiosidade, no qual interage com duas crianças de sua vizinhança enquanto analisam, juntas, a pintura *Os amantes*, do artista estadunidense Jacob Lawrence. A cor vermelha chama atenção de início, uma cor que, conforme a própria autora, evoca a paixão, o desejo e a revolução.

Neste conjunto de ensaios e entrevistas, hooks mais uma vez assume seus posicionamentos de maneira apaixonada. Ela mesma questiona, na entrevista "O que a paixão tem a ver com isso?", como abrir espaço para que mulheres autodeterminadas, apaixonadas — sobretudo apaixonadas por ideias —, possam simplesmente ser elas mesmas, no contexto do patriarcado supremacista branco capitalista imperialista.

Ao mesmo tempo que produz teoria feminista e crítica cultural, a autora reivindica o direito de falar abertamente sobre sexo — sem ser reduzida a isso —, de estudar literatura medieval, de dialogar sobre relações não monogâmicas e cultivar práticas de espiritualidade. Recusando as expectativas limitantes que recaem sobre seu corpo, bell hooks assume um lugar de criatividade que desafia estereótipos de gênero, raça e classe. É um lugar de risco, de encruzilhada,[2] no qual variadas referências confluem, produzindo uma obra que a própria autora qualifica como polifônica, de múltiplas vozes.

Como comenta na entrevista "Entrando no feminismo e indo além — só pelo prazer de fazer isso", hooks desenvolve uma "teorização por meio da autobiografia ou da contação de histórias", um projeto psicanalítico perpassado pela performance. Ao deixar emergir memórias pessoais na escrita, ela produz teoria ancorada em sua experiência corporificada. Muitas vezes os disparadores de seus textos são suas próprias vivências, e com isso ela aproxima a pessoa leitora da experiência concreta, em vez de se prender a formulações acadêmicas abstratas que dificultam discussões mais amplas.

hooks não suprime a conexão entre teoria e vida vivida, mostrando que toda produção intelectual é culturalmente

---

2 As encruzilhadas são utilizadas como operador conceitual pela teórica mineira Leda Maria Martins em "Performances da oralitura: corpo, lugar de memória" (*Língua e Literatura: Limites e Fronteiras*, n. 26, p. 63-81, jun. 2003), ao refletir sobre as culturas negras nas Américas. Regidas pelo orixá Exu, que medeia a comunicação, as encruzilhadas representam, para a autora, lugares de produção de sentidos plurais e ambivalentes, que impedem a cristalização de regimes de verdade únicos e universais. No contexto violento das colonizações, as culturas negras precisaram criar estratégias polifônicas para dialogar com múltiplos sistemas simbólicos. A ideia se aplica bem ao pensamento de bell hooks, uma autora de origem popular que habita o mundo acadêmico, mas transgride suas fronteiras, dialogando com públicos diversos; transita por diferentes disciplinas do conhecimento e assume múltiplas vozes, falando sobre temáticas diversas, muitas vezes perturbando as fronteiras rígidas das áreas do conhecimento.

situada e imbricada na história de quem a formula. Por isso, faz questão de posicionar seu ponto de vista de mulher negra com origens na classe trabalhadora do Sul dos Estados Unidos e nascida em meados do século xx. Reconhecer a subjetividade no trabalho acadêmico é outro risco assumido por bell hooks, já que, historicamente, o conhecimento científico hegemônico se construiu sobre um ideal inalcançável de objetividade.

Para a autora, os estudos culturais se apresentam como terreno fértil para a transgressão, para uma comunicação com públicos diversos, para além da academia, instigando o pensamento crítico sobre a produção cultural contemporânea. Não é à toa que ela nos introduz esta obra dialogando com duas crianças. A partir de uma conversa sobre a cor vermelha, elas vão compondo uma interpretação sobre o contexto da pintura *Os amantes* e os significados e sentimentos provocados por essa cor, mostrando que as crianças também produzem crítica cultural.

Da mesma forma, bell hooks percebe o engajamento dos estudantes em suas aulas quando exercitam essa crítica, especialmente ao analisar as representações que circulam na cultura popular contemporânea. Para a autora, eles entendem esse exercício como uma possibilidade de construir conhecimento aliando as teorias acadêmicas à vida cotidiana. Ao dialogar com pessoas de fora do universo acadêmico, hooks percebeu que o desejo de compartilhar visões e posicionamentos sobre as produções culturais de seu tempo estava presente nos mais diversos contextos. Assim, ela acredita que os estudos culturais e a prática da crítica cultural estão ao alcance de todas as pessoas, e exatamente por isso se tornam uma forma potente de produzir e compartilhar conhecimento, numa sociedade que desencoraja o pensamento crítico.

Interessada em transgredir barreiras disciplinares ao produzir teoria alinhada à vida prática — e, como já dissemos, valendo-se de referenciais de múltiplas áreas do conhecimento —, bell hooks encontrou nos estudos culturais um lugar que poderia valorizar trabalhos interdisciplinares e politicamente revolucionários, como o que ela já desenvolvia. O teórico cultural anglo-jamaicano Stuart Hall[3] contextualiza historicamente o surgimento dos estudos culturais como campo de conhecimento na segunda metade do século xx, quando foram fundados os primeiros centros de pesquisa e departamentos dedicados ao tema em universidades do Reino Unido, dos Estados Unidos e da França.

Naquele contexto, a noção de cultura passou a ganhar relevância na análise social contemporânea, deixando de ser vista como variável dependente da economia ou da política. Na visão de Hall, a centralidade assumida pela cultura tem relação com uma retomada e uma reformulação de tradições já presentes no pensamento crítico, perpassando disciplinas como crítica literária, história da arte, história social, estudos de gênero, linguística, psicanálise, antropologia, vertentes culturalistas da sociologia e estudos de cinema, mídia e comunicações. São referências nesse campo os teóricos pós-estruturalistas, as abordagens marxistas como as de Antonio Gramsci e Louis Althusser, a Escola de Frankfurt, os feminismos e os estudos pós-coloniais.

Uma das grandes questões dos estudos culturais, de acordo com Hall, é reposicionar as relações entre as dimensões mate-

---

3 HALL, Stuart. "A centralidade da cultura: notas sobre as revoluções culturais do nosso tempo", *Educação & Realidade*, Porto Alegre, v. 22, n. 2, p. 15-46, jul.-dez. 1997.

riais/econômicas e culturais/simbólicas no pensamento social, num momento histórico em que as mídias e as tecnologias de comunicação possibilitaram uma nova e acelerada dinâmica de trocas culturais e circulação de informações, transformando profundamente o capitalismo mundial. Esse processo de globalização está emaranhado em dinâmicas de poder, já que os acessos às tecnologias são extremamente desiguais ao redor do planeta. Além disso, os modos de vida e as visões de mundo de alcance global, veiculados e propagados na televisão, no cinema e na literatura, encontram resistências locais que reivindicam suas tradições de conhecimento e pensamento, assim como nacionalismos herméticos que se fecham a qualquer mudança social.

Hall evidencia que, na perspectiva dos estudos culturais, uma vez que todas as práticas sociais estão ligadas a significados, existe uma dimensão simbólica na vida social que precisa ser reconhecida. A linguagem, compreendida em sentido amplo como práticas de representação e dinâmicas de circulação do significado, torna-se cada vez mais um campo de disputa política. Assim, a cultura é compreendida como um domínio de regulação da vida social, já que as práticas sociais — e inclusive nossas identidades e subjetividades — são profundamente influenciadas pelas imagens e representações que consumimos. Investimos desejo nessas imagens, muitas vezes inconscientemente, e assim vamos assumindo nossas posições subjetivas.

Exatamente por isso torna-se tão importante o exercício de se falar da cultura, das maneiras como se constituem representações e imaginários sociais em filmes, séries, livros, performances, peças de teatro, nas artes visuais ou mesmo em imagens e vídeos curtos nas redes sociais. Essas informações vão moldando nossas subjetividades e nossas práticas sociais, bem como a forma de nos relacionarmos em comunidade. É justamente por compreender muito bem essas dinâmicas que bell hooks investe tanta energia na crítica cultural. Ela sabe que consumir passivamente os modos de vida propagados nas representações midiáticas hegemônicas significa acatar os sistemas de opressão constituintes da modernidade ocidental: o capitalismo, a supremacia branca, o patriarcado, o imperialismo.

No trabalho de bell hooks, o campo das representações se apresenta, então, como arena de luta política pela descolonização das subjetividades e pela transformação radical da vida em sociedade. Ao refletir sobre as apropriações mercadológicas do legado de Malcolm X, ela afirma: "O campo de representação das imagens negras sempre foi uma cultura de plantation", em referência ao sistema colonial de produção nos Estados Unidos, com amplo emprego de trabalhadores negros escravizados. Analisando as produções culturais de seu tempo, a autora não digere passivamente essas representações — que, seguindo Grada Kilomba, evocam memórias da plantação[4] —, buscando imagens de liberdade e autoamor da negritude. hooks está sempre instigando uma atitude questionadora, de modo a não reproduzir simplesmente os mesmos regimes de visibilidade que perpetuam os sistemas de opressão.

Na forma proposta por bell hooks, o exercício da crítica cultural instiga o surgimento de subjetividades subversivas,

---

[4] Ver KILOMBA, Grada. *Memórias da plantação: episódios de racismo cotidiano*. Trad. Jess Oliveira. Rio de Janeiro: Cobogó, 2019. Valendo-se de uma abordagem psicanalítica, Kilomba expõe a reencenação constante do trauma colonial na contemporaneidade, abordando episódios cotidianos de racismo que desvelam políticas coloniais, ao mesmo tempo que trabalha a noção de reparação.

em movimento e transformação. Além de imagens positivas, a autora reivindica a criação de imagens desafiadoras, que extrapolam as limitações coloniais, e argumenta pela possibilidade de subjetividades contraditórias, compostas por múltiplas camadas e posicionamentos.

Em *Cultura fora da lei*, suas análises também estão comprometidas com a prática política e com os movimentos sociais, almejando uma transformação coletiva e estrutural da sociedade. Por isso, ao tomar posição sobre as posturas do movimento feminista e das lutas negras, hooks manifesta explicitamente suas discordâncias quando vislumbra o racismo das expoentes brancas do feminismo, bem como as posturas patriarcais e elitistas nos movimentos antirracistas. Afinal, para ela, os sistemas interligados de opressão devem ser combatidos com o mesmo empenho, sob pena de se perpetuar um mundo de dominação.

Figuras culturais populares consagradas como subversivas ou transgressoras não escapam à crítica de bell hooks. Nesta obra, tal como em *Olhares negros*, ela analisa a produção cultural da cantora Madonna, agora enfocando as imagens do livro *Sex*, publicado pela estrela da música pop em 1992. Para a autora, a abordagem de práticas sexuais homoeróticas e sado-masoquistas, reproduzida por Madonna nas fotografias, não é necessariamente revolucionária. Pelo contrário: hooks entende que Madonna cria uma reencenação colonial ao explorar as diferenças sexuais e raciais nessa publicação, enquanto reforça o lugar da branquitude heterossexual.

Em outro capítulo, a autora investe em uma análise do filme *Malcolm X*, também de 1992, dirigido pelo cineasta negro Spike Lee, cuja produção audiovisual também já havia recebido sua atenção, ora com críticas, ora com elogios. Para hooks, o filme de Lee acaba mantendo o padrão de Hollywood, ao construir uma imagem de Malcolm X palatável para a branquitude e para o público não branco conservador, esvaziando o potencial revolucionário de seu legado.

Em *Cultura fora da lei*, bell hooks se contrapõe à produção de feministas que ganharam notoriedade midiática nos Estados Unidos no início dos anos 1990, confrontando o trio de escritoras Camille Paglia, Katie Roiphe e Naomi Wolf. Para ela, essas escritoras se posicionam como "novas" representantes do feminismo sem reconhecer a importância do trabalho coletivo de mobilização política e engajamento realizado pelos movimentos anteriores — e também pelos contemporâneos. Segundo ela, ao ganhar espaço na mídia hegemônica, Paglia, Roiphe e Wolf, cada uma à sua maneira, advogam um feminismo restrito a posicionamentos individuais, e mais uma vez voltam a reduzir a experiência das mulheres a seus contextos brancos de classe média.

Enquanto autoras como Paglia, Roiphe e Wolf são retratadas como redentoras do feminismo nos grandes canais midiáticos, hooks se revolta com a maneira como ela mesma foi representada pela revista *Esquire* após uma entrevista em que falou abertamente sobre sexo. Ela argumenta que suas palavras foram descontextualizadas pelo entrevistador, estereotipadas por meio da hipersexualização e associadas a um imaginário fálico, e reivindica que repensemos a forma como se constrói o desejo sexual, que imaginemos maneiras possíveis de vivenciar o desejo para além da subjugação.

Fundamental no trabalho de hooks é sua sensibilidade às vivências das masculinidades negras. É assim que ela tece uma interpretação profunda do trabalho do artista visual

Jean-Michel Basquiat, mergulhando em suas contradições e potências, para além de visões limitantes que o enxergam como uma continuidade da produção artística branca no contexto de sua época, ou que enxergam traços de primitivismo em suas imagens. Ela também analisa o legado de Malcolm X, ressaltando as mudanças de posicionamento do líder revolucionário ao longo da vida sobre o papel das mulheres nas lutas e nas comunidades negras.

A reflexão de bell hooks sobre o rap *gangsta*, por sua vez, contesta a prática midiática de espetacularizar e demonizar uma cultura negra urbana jovem, produzida sobretudo por homens negros. Para a autora, se em muitos casos o rap *gangsta* valoriza comportamentos misóginos, isso não se deve a uma natureza essencialmente violenta das masculinidades negras, e sim aos próprios valores sexistas disseminados no contexto do patriarcado supremacista branco capitalista imperialista. A esse respeito, é também digna de nota a conversa de hooks com o rapper Ice Cube. Dialogando através das diferenças, é possível sentir que ambos compartilham a busca pelo bem-estar da comunidade negra.

A questão de classe e suas ligações com o patriarcado e a supremacia branca se fazem muito presentes nesta obra de hooks, que demonstra preocupação com as deturpações provocadas pelas representações hegemônicas da pobreza, sem deixar de considerar a necessidade de uma transformação econômica para a redistribuição de riquezas e recursos. A autora pontua imagens midiáticas que retratam os pobres como imorais e disfuncionais, contrastando com a vivência de integridade e partilha que experimentou na comunidade pobre onde cresceu, no Sul dos Estados Unidos.

hooks investiga como as clivagens de classe atravessam a negritude e contribuem para que as pessoas negras com algum grau de privilégio social tenham maior controle sobre as imagens propagadas acerca da cultura negra, que contraditoriamente deve ser retratada como uma cultura de classe baixa para atrair a atenção do mercado. Também questiona as hierarquias internas na comunidade negra baseadas no colorismo. hooks advoga então por representações plurais da negritude, instigando também as pessoas negras a questionarem suas posições de poder.

Cabe ressaltar também outra crítica de bell hooks presente em *Cultura fora da lei*: a comodificação da diferença. Já tratado em *Olhares negros*, o tema aparece novamente quando a autora analisa os filmes *O Guarda-Costas* (dir. Mick Jackson, 1992) e *Traídos pelo Desejo* (dir. Neil Jordan, 1992). Em ambos, o fascínio pelo contato com a diferença é expresso por meio de relacionamentos inter-raciais entre homens brancos e mulheres negras — e, no caso de *Traídos pelo Desejo*, a mulher negra em questão é uma travesti.

O contato com o diferente é o mote que atrai o público em ambos os longas-metragens (apesar das tentativas de negar isso). A autora questiona em que medida essa exploração da diferença produz uma mensagem de engajamento político transformador. E desenvolve aqui uma ideia bastante recorrente ao longo deste livro: a dualidade entre sedução e traição. Para ela, são filmes que seduzem ao prometer uma representação desafiadora, mas, em última instância, traem essa promessa, pois esvaziam o caráter político da diferença, como se o contato romântico e sexual fosse transgressor por si só.

Acho importante aqui trazer uma visão questionadora em relação à forma como bell hooks aborda as existências trans e travestis negras em sua obra. Em *Cultura fora da lei*, ao analisar o longa-metragem *Traídos pelo Desejo*, a autora interpreta a raiva da personagem Dil direcionada a uma personagem branca — na qual a própria hooks reconhece uma fascista — como um ato de misoginia. Suas conclusões a respeito do destino de Dil reforçam o cissexismo, pois situam a travesti, em última instância, como um homem. É uma imagem violenta, pois nega a própria identidade de gênero assumida e vivenciada pela personagem — que, não obstante, foi interpretada por um ator cisgênero.

Em *Olhares negros*, sua análise do filme *Paris is Burning* [Paris está queimando] (1990), embora bastante valiosa ao criticar o posicionamento colonizador da diretora Jennie Livingston, acaba retratando a cultura *ballroom*[5] como expressão de um desejo da comunidade LBTQIAP+ negra e latina de se conformar ao patriarcado capitalista supremacista branco. Sem dúvida, é bastante limitada a visão que considera as práticas culturais da *ballroom* meramente como opressão internalizada. Trata-se de uma cultura da diáspora negra carregada de potência de vida. A dança e a performance, na *ballroom*, permitem deslocamentos subjetivos e abrem espaço para que possamos habitar múltiplos lugares, criando um sentido de comunidade e pertencimento. Sem contar que bell hooks a

---

5 A cultura *ballroom* surgiu em comunidades negras e latinas LGBTQIAP+ em Nova York, no final da década de 1960, a partir da ruptura de Crystal LaBeija com bailes *drag* que perpetuavam critérios de julgamento racistas em competições de beleza. A comunidade passou então a produzir bailes em que ocorrem competições de dança, performance e estética, organizando-se em grupos de acolhimento conhecidos como "casas" (*houses*). Atualmente, a cultura *ballroom* atingiu uma dimensão global, e a cena brasileira vem crescendo significativamente. Sou filha da Casa de Candaces, uma casa da cena kiki brasileira (a cena local da cultura *ballroom*).

enxerga majoritariamente como um ambiente gay, subestimando — ou mesmo não compreendendo — a importância do protagonismo trans para essa cultura.

Ademais, na mesma conversa com Laverne Cox citada no início deste prefácio, hooks questiona, apontando a *lace* lisa e loira e os saltos altos de Cox, se as mulheres trans não estariam reproduzindo estereótipos racistas e misóginos sobre os corpos femininos. Cox lhe apresenta uma resposta interessante: nem todas as mulheres trans usam ou querem usar saltos e perucas lisas — trata-se de uma comunidade extremamente diversa.

Sem dúvida, a preocupação de hooks é legítima, uma vez que as imagens midiáticas propagam um ideal de beleza branco, estimulando auto-ódio na população negra — tema também tratado por ela anteriormente.[6] No entanto, o uso de signos como saltos altos ou perucas talvez não deva ser construído apenas como mera imposição ao olhar racista e patriarcal. Esses acessórios possibilitam também construir subjetividades dinâmicas, versáteis, permeáveis à invenção e à mudança — algo que a própria autora reconhece ao rememo-

---

6 Em *Cultura fora da lei*, por exemplo, é possível verificar que a preocupação da autora tem relação com as mudanças históricas em relação à estética negra entre as décadas de 1960 e 1980. Nos anos 1960, o movimento black power estimulou uma atitude de descolonização e valorização da autoestima negra, questionando as hierarquias de cor e o alisamento de cabelos naturais, por exemplo. No entanto, com as conquistas dos direitos civis, nas décadas seguintes, hooks identifica também uma tendência de busca por assimilação aos ideais brancos, no contexto em que a sociedade estadunidense passou a ser integrada. Ela reivindica então uma estratégia de luta que possa desconstruir constantemente o racismo internalizado, questionando os efeitos predatórios de uma política de representação que valoriza imagens assimiladas aos valores supremacistas brancos.

rar quando brincava de *drag* e assumia uma identidade masculina na infância. Nesses casos, a performance, como ela mesma reivindica, pode ser uma estratégia de autorrecuperação.

O importante é que bell hooks não busca o lugar de uma referência incontestável. Muito pelo contrário, ela reivindica o direito — e o risco, inerente ao trabalho crítico — de discordar publicamente, condenando a censura e a condescendência como pretextos para a manutenção de posicionamentos uniformes. Por isso, a tradução brasileira de *Cultura fora da lei* chega em boa hora, mesmo tendo sido publicada quase trinta anos depois do original em inglês.

Embora as análises de hooks estejam enraizadas no contexto dos Estados Unidos, elas certamente instigam uma atitude questionadora diante das produções culturais, das imagens e das representações que acessamos no Brasil contemporâneo — muitas delas, aliás, originadas em Hollywood. Sobretudo considerando que vivemos a era da pandemia, nos confrontamos com uma sociedade cada vez mais desigual e impermeável a discussões saudáveis. Paralelamente, as medidas sanitárias de isolamento social inauguraram um período em que a circulação virtual de informações se acentuou ainda mais. Um livro como este fomenta a nossa capacidade de crítica cultural, de debater e de discordar, movimentos essenciais para uma prática política engajada com a transformação social.

É impossível ler bell hooks e não sair da zona de conforto. O estudo de sua obra pode acender em cada pessoa uma chama, uma disposição a correr o risco de imaginar possibilidades subjetivas e comunitárias para além do patriarcado capitalista supremacista branco, possibilidades de contato genuíno com a alteridade. Se esses sistemas interligados de opressão normatizam modos de vida automáticos e apáticos, reproduzindo lugares sociais já sedimentados, as provocações de hooks nos estimulam a assumir uma presença viva, criativa e apaixonada, almejando construir novos modelos de existência — e uma cultura fora da lei.

Terra Johari é graduada em direito, mestra e doutoranda em antropologia social pela Universidade de São Paulo (USP), pesquisadora de performances e memórias negras, trans e travestis. Trabalha como analista de políticas públicas na Secretaria Municipal de Cultura de São Paulo. Também realiza trabalhos independentes como modelo e performer. É filha da Casa de Candaces, na comunidade *ballroom* da cena kiki de São Paulo introdução

o compasso da revolução cultural

Quando voltei a morar em uma cidade pequena, as crianças tornaram a fazer parte da minha vida. Antes de eu deixar a cidade sulista racialmente segregada onde nasci e cresci, seria impossível, para mim, imaginar uma vida que não incluísse a presença constante de crianças. Naquele mundo, ser solteira e sem filhos não teria me privado da companhia delas. Quando se vive em uma cultura negra, pobre e da classe trabalhadora, convivendo com uma família grande e com a comunidade, é estranho não conversar, conhecer e amar crianças. Quando deixei aquele mundo para frequentar universidades predominantemente brancas e cursar graduação e pós-graduação, cada passo em direção à posição de professora efetiva, que hoje possuo, afastava-me mais da vida das crianças.

No mundo majoritariamente branco das relações sociais acadêmicas burguesas, em que se costuma enxergar as crianças como "propriedade privada", é raro ter a oportunidade de fazer amizades próximas, intensas, intergeracionais, não baseadas na família. Há seis anos, no entanto, quando me mudei para uma cidade pequena e aluguei um velho casarão com muitos morcegos e um banheiro pequeno (ao lado da cozinha e sem porta), as crianças simplesmente reapareceram em meu dia a dia. Não sei como, espalharam pela vizinhança que eu tinha construído uma porta vermelho vivo que levava a um quartinho de teto baixo, perfeito para pessoas pequenas. As crianças subiam os degraus para a varanda e pediam para ver a porta vermelha. E foi assim que, um dia, acabei sentada na sala de estar com duas garotinhas negras, conversando sobre ensinar e escrever, falando com elas sobre crítica cultural.

De início, foi difícil explicar o significado de estudos culturais, a prática da crítica cultural. Mas então *Os amantes*, uma pintura de Jacob Lawrence, chamou a minha atenção. Estávamos sentadas diante da parede onde o quadro estava pendurado, em frente a uma cadeira de balanço vermelha. Minhas novas amiguinhas já haviam dito que achavam que eu "tinha um lance com a cor vermelha". Em seu empolgante livro sobre representação *When the Moon Waxes Red* [Quando a lua se torna vermelha], Trinh T. Minh-ha explica a atração pelo vermelho:

> Uma cor ao mesmo tempo ilimitada e profundamente subjetiva, o vermelho pode, física ou psicologicamente, fechar e abrir. Ele indica tanto a viagem interior e sem fronteiras de uma pessoa quanto os incêndios dos mundos em guerra. Por séculos, permanece como emblema de revolução.

E, de fato, eu disse para as meninas: "Gosto de vermelho porque é tão revolucionário", um comentário que provocou muitas risadinhas.

Começamos nossa conversa sobre estudos culturais pela cor vermelha, pelo seu significado na vida negra. Elas já sabiam que vermelho é a cor da sedução e do desejo. Falamos sobre a pintura de Lawrence, sobre o que viam quando olhavam para ela com atenção — com verdadeira atenção. Conversamos sobre tudo o que víamos e de que gostávamos: o modo como os amantes estão no sofá, um toca-discos ao lado deles, como parecem estar dançando, embora estejam sentados. Tentamos imitá-los. Falamos sobre a cor preta azeviche do corpo deles e sobre o vermelho intenso da mesa próxima. Elas já sabiam sobre a casta das cores, sobre como o preto escuro faz uma pessoa ser menos desejável. Ao conectar todas essas peças, encontramos um caminho para compreender Jacob Lawrence, o desejo e a paixão na vida negra. Praticamos a crítica cultural e sentimos a diversão e o entusiasmo de aprender por meio da vida normal, de usar tudo o que já sabemos para saber mais.

Fundir na vida cotidiana o pensamento crítico com o aprendizado dos livros e estudos é a união de teoria e prática que meu trabalho cultural e intelectual estabeleceu. Apaixonada pela educação para formação de consciência crítica, com frequência busco formas de pensar, ensinar e escrever que provoquem e libertem a mente, aquela paixão por viver e agir de modo a questionar sistemas de dominação: racismo, sexismo e elitismo de classe. Quando comecei a trabalhar como professora assistente dos cursos de inglês e de estudos negros na Universidade Yale, senti-me limitada demais pela pedagogia convencional, pela ênfase em especialização e periodização. Achei que realizar estudos interdisciplinares na pós-graduação me tornaria suspeita, menos legítima. Era uma ameaça às pessoas o fato de eu poder me ocupar com a escrita de livros sobre mulheres negras e feminismo enquanto estudava literatura medieval. Ultrapassar barreiras parecia ainda mais difícil conforme eu avançava na hierarquia acadêmica. Todas as pessoas em posição de autoridade pareciam querer que permanecêssemos em um só lugar. Quando esse ato de ir além dos limites se juntou ao comprometimento progressista com a esquerda política e um desejo de escrever de maneira a tornar minhas ideias acessíveis a um mundo além da academia, me vi ainda mais uma forasteira radical, alguém que se sentia em casa apenas nas margens, em estudos de mulheres e em estudos negros, nos quais o trabalho interdisciplinar era incentivado e valorizado.

Tudo mudou quando homens brancos acadêmicos nos Estados Unidos "descobriram" os estudos culturais. De repente, grande parte do que antes era ilegítimo ficou bastante popular. O trabalho que eu fazia — eclético, interdisciplinar, inspirado em visões políticas revolucionárias — ganhou um lugar de aceitação, outro lar. Era possível se encaixar nos moldes de estudos culturais evocados pelo crítico britânico negro Stuart Hall ao declarar que: "O trabalho que os estudos culturais devem executar é o de mobilizar todos os recursos intelectuais que possam encontrar a fim de compreender o que continua a tornar a vida que vivemos, e a sociedade na qual vivemos, extrema e profundamente anti-humana". Nos estudos culturais, encontrei um espaço para transgredir fronteiras livremente, mas não só: esse era um local que permitia a estudantes adentrar, de forma apaixonada, um processo pedagógico enraizado na educação para a consciência crítica, um lugar onde se sentiam reconhecidos, incluídos, onde podiam unir o aprendizado de sala de aula com a vida do lado de fora.

Combinar teoria e prática foi a estratégia pedagógica que sempre usei, que inspirou e motivou minha técnica de ensino. Era ótimo ter um molde aceitável para compartilhar o conhecimento que surgiu do ato de forçar as fronteiras, de sair do lugar. Na introdução ao livro *Between Borders: Pedagogy and the Politics of Cultural Studies* [Entre fronteiras: pedagogia e a política dos estudos culturais], Henry Giroux e Peter McLaren enfatizam que

> os estudos culturais combinam teoria e prática a fim de valorizar e demonstrar práticas pedagógicas engajadas na criação de uma linguagem nova, rompendo limites disciplinares, descentralizando a autoridade e restabelecendo as fronteiras institucionais e discursivas nas quais a política se torna condição para reafirmar o relacionamento entre agência, poder e luta.

Em sala de aula, a crítica cultural era a abordagem de aprendizado que entusiasmava os estudantes, conectando-os por meio de raça, classe, gênero, práticas sexuais e uma série de outras "diferenças". Esse entusiasmo se intensificava quando o foco da crítica estava voltado para a cultura popular. Ao usar essa mesma estratégia pedagógica fora da academia, descobri que as pessoas comuns, com experiências de vida diversas, tinham muita vontade de compartilhar pensamentos e conversar de maneira crítica sobre cultura popular. Estudos culturais eram semelhantes aos estudos negros e aos estudos de mulheres por valorizarem o trabalho interdisciplinar e por reconhecerem que a educação não é politicamente neutra; mas se diferenciavam ao afirmar nosso direito e nossa responsabilidade, como acadêmicos, de estudar e escrever sobre cultura popular de forma séria. A conversa crítica sobre cultura popular era um modo potente de compartilhar conhecimento, dentro e fora da academia, atravessando diferenças de maneira opositiva e subversiva.

Embora estudos culturais que analisam a cultura popular tenham o poder de deslocar intelectuais para fora da academia e para as ruas, onde nosso trabalho pode ser compartilhado com um público maior, muitos pensadores críticos que produzem crítica cultural têm receio de fazer esse movimento. Preferem marcar pontos ao permanecer no mundo acadêmico e lá representar o *radical chic*. Esse é o caso, sobretudo, quando acadêmicos se sentem menos *cool* se tentam vincular a prática intelectual de estudos culturais com a politização radical. O desejo de parecer "bacana" ou "por dentro" levou à produção, nos Estados Unidos, de um *corpus* de estudos culturais que se apropria de trajetórias e significados da cultura popular e os reescreve de maneiras que atribuem a diferentes práticas culturais propósito e poder subversivos, radicais, transgressivos, mesmo quando há poucas evidências sugerindo ser o caso. Isso tem acontecido principalmente com trabalhos acadêmicos a respeito de ícones populares (Madonna, por exemplo). A canibalização voyeur da cultura popular por parte de críticos culturais é sem dúvida perigosa quando o propósito é puramente oportunista. Contudo, ao desejarmos descolonizar mentes e imaginações, o enfoque dos estudos culturais na cultura popular pode ser — e é — um poderoso espaço de intervenção, desafio e mudança.

Todos os ensaios e diálogos em *Cultura fora da lei: representações de resistência* surgem de um engajamento empírico com práticas e ícones culturais tidos como marginalizados, que forçam os limites, perturbam políticas convencionais e aceitáveis de representação. Partindo do ponto de vista de que o trabalho dos críticos culturais não é apenas consolidar passivamente práticas já definidas como radicais ou transgressoras, eu rompo barreiras para ter outra perspectiva, contestar, questionar e, em alguns casos, recuperar e resgatar. Estes ensaios refletem o desejo de construir estruturas em que romper barreiras não será sugerido simplesmente como um exercício mental masturbatório, que tolera o movimento da mente intelectual insurgente por meio de novas fronteiras (outra versão do safári na selva) ou que se torna justificativa para movimentos do centro para as margens que meramente mimetizam de uma nova forma os velhos padrões do imperialismo cultural e do colonialismo. Trabalhando com estudantes e famílias em diversos contextos de classe, fico constantemente espantada com a dificuldade de ultrapassar barreiras nesta sociedade supremacista branca, capitalista e patriarcal. E é obviamente mais difícil para indivíduos que não têm privilégio material nem um nível mais elevado de educação fazer as mudanças elaboradas de posição, pensamento e experiência de vida sobre as quais os críticos de cultura falam e escrevem como se fosse apenas uma questão de vontade individual. Reivindicar o rompimento de barreiras, a mistura do que está por baixo com o que está por cima, o hibridismo cultural, como a expressão mais profunda de uma prática cultural desejada dentro da democracia multicultural, significa que devemos ousar imaginar maneiras de essa liberdade de movimento ser vivenciada por todas as pessoas. Uma vez que o rompimento da mentalidade colonizado/colonizador é necessário para que o ato de ultrapassar barreiras não apenas reitere padrões antigos, precisamos de estratégias para descolonização cujo objetivo seja mudar a mente e os hábitos de todas as pessoas envolvidas em crítica cultural. Nestes ensaios, chamo a atenção para a classe e as inúmeras maneiras por meio das quais suas estruturas impedem pessoas sem privilégio material de acessar formas de educação para a consciência crítica, essenciais ao processo de descolonização. Qual o significado de instruirmos estudantes jovens, privilegiados, predominantemente brancos a se desfazerem da supremacia branca se esse trabalho não estiver atrelado ao que busca intervir e mudar o racismo internalizado que agride pessoas de cor?[1] Como compartilhar o pensamento e a prática feminista se esse trabalho não estiver atrelado a ações arrojadas? Como compartilhar o pensamento feminista e mudar o sexismo em todas as esferas da vida? A criação de uma cultura em que a liberdade de se autoquestionar, desafiar e mudar existe apenas para aqueles que podem ocupar a posição de quem coloniza, enquanto a maioria das pessoas não tem essa liberdade, apenas mantém as já estabelecidas estruturas de dominação. Politicamente, não vivemos em um mundo pós-colonial, porque a mentalidade do neocolonialismo molda a metafísica subjacente do patriarcado supremacista branco capitalista. A crítica cultural apenas pode ser um agente de mudança e educar para a consciência crítica de formas libertadoras se nosso ponto de partida for uma mentalidade e uma política progressista essencialmente anticolonialistas, que neguem o imperialismo cultural em todas as suas manifestações.

Ao romper barreiras dentro do mundo acadêmico, entrando e saindo dos estudos negros e de mulheres, departamentos tradicionais de inglês e estudos culturais, fico frequentemente angustiada com a disposição de um grupo de repudiar a dominação de uma forma enquanto a apoia de outra — homens brancos que levam o sexismo a sério, mas não estão preocupados com o racismo, ou vice-versa; homens negros que estão preocupados em acabar com o racismo, mas não querem ques-

---

1 Nos Estados Unidos, o termo "pessoas de cor" (*people of color*) é atualmente uma expressão sem cunho pejorativo, que engloba negros, marrons, latino-americanos, indígenas, muçulmanos etc. [N.E.]

tionar o sexismo; mulheres brancas que querem confrontar o sexismo, mas não abrem mão do racismo; mulheres negras que querem questionar o racismo e o sexismo, mas reivindicam a hierarquia de classes. Segundo Stuart Hall, os estudos culturais têm poder de ajudar a criar um mundo mais justo, mas, para alcançá-lo, devemos estar dispostos a abrir mão, com coragem, da participação em qualquer esfera de dominação hierárquica coercitiva na qual gozamos de privilégio individual e de grupo. Dado que o fascismo cultural está em ascensão, que há essa demanda tão descarada por políticas separatistas, acolher noções de inclusão e exclusão baseadas em gênero, raça ou nacionalidade semelhantes impede seriamente todo o esforço progressista para criar uma cultura que rompa barreiras, que permita tanto o compartilhamento de recursos quanto a produção de uma cultura de comunalismo e mutualidade. A disposição audaciosa de repudiar holisticamente a dominação é o ponto de partida para uma revolução cultural progressista. A crítica cultural pode ser e é um lugar vital para a troca de conhecimento ou a formação de novas epistemologias.

Ao ponderar sobre o fascínio que aquelas crianças de gênero, raça/etnia, nacionalidade e classe diferentes e de práticas sexuais ainda não declaradas manifestaram em relação à porta vermelha da minha casa, comecei a pensar sobre a política do espaço. Essa porta levava a uma sala projetada para corpos pequenos: tudo ao alcance, nada colocado ali para intimidar ou ameaçar. Eu não conseguia evocar memórias nítidas, mas tentei me lembrar da minha relação com o espaço, quando criança; de como era uma declaração de liberdade e poder quando conseguia afirmar minha própria capacidade de agir e romper a dependência de adultos, de irmãos e irmãs mais velhos, maiores. Lembro-me de pensar — e, como todos os críticos culturais que são crianças, de compartilhar minha observação com o mundo ao meu redor — que, se eu pudesse, faria com que tudo no mundo fosse do tamanho certo para as crianças, e os adultos teriam que aprender a fazer as coisas de maneira diferente. Em muitos aspectos, a revolução cultural progressista só pode acontecer na medida em que aprendemos a fazer tudo de forma diferente. Ao descolonizarmos a mente e a imaginação, aprendemos a pensar diferente, a ver tudo com "os novos olhos" de que Malcolm X disse que precisaríamos se fôssemos entrar na luta como sujeitos, e não objetos. Estes ensaios e diálogos representam meu crescimento contínuo como artista, crítica cultural, teórica feminista, escritora, alguém que busca enquanto caminha. Contrariando a convenção, quase sempre imagino primeiramente uma coleção de ensaios que quero escrever e então os produzo à medida que eventos culturais estimulam minha imaginação. Alguns dos meus ensaios são publicados primeiro em revistas, porque fico ansiosa para espalhar a mensagem, receber feedback crítico e falar para e com públicos diversos — e veicular um texto em vários lugares torna isso possível. O trabalho em *Cultura fora da lei* muitas vezes começou onde pararam as publicações anteriores; às vezes, pode ser repetitivo, para enfatizar e recordar. Embora eu entenda que estejam conectados, cada texto tem uma visão diferente sobre cultura e realidade. Polifônico, o livro combina as minhas muitas vozes — a fala acadêmica, o inglês padrão, o patoá vernacular, a língua das ruas. Enaltecer e consolidar a prática cultural e intelectual insurgente é simbolicamente uma porta vermelha — um convite para entrar em um espaço de mudança de pensamento, a mente aberta que é o coração da revolução cultural.

01.
poder para a buceta: nós não queremos ser um idiota vestido de *drag*

Acredito no poder da Madonna, pois ela tem a coragem de ser a santa padroeira do novo feminismo.
— Kate Tentler, *The Village Voice*

Aos vinte e poucos anos, fiz minha primeira peregrinação pela Europa. Esse destino era uma iniciação necessária para qualquer jovem artista dos Estados Unidos que pretendesse levar uma vida não conformista, intensa, no limite, cheia de aventuras. Ser negra, mulher, da classe trabalhadora, ter crescido em uma cidade racialmente segregada do Sul, onde o mais perto que cheguei do êxtase foi durante um culto da igreja, em um domingo pela manhã — nada disso me fez pensar que as portas da vanguarda radicalmente *cool* estariam fechadas para mim. Confinada e cerceada por família, região e religião, eu estava internamente sem lar e sofrendo, e acreditava que fosse devido a um doloroso afastamento de uma comunidade divina de visionários artísticos radicais que eu imaginava estarem ansiosos para que me unisse a eles. Muito dolorosamente, passei a infância sonhando com o momento em que encontraria o caminho de casa. Na minha imaginação, lar era um lugar de total abertura, de reconhecimento e reconciliação, onde se poderia criar com liberdade.

A Europa foi um ponto de partida necessário para essa busca. Eu acreditava que lá não encontraria o racismo desumano e tão difundido aqui, a ponto de mutilar a criatividade negra. A Europa da minha imaginação era um lugar de liberdade artística e cultural, onde não havia limites nem fronteiras. Eu tinha aprendido sobre essa Europa nos livros, nos escritos de negros expatriados, mas não foi esse o continente que descobri. A Europa para a qual viajei era um lugar onde o racismo estava sempre presente, mas na forma de paixão pelo "primitivo", pelo "exótico". Quando um amigo e eu chegamos a Paris, um taxista nos levou a um hotel onde fotos de mulheres negras nuas enfeitavam as paredes. Em todos os lugares, encontrei a aceitação e a celebração da negritude, desde que ela permanecesse dentro dos limites do primitivismo.

Ironicamente, os brancos europeus com frequência me encorajavam a me unir a eles na afirmação da Europa como um lugar mais livre, menos racista, mais culturalmente aberto do que os Estados Unidos. A certa altura, me disseram que os europeus, ao contrário dos brancos estadunidenses, não tinham nenhum problema em adorar uma Madona Negra; essa era a prova de que sua cultura era capaz de extrapolar a raça e o racismo. Aliás, amigos europeus insistiram que eu fizesse uma peregrinação até Montserrat para ver por mim mesma. No santuário da Nossa Senhora Negra, vi filas longas de devotos brancos prestando louvor com adoração. Eles estavam orando, chorando, ansiosos para acariciar e tocar, para serem abençoados por aquela misteriosa mulher negra santa. Na imaginação dessas pessoas, sua presença era a perfeita personificação do milagroso. Estar com ela era estar em um lugar de êxtase. De fato, nesse santuário, raça, classe, gênero e nacionalidade desapareceram por um momento. Em vez disso, havia uma visão de esperança e possibilidade. No entanto, esse momento não alterou, de forma alguma, a política de dominação do lado de fora, no espaço do real. Somente no âmbito do imaginário sagrado havia a possibilidade de transcendência. Nenhum de nós podia permanecer lá.

Minha jornada terminou. Não voltei para casa para me tornar uma artista boêmia. Meu trabalho criativo, pintura e escrita, foi deixado de lado enquanto trabalhava arduamente para ser bem-sucedida na academia, para me tornar algo que nunca quis ser. Até hoje me sinto tão aprisionada no mundo acadêmico quanto me sentia no mundo em que cresci. E ainda me apego ao sonho de uma comunidade artística radicalmente visionária que possa manter e cultivar a criatividade.

Essas memórias e reflexões são uma espécie de preâmbulo à minha fala sobre Madonna como ícone cultural, para contextualizar o que ela representou para mim. No começo, eu era apaixonada por ela, não tanto porque era "fissurada" por sua música — eu era fissurada pela presença dela. Sua imagem, assim como a da Madona Negra, trazia uma sensação de promessa e possibilidade, uma visão de liberdade; era feminista, no sentido de que ousava transgredir fronteiras sexistas; era boêmia, no sentido de que era aventureira, corria riscos; era ousada, no sentido de que apresentava uma subjetividade não estática, em constante mudança. Ela era intensa, gostava de prazer, mas era disciplinada. Para mim e para várias outras mulheres jovens feministas "badaladas" confinadas à academia, Madonna era um símbolo de criatividade e poder feminino não reprimido — era sexy, sedutora, séria e forte. Era a personificação desse meu/nosso lado radical de ser mulher, que corre riscos, que tinha que ser diariamente reprimido para que fôssemos bem-sucedidas no mundo institucionalizado convencional, na academia. Durante muito tempo, sua presença transgressora foi um farol, uma luz guia, traçando a jornada de artistas "feministas" que estavam alcançando poder, alcançando a realização cultural.

Hoje, ver Madonna redefinir de maneira pública sua persona longe daquela imagem inicial politizada, de talento artístico transgressor feminino, inevitavelmente causa sentimentos de traição e perda em diversas admiradoras feministas. Queríamos muito testemunhar a "garota materialista" tornar-se uma mulher madura que ainda incorporasse um espírito feminista subversivo. Ansiávamos por isso, em parte para ver ícones culturais femininos seriamente radicais manifestando a promessa feminista de que o sexismo nem sempre limita, forma e molda nossas identidades culturais e nosso destino. No fundo, no fundo, muitas admiradoras feministas da Madonna, ao começarem a se tornar mulheres maduras, temem que essa transição sinalize o fim de todas as formas de radicalismo — social, sexual, cultural. Portanto, precisávamos das transgressões dela. Mulheres que lutam para manter um forte comprometimento com a mulheridade feminista radical, encarando uma cultura que recompensa a traição, querem ter um ícone feminista que se posicione contra o patriarcado, que "lute contra o poder". Durante muito tempo, Madonna parecia ser esse ícone. Já que o pensamento e o movimento feministas sofrem com uma intensa repercussão negativa, queremos mulheres ícones que mostrem a todos que podemos triunfar, apesar do forte antifeminismo. No fim das contas, sabemos que a transformação feminista da cultura e da sociedade é ainda mais diretamente ameaçada quando pessoas que outrora foram defensoras e apoiadoras das demandas feministas pelo fim do sexismo e da opressão sexista passam a agir como se isso não fosse mais uma pauta necessária e crucial. Daí nosso lamento coletivo ao detectar os sinais de que Madonna não contemplará esse sentido inicial de promessa e poder feministas.

Atualmente, Madonna está redefinindo sua persona pública de um jeito que nega e apaga seu apoio anterior às questões feministas. A primeira pista dessa grande reviravolta veio a público na edição de outubro de 1992 da *Vanity Fair*, que apresentou Madonna como uma menininha sexy. Uma lacuna assustadora separou a visão radical sobre sexualidade feminina ativa que Madonna expõe na entrevista, conduzida por Maureen Orth — com o sugestivo título "The Material Girl's Sexual (R)Evolution" [A (r)evolução sexual da garota materialista] —, e as fotos entediantes, convencionais, em estilo de pornografia infantil que acompanham o texto. A imagem de uma Madonna adulta, com mais de trinta anos, divertindo-se como uma menininha sexy, provavelmente devido ao entusiasmo por ganhar e sustentar o olhar pornográfico patriarcal de massa enquanto prende a atenção do público, expõe a maneira como o envelhecimento da mulher em uma sociedade sexista pode comprometer a fidelidade de qualquer uma às visões políticas radicais, ao feminismo. O que a "garota materialista" deve fazer quando se torna rapidamente uma mulher adulta, imersa em uma economia de imagens culturais, com grande parte de seu apelo de massa profundamente enraizado no romance da juventude rebelde? A recriação de si mesma como uma garotinha se apresenta, sobretudo, como uma tentativa oportunista de sustentar a imagem de que pode ser jovem para sempre. Recomeçando como um símbolo sexual de menininha no parquinho, Madonna rejeita e trai seu questionamento radical anterior sobre objetificações sexistas da sexualidade da mulher, anunciando, por meio dessas fotos, que ela concorda em ser representada dentro de um campo de produção imagética sobredeterminado pelo patriarcado e pelas necessidades de um olhar pornográfico heterossexista.

A Madonna "gostosa" que se atreve a desafiar o status quo já era. Não há nada de "audacioso" nem de interessante nas fotos da *Vanity Fair*. E elas não suscitam em mim uma reação forte. Ao vê-las, apenas me senti triste. Depois de toda a sua ousadia, de questionar corajosamente as construções sexistas da sexualidade da mulher, Madonna, no auge de seu poder, parou de ir contra o sistema. Sua nova imagem não tem nem um pouco de radicalismo. A perda desse estilo subversivo é ainda mais evidente no livro *Sex*. De repente, nada sobre a imagem de Madonna é politizado. Em vez disso, com a publicação de *Sex*, ela assume o papel de sacerdotisa de um hedonismo cultural que procura substituir uma prática política radical e libertadora, que desataria nossa mente e nosso corpo, pela produção e busca ilimitadas de prazer sexual.

Sex impõe o hedonismo generalizado como alternativa à resistência. A subjetividade radical inconstante, marca registrada quintessencial de Madonna no início da carreira, em oposição a uma identidade fixa conformista, era uma ousadia de ser diferente que não expressava exibicionismo raso, e sim vontade de confrontar, desafiar e mudar o status quo.

Lembro-me de suas exibições de assertividade sexual nos primeiros videoclipes, como em "Material Girl", dizendo no programa *Nightline* que ela havia imposto um limite à violência, à humilhação e à degradação das mulheres. É esse posicionamento como sujeito que desapareceu. Como Susan Bordo nos lembra em seu ensaio "Material Girl: The Effacements of Postmodern Culture" [Garota materialista: os apagamentos da cultura pós-moderna], o desejo de ser diferente "surge por meio da luta política em curso, e não do ato de interpretação criativa". É irônico que seja justamente nesse momento cultural, quando Madonna se alia ao status quo, que ela insiste em se identificar como radical, declarando: "Eu me vejo como uma revolucionária a essa altura". Defende sua crença de que *Sex* terá função política, que vai "abrir a mente de algumas pessoas", inferindo que o livro levará espectadores a aceitarem e a tolerarem variadas práticas sexuais. A ironia, obviamente, é que, para aqueles espectadores que sempre consumiram uma variedade de material pornográfico patriarcal e/ou um erotismo progressista, *Sex* não oferece nenhuma imagem nova. Toda vez que abro *Sex*, lembro-me de um anuário escolar. O layout e o design parecem meio amadores. A mudança constante de tipo de fonte e de estilo evoca lembranças de reuniões sobre o meu próprio anuário do ensino médio, em que concordamos que tudo era válido para permitir que os desejos de todos fossem representados. Esse efeito descontraído parece altamente intencional em *Sex*. Onde estariam o rosto de formandos e seus colegas de turma, Madonna nos oferece diversas imagens sexuais, muitas das quais parecem ter sido apropriadas de revistas como *Players*, *Playboy*, *On Our Backs*, e assim por diante, com uma diferença especial, obviamente — todas elas apresentam Madonna.

Embora essa coleção de pornografia e erotismo possa seduzir um público de massa (em especial, um público de consumidores adolescentes) que talvez nunca tenha buscado por essas imagens nos muitos outros lugares onde poderiam ser encontradas, é improvável que o livro seja capaz de mudar a visão de qualquer pessoa sobre práticas sexuais. Apesar da propaganda exagerada de Madonna, que faria o público acreditar que ela é a visionária radical apresentando assuntos transgressores para uma audiência de massa, a realidade é que os anúncios, vídeos, filmes e a televisão já estavam explorando essas imagens. Madonna é, na verdade, apenas um elo na corrente do marketing que explora representações da sexualidade e do corpo para ter lucro, uma cadeia que se concentra em imagens antes consideradas "tabu". Sem querer comprometer sua própria propaganda exagerada, a garota materialista precisa argumentar que suas imagens são diferentes — originais. A grande diferença, obviamente, é que o espaço que ela ocupa como artista cultural e ícone lhe permite alcançar um público muito maior do que os tradicionais consumidores de imagens pornográficas ou de erotismo progressista. Apesar de suas esperanças de intervenção radical, a grande maioria dos leitores parece lidar com *Sex* como consumidores convencionais de pornografia. O livro é usado para excitar sexualmente, provocar ou estimular um prazer voyeurístico em se masturbar. Não há nada de radical nisso.

O aspecto mais radical de *Sex* é a apropriação e o uso de uma imagética homoerótica. Esse uso não é único. Ao comentar sobre de que modo esses atos de apropriação se tornaram uma nova tendência, a resenha da *Newsweek* sobre *Sex* argumentou o seguinte:

Conforme os ataques à comunidade gay tornaram-se um dos crimes de ódio mais comuns nos Estados Unidos, a iconografia gay fervilha cada vez mais desafiante na mídia convencional. Depois de Madonna inicialmente ter se apresentado como uma Marilyn Monroe, ela tem desempenhado o papel de *drag queen*, usando a identidade como forma de autodefesa. Em troca de seu carinho genuíno, ela escancarou o armário da subcultura gay para a melhor de suas ideias [...] ela não está apenas tornando o sexo explícito algo convencional; ela está tornando o sexo explícito homoafetivo convencional. Nisso, ela é pioneira. Por mais difícil que seja imaginar uma grande celebridade de outra época fazendo um livro tão explícito quanto *Sex* — e sobrevivendo a isso —, é impossível imaginar alguém fazendo o mesmo sendo gay.

Em outras palavras, dentro da atual economia canibal de mercado, a disposição em consumir imagens homoeróticas e/ou homossexuais não corresponde a uma disposição cultural de se posicionar contra a homofobia ou de desafiar o heterossexismo.

A pornografia patriarcal sempre se apropriou do homoerotismo e o explorou. Vale tudo dentro do contexto maior do hedonismo sexual pornográfico, e todos os tabus se tornam parte da mistura de prazeres. Essa experiência não significa que os indivíduos que consomem essas imagens não estejam fortemente comprometidos em manter o heterossexismo e em perpetuar a homofobia. O desejo voyeurístico de olhar ou de experimentar, por meio da fantasia, práticas sexuais que podem ser percebidas como tabu na vida cotidiana não sinaliza uma ruptura no status quo sexual. Por isso, simplesmente retratar essas imagens, propagando-as por meio do marketing de massa para um público mais amplo, não é, por si só, uma intervenção subversiva, embora, em alguns casos, possa ter um impacto desafiador e disruptivo.

Ao longo de sua carreira, Madonna se apropriou de aspectos fascinantes das subculturas gays, mesmo que tenha, muitas vezes, enquadrado a experiência gay com estereótipos heterossexistas e homofóbicos. (Um exemplo dessa tendência é sua insistência, no filme *Na cama com Madonna*, em dizer que seus dançarinos, a maioria dos quais gay e não branca, são "aleijados emocionais" que precisam dela para "brincar de mãe", para os guiar e disciplinar.) Esse tipo de mater/paternalismo se encaixa em uma história do chamado conceito heterossexual empático da experiência homossexual na cultura popular, que a representa como desviante, subversiva, selvagem, um "horror" que é ao mesmo tempo fascinante e divertido, mas sempre, essencialmente, um "horror".

Essa forma não subversiva de representação salta das páginas de *Sex*. As primeiras fotos de Madonna com duas lésbicas radicais do sexo retratam-nas em cenários onde elas são construídas visualmente como aberrações. Em várias fotos, Madonna está posicionada em relação a elas de forma a insistir na primazia de sua imagem como personificação de uma norma heterossexual, "o feminino ideal". Visualmente colocada em várias fotos como voyeur e/ou vítima, ela está no centro, e o casal lésbico, sempre marginalizado. Invariavelmente, as construções homofóbicas da prática sexual gay na grande mídia reforçam a noção estereotipada de que pessoas gays são predadoras, ansiosas para devorar os inocentes. Madonna é o símbolo da inocência; as mulheres lésbicas representam a experiência. Ao contrário dela, elas não têm corpo firme, duro, nem carregam no rosto o visual recém-inventado, bem alimentado, tipicamente estadunidense. Uma das imagens não eróticas ou pornográficas mais potentes nessa sequência mostra Madonna a certa distância das duas mulheres, parecendo angustiada, como se ela não pertencesse, como se estar na presença delas machucasse. Um perfeito exemplo de contraste é Madonna aparecer repetidas vezes nessas imagens como se estivesse com elas, mas não sendo parte do grupo delas. Apresentada dessa forma, sua presença convida leitores do status quo a imaginar que também podem consumir imagens de diferença, participar das práticas sexuais retratadas e ainda assim permanecer intocados — sem mudanças.

Incorporando a mais alta expressão do poder pornográfico patriarcal capitalista, Madonna aparece em *Sex* como a penúltima voyeur sexual. Ela olha e pede que olhemos para ela olhando. Como quem lê seus comentários introdutórios no livro está ciente de que não estamos de fato vendo fotos documentais, mas um cenário sexual cuidadosamente construído, nunca podemos nos esquecer de que nosso olhar é dirigido, controlado. Pagamos por nosso direito de olhar, assim como Madonna pagou as duas mulheres para aparecerem com ela. Nosso olhar deve ser sempre e apenas direcionado ao que ela quer que vejamos. E isso significa que o que parece imagem de homoerotismo/homossexualidade é apenas reflexo de sua perspectiva voyeurística. É essa perspectiva sobredeterminada que molda e configura a imagem da prática sexual gay que temos permissão para ver.

No âmbito do olhar pornográfico de Madonna, o ato de ser gay está reinscrito como clichê da narrativa cultural do hedonismo sexual pornográfico patriarcal. Esse ser gay apresentado ao longo de *Sex* não exige reconhecimento e aceitação da diferença. Em vez disso, é uma exigência de que a diferença seja apropriada, de forma a dispersar seu poder. Assim, o olhar pornográfico voyeurístico consumista viola o corpo e o ser gay ao sugerir, via apropriação, que o espaço de questionamento não seja jamais a presença homoerótica/homossexual, mas um centro heterossexual. A homossexualidade aparece, portanto, como mera extensão do prazer heterossexual, uma parte dessa prática, e não uma alternativa ou expressão essencialmente diferente de desejo sexual.

Em última análise, as imagens da homossexualidade em *Sex*, embora apresentadas como nunca antes para um público convencional, não são retratadas de maneira a exigir que os espectadores demonstrem qualquer fidelidade ao contexto do qual emergem, tampouco que o compreendam. Na verdade, são apresentadas como se surgissem da imaginação heterossexual, permitindo, assim, que o público heterossexual e/ou homofóbico participe das relações voyeurísticas de Madonna, investigando e olhando o "ser gay" sem relacionar esse prazer a qualquer luta de resistência pelos direitos dos homossexuais, a qualquer exigência de renúncia ao poder heterossexista. Em relação às páginas iniciais do livro, a imagem de Madonna cercada por homens em uma casa noturna gay sugere disposição para violar, para adentrar um espaço que é, no mínimo simbolicamente, quiçá de fato, fechado, fora dos limites. Mesmo no âmbito do homoerotismo/homossexualidade masculina, a imagem de Madonna usurpa, domina, subordina. Codificada em *Sex* sempre como heterossexual, sua imagem é a expressão dominante do heterossexismo. Espelhando o papel de feitor de uma plantation[2] em uma economia escravocrata,

2 Referência ao sistema de monocultura dos Estados Unidos no qual era empregada mão de obra escravizada. [N.E.]

Madonna analisa a paisagem do hedonismo sexual, de sua liberdade "gay", de seu território do outro, de sua selva. Não há ruptura de estereótipos aqui e, mais importante, nenhum questionamento crítico sobre como essas imagens perpetuam e mantêm institucionalizada a dominação homofóbica. No contexto do livro Sex, a cultura gay permanece irrevogavelmente ligada a um sistema de controle patriarcal delimitado por um olhar pornográfico heterossexista.

Assim como as representações da homossexualidade não são problematizadas em Sex, o sadomasoquismo também não é. Saindo da clandestinidade, cenários sadomasoquistas estão entre os tabus sexuais que são explorados visando ao lucro. Hoje em dia, esses cenários são comumente representados em programas de televisão no horário nobre e em filmes. No entanto, nada do que vemos na mídia convencional (Sex não é exceção) mostra imagens de radicais do sexo comprometidos com uma visão de prazer sexual fundamentada em consentimento mútuo. O consentimento ocorre por meio da comunicação. No entanto, o sadomasoquismo que vemos tanto na mídia convencional quanto em Sex não trata de consentimento. A dimensão sujeito a sujeito do sadomasoquismo se perde quando símbolos dessas práticas sexuais são apropriados visando chocar ou excitar. Nenhum dos monólogos fictícios de sadomasoquismo de Madonna privilegia questões de acordo e consentimento. Tanto nas imagens quanto no texto escrito, o sadomasoquismo é representado apenas como punição. Noções limitadas de sadomasoquismo sexual não são capazes de caracterizá-lo como ritual sexual que "trabalha" questões de dor e poder. Seja qual for o grau de punição presente, trata-se, em última instância, de prazer.

No seu famoso rap sobre sadomasoquismo, Madonna assume o papel de professora/autoridade, oferecendo-nos uma verdade que aprendeu de fonte autêntica: "Certa vez conversei com uma dominatrix, e ela me disse que a definição de sadomasoquismo é permitir que alguém te machuque, alguém que você sabe que nunca te machucaria. Trata-se sempre de uma escolha mútua. Há um acordo tácito entre vocês". No entanto, na mente de Madonna, a escolha é sempre machucar ou ser machucado. É essa perversão da prática sexual radical que norteia sua afirmação: "Eu nem acho que sadomasoquismo esteja relacionado a sexo. Acho que tem relação com poder, com a luta por poder". Ainda que diga respeito a poder, o sadomasoquismo está relacionado à negociação — a antítese de uma luta em pé de igualdade.

Ao se colocar no papel de instrutora e vender *Sex* como um manual de "como fazer", Madonna perigosamente usurpa cada vez mais a voz e o corpo de diversos indivíduos envolvidos na prática sexual sadomasoquista. Sua visão mais reacionária tem conotação de violência masculina heterossexual contra mulheres por meio do sadomasoquismo consensual. Antecipando sua breve discussão sobre sadomasoquismo, Madonna afirma:

> Acho que, na maioria das vezes, se as mulheres estão em um relacionamento abusivo e sabem disso, e permanecem nele, elas devem estar gostando. Imagino que algumas pessoas possam pensar que essa é uma declaração irresponsável. Tenho certeza de que há muitas mulheres que estão em relacionamentos abusivos sem querer estar, que estão presas economicamente; elas têm filhos e têm que lidar com isso. Mas tenho amigas que têm

dinheiro e boa educação e continuam em relacionamentos abusivos, então devem estar se beneficiando deles de alguma forma.

Revelando que não é especialista em violência doméstica, Madonna ostenta sua ignorância com a mesma arrogância sedutora de homens sexistas que usaram falácia semelhante para perdoar, apoiar e disseminar a violência contra as mulheres.

Mais do que qualquer imagem visual em *Sex*, essas observações sinalizam a ruptura de Madonna com o pensamento feminista. Refletindo um ponto de vista patriarcal, essas declarações são mais do que apenas irresponsáveis, são perigosas. Madonna usa sua posição como ícone cultural para sancionar a violência contra as mulheres. E a tragédia de tudo isso é que essas declarações são feitas de forma totalmente gratuita. Elas não estão ligadas de modo algum às imagens visuais do sadomasoquismo heterossexual. Ao fazê-las, Madonna usa *Sex* como uma plataforma para expressar sentimentos antifeministas de direita que, se proferidos em outro contexto, poderiam ter provocado protesto e indignação públicos.

Ao concluir sua declaração com a insistência de que "a diferença entre abuso e sadomasoquismo é a questão da responsabilidade", Madonna desvia perfeitamente a atenção da verdadeira questão de "escolha". Para se concentrar em escolha, não em responsabilidade, ela teria de reconhecer que, dentro da cultura patriarcal, em que a dominação dos homens sobre as mulheres é promovida, e o abuso físico e sexual de mulheres perpetrado por homens é socialmente sancionado, não existe abertura cultural para promover o jogo de poder heterossexual consensual em nenhum âmbito, incluindo o sexual. Poucas mulheres têm a liberdade de escolher uma prática sexual sadomasoquista em uma relação heterossexual. Ao contrário das afirmações de Madonna, o poder da classe feminina raramente faz mediação em caso de violência do homem, embora possa oferecer meios de fuga. Não há dúvida de que Madonna saiba disso, mas ela está mais preocupada em cortejar e seduzir um público antifeminista, um público sexista misógino que faz exatamente os mesmos pronunciamentos sobre mulheres e abuso. Uma crítica semelhante poderia ser feita acerca dos comentários de Madonna sobre pornografia.

A apropriação que Madonna faz do que é ser gay como sinal de transgressão, bem como sua preocupação com o sadomasoquismo, geralmente desvia a atenção de seu uso de imagens de alta carga racial. Os críticos que aplaudem a forma como ela chama atenção para a sexualidade gay não dizem nada sobre a questão racial. No entanto, a narrativa cultural da supremacia branca está costurada ao longo do texto visual e escrito de *Sex*. Apesar de pertencer a uma etnia de pele escura com origem imigrante, o megassucesso de Madonna está ligado à sua representação como loira. Ao assumir o manto de Marilyn Monroe, ela revelou publicamente seu desejo de deixar para trás a experiência de sua história étnica e corporal para habitar o espaço cultural do ideal feminino branco. Em seu ensaio "White" [Branco], o crítico de cinema Richard Dyer descreve a forma como a idealização da feminilidade branca de Hollywood converge com padrões estéticos formados pela supremacia branca. Enfatizando que a imagem de Monroe "é inevitável e necessariamente branca", Dyer chama atenção para o fato de que "os códigos da iluminação glamorosa em Hollywood foram desenvolvidos em relação às mulheres brancas, para dotá-las do brilho e esplendor que correspondem à retórica transcendental do cristianismo popular". De maneira significativa, conseguia-se imaginar apenas mulheres de pele branca como inocentes, virtuosas, transcendentes. Isso confirma a afirmação de meus amigos europeus brancos de que não há espaço cultural nos Estados Unidos que permitiria aos brancos venerar a mulheridade negra, adorar uma Nossa Senhora negra. Racismo e sexismo combinam-se para tornar impossível que pessoas brancas, e até mesmo algumas negras, imaginem uma Nossa Senhora negra, já que tal figura é representação de pureza e inocência. Dentro da iconografia racista e sexista, a mulher negra é retratada conforme o estereótipo de experiente e impura. Assim, ela nunca pode incorporar essa mulheridade frágil de *O Nascimento de uma Nação*[3] que é a essência de uma imagem de Nossa Senhora.

Dentro da cultura supremacista branca, uma mulher precisa ser branca para ocupar o espaço da feminilidade sagrada, e também deve ser loira. Antes das sessões de fotos que produziram as imagens de *Sex*, Madonna já havia voltado à cor escura natural de seus cabelos. No entanto, pessoas que trabalhavam para ajudar a construir sua persona pública insistiram que ela mantivesse os cabelos loiros. A *Entertainment Weekly* divulgou

---

3 *O Nascimento de uma Nação*, cujo título original é *The Birth of a Nation*, é um filme mudo estadunidense lançado em 1915 e baseado no romance *The Clansman: A Historical Romance of the Ku Klux Klan* [O membro do clã: um romance histórico da Ku Klux Kan], de Thomas Dixon Jr., publicado uma década antes. O filme, dirigido por D. W. Griffith, romantiza a criação da KKK e a retrata como heroica, além de ter personagens negros estereotipados e representados por atores brancos com o rosto pintado de preto. Apesar de seu sucesso comercial, protestos sociais conseguiram bani-lo de salas de cinema em várias cidades. [N.E.]

que Madonna estava relutante, mas foi convencida por seu maquiador: "Esse livro é seu. Se você quer ter cabelos escuros, tudo bem. Mas, em preto e branco, o loiro tem um destaque melhor. O loiro *diz mais*!". Loiro fala, diz mais, enquanto reflete e incorpora a estética da supremacia branca que forma o imaginário popular de nossa cultura. Simultaneamente, a apropriação que Madonna faz da identidade da atriz europeia Dita Parlo e da alta-costura germânica é um gesto óbvio que a conecta a uma cultura de fascismo, nazismo e supremacia branca, em especial por estar ligada ao hedonismo sexual.

Madonna incorpora uma construção social de "branquitude" que reforça a pureza, a forma pura. De fato, sua vontade de assumir a persona de Marilyn Monroe confirma seu investimento em uma visão cultural do branco ligada ao imperialismo e à dominação colonial. A conquista da luz sobre o escuro repete o drama da dominação supremacista branca sobre americanos nativos, africanos, e assim por diante. Nessa representação da branquitude, Dyer afirma: "Ser branco coincide com a plenitude sem fim da diversidade humana. Se quisermos enxergar as implicações históricas, culturais e políticas (para dizer o mínimo) da dominação do mundo branco, é importante enxergar semelhanças e tipicidades dentro da variedade da representação branca aparentemente infinita". No início da carreira, a branquitude que Madonna ostentava era representada como outra, diferente da convencional, mais conectada à realidade das pessoas marginalizadas por raça ou prática sexual. Por um tempo, Madonna parecia desejar ocupar tanto aquele espaço de branquitude que é diferente como aquele que é familiar. Diferente: ela é a jovem garota italiana branca querendo ser negra. Familiar: ela é Marilyn Monroe, o ícone cultural supremo da beleza, da pureza e da sensualidade das mulheres brancas.

Madonna ocupa cada vez mais o espaço do imperialista cultural branco, assumindo o papel do aventureiro colonial branco que se muda para o ambiente selvagem da cultura negra (gay e hétero), da subcultura gay branca. Dentro desses novos e diferentes âmbitos de experiência, ela nunca se desfaz do privilégio branco. Mantém tanto a pureza de sua representação quanto seu domínio. Isso está evidente, sobretudo, em *Sex*. Nas histórias de aventuras sexuais contadas em *Sex*, pessoas de cor aparecem como principais protagonistas. Em uma delas, o jovem virgem porto-riquenho é o "objeto" da luxúria fictícia de Dita/Madonna. Conta-nos que: "Ele era destemido. Ele faria qualquer coisa... Eu estava tão excitada; foi provavelmente o sexo mais erótico que já fiz. Mas ele me passou chato". Os estereótipos aqui são óbvios, um fato que não os torna menos prejudiciais. O texto de Madonna constrói uma narrativa de mulheridade branca pura contaminada pelo contato com o "outro" de cor. Seria fácil descartar essa construção como meramente lúdica se ela não fosse tão consistente durante todo o livro *Sex*. Em outra história de aventura, um homem branco aparentemente rico entra em uma loja de departamento chique onde é seduzido por uma vendedora cubana. Ela é, obviamente, como o estereótipo determina, gostosa e meio puta, pronta para trair seu namorado quando qualquer homem branco "desejável" anônimo olhar em sua direção. A estrutura dessa narrativa sugere que, assim como a anterior, ela apela diretamente para as fantasias sexuais supremacistas brancas.

Embora *Sex* pareça culturalmente diverso, as pessoas de cor são estrategicamente posicionadas, sempre e somente, como subordinadas. Nossa imagem e nossa cultura aparecem sempre em um contexto que espelha hierarquias racistas. Estamos sempre presentes para servir ao desejo branco. E, ainda que *Sex* explore o mito da *jungle fever*,[4] Madonna está cuidadosamente posicionada dentro de um quadro visual no qual o homem negro grande e a mulher negra aparecem como um casal que lhe serve sexualmente; nenhum leitor conseguiria imaginar que Madonna está se relacionando com um homem negro. Não, todas as imagens dela de cópula heterossexual convencional são com "bons" meninos brancos. A sexualidade feminina negra é representada pelo estereótipo de degradação na polêmica e visualmente potente foto da ejaculação. Madonna está de pé, em posição superior ao corpo nu deitado da modelo negra Naomi Campbell (o que não é uma imagem de fantasia anônima) e finge urinar sobre ela, esguichando loção hidratante na personagem que está reclinada. Essa imagem transmite uma mensagem visual séria sobre raça, gênero e nacionalidade. Madonna pode ser vista aqui como representação do imperialismo dos Estados Unidos e seu triunfo sobre a Grã-Bretanha (Campbell é do Caribe Britânico), bem como da conquista de culturas negras "exóticas". Campbell foi chamada pela mídia de moda majoritariamente branca de a nova Josephine Baker, uma persona que contrasta diretamente com a mulheridade branca idealizada. Como celebrado ícone "primitivo", ela deve aprender seu lugar em relação à senhora e ao senhor brancos. Para conquistar e subordinar essa representação da "sexualidade negra selvagem", Madonna precisa

---

4 Expressão pejorativa que se refere à preferência de uma pessoa branca por relacionamentos sexuais ou afetivos com pessoas negras. [N.E.]

ocupar uma posição fálica. Em consonância com a iconografia sexista/racista, a mulher negra é simbolicamente subordinada pelo poder masculino branco; nesse caso, é Madonna quem assume o papel patriarcal supremacista branco.

Ao longo de *Sex*, Madonna aparece como a imperialista branca exercendo poder patriarcal para afirmar seu controle sobre o âmbito da diferença sexual. Nada disso é mitigado pelo reconhecimento — enfatizado pela própria Madonna — de que gênero é um ato de construção social. Enfim, nem os disfarces de Madonna, por mais ricos que sejam em suas camadas, conseguem mascarar a violência e a crueldade dela contra as mulheres. Ao discutir paridade de gênero, Carol-Anne Tyler (*Boys Will Be Girls: The Politics of Gay Drag* [Garotos serão garotas: a política do *drag* gay]) sugere que a feminilidade da *drag queen* masculina é "uma paródia, não a coisa real, sinalizando que ela tem o que as mulheres gostam, o falo". Embora Madonna obviamente não consiga fazer *drag* masculino, ela se apropria de um visual ou estilo *drag*. Tyler identifica como uma mãe fálica essa mulher que imita o homem, insistindo que, "quando a mulher ativa que têm desejos ainda reflete os desejos do homem, os espelhos da imaginação do patriarcado não podem ter sido quebrados". Na mais recente persona de Madonna como mãe fálica, ela nos diz que não tem desejo nenhum de destruir o patriarcado. Ela pode ocupar o espaço do falocentrismo, ser o patriarca, mesmo quando parece ser a personificação da feminilidade idealizada.

Madonna diz não invejar homens, declarando: "Eu não gostaria de ter um pênis. Seria como ter uma terceira perna. Parece uma engenhoca que poderia atrapalhar. Acho que tenho um pinto no cérebro. Não preciso ter um entre as minhas pernas". Sem dúvida, "pinto" no cérebro explica a incapacidade de Madonna de entender que o feminismo — ou, nesse caso, a libertação das mulheres — nunca esteve relacionado a tentar ganhar o direito de ser um idiota vestido de *drag*. Mas, espere um minuto: eu me lembro de que, quando o movimento feminista contemporâneo estava "fervilhando", todos os homens que conheci acreditavam que nós, mulherzinhas, não queríamos realmente nossa liberdade, só queríamos ser um dos garotos. De fato, esses mesmos homens, sem dúvida pensando com o pinto que têm no cérebro, disseram-nos que, se nós, "liberalistas mulheres", simplesmente fôssemos bem comidas, todas recuperaríamos a sanidade e esqueceríamos tudo sobre a libertação. Aliás, aprenderíamos a encontrar prazer em sermos dominadas. Quando as feministas não caíram nessa conversa sobre pinto, os homens tentaram nos fazer acreditar, com o cérebro e o corpo, que o poder supremo era ser considerada capaz de escolher entre dominar ou ser dominada. Muitas de nós disseram "obrigada, mas não". E algumas de nós, bem, algumas de nós ficaram tentadas e começaram a pensar que, se não pudéssemos realmente ter nossa liberdade, a segunda melhor coisa era ter o direito de ser um idiota vestido de *drag*, garotas falocêntricas fazendo tudo o que os garotos fazem — só que melhor.

Madonna foi tão seduzida por essa mensagem que ela agora pode compartilhar o mesmo discurso fálico com suas irmãs feministas e todos os seus outros fãs. A maioria das imagens recentes que ela projeta em vídeos, filmes e fotografias diz às mulheres e a todas as pessoas que a emoção, o grande orgasmo, a verdadeira liberdade é ter o poder de escolher entre dominar ou ser dominada. Essa é a mensagem de *Sex*.

Fãs feministas de Madonna, outrora tão adoradoras de sua figura, estamos na extremidade positiva quando reforçamos que queremos o fim da dominação, quando resistimos ao seu fascínio dizendo não — chega de sedução e de traição. Desejamos a volta da Madonna feminista, o tipo de ícone cultural que Susan Griffin celebra em *Woman and Nature* [Mulher e natureza] quando escreve:

Ouvimos falar dessa mulher que estava fora de controle. Ouvimos dizer que ela foi guiada por seus sentimentos. Que suas emoções eram violentas. Que ela era impetuosa. Que ela violou a tradição e anulou a convenção. [...] Dizemos que ouvimos a voz dela perguntando: "De quais materiais será composto esse coração que pode derreter quando insultado e, em vez de se revoltar com a injustiça, beijar a vara?". [...] E a partir do que é sombrio e profundo dentro de nós, dizemos, a tirania nos revolta; não beijaremos a vara.

02.
altares de sacrifício: relembrando Basquiat

Você está totalmente entregue
ao altar do sacrifício?
— Cântico da igreja negra

Na abertura da exposição de 1992 de Jean-Michel Basquiat no Whitney Museum, andei pela multidão conversando com as pessoas sobre arte. Eu tinha só uma pergunta, que era sobre as reações emocionais ao trabalho dele. Perguntei o que sentiam olhando para as pinturas de Basquiat. Ninguém com quem falei respondeu à pergunta. Todos saíram pela tangente, diziam o que gostavam nele, lembravam-se de encontros, geralmente falavam sobre a mostra, mas algo parecia estar atrapalhando, impedindo-os de articular espontaneamente os sentimentos que a obra trazia. Quando nos move e toca nosso espírito, a arte não é esquecida facilmente. As imagens reaparecerão na mente contra nossa vontade. Com frequência, penso que muitas das obras canonicamente rotuladas de "ótimas" são simplesmente aquelas que ficaram mais tempo na memória individual, e que permaneceram porque, ao olhar para elas, alguém se comoveu, foi tocado, levado para outro lugar, renasceu por um instante.

Pessoas que não se emocionam com o trabalho de Basquiat costumam ser incapazes de pensar em sua arte como "ótima" ou mesmo "boa". Com certeza essa reação parece caracterizar bastante o que os principais críticos de arte pensam sobre Basquiat. Indiferentes, são incapazes de falar sobre a sua obra de forma substancial. Muitas vezes sem sutileza ou tato, eles "insultam" o trabalho e focam obsessivamente a vida de Basquiat ou o desenvolvimento de sua carreira, o tempo todo insistindo que estão na melhor posição possível para julgar seu valor e significado. (Um exemplo brilhante dessa tendência é o artigo de 1992 de Adam Gopnik na *New Yorker*.) Sem dúvida, é uma tarefa difícil determinar a importância e o valor da vida e da obra de um pintor quando a pessoa não consegue se aproximar o suficiente para sentir algo e apenas se mantém a certa distância.

Ironicamente, embora Basquiat tenha passado grande parte de sua curta vida adulta tentando se aproximar de pessoas brancas importantes no mundo artístico consagrado, ele produziu conscientemente uma arte que foi uma barreira, um muro entre ele e aquele mundo. Como uma câmara secreta que só pode ser aberta e adentrada por pessoas que conseguem decifrar códigos ocultos, sua pintura desafia os que pensam que apenas olhando conseguem ver. Ao chamar a atenção para esse aspecto do estilo de Basquiat, Robert Storr escreveu: "Tudo em sua obra é saber e boa parte é *sobre* saber". No entanto, a obra resiste ao "saber", não oferece nada da hospitalidade livre e generosa que Basquiat estava disposto a conceder gratuitamente como pessoa.

Projetada para ser uma porta fechada, a obra de Basquiat não é bem-vinda àqueles que a abordam com um olhar eurocêntrico limitado. Aquele olhar que só consegue reconhecer Basquiat se ele estiver na companhia de Warhol ou de alguma outra figura de grande visibilidade. Aquele olhar que só é capaz de valorizá-lo se Basquiat for visto como parte de um contínuo da arte contemporânea estadunidense, com uma genealogia traçada por homens brancos: Pollock, Kooning, Rauschenberg, Twombly, e assim por diante, até Andy. É raro alguém relacionar a obra de Basquiat com as tradições da história da arte afro-estadunidense. Embora seja óbvio que ele tenha sido influenciado e inspirado pelo trabalho de consagrados artistas brancos do sexo masculino, o conteúdo de sua obra não converge meticulosamente com a obra deles. Mesmo quando, por seu estilo, Basquiat pode ser inserido no restrito clube de arte de homens brancos, que nega a entrada da maioria dos artistas negros, sua temática — seu conteúdo — sempre o separa, mais uma vez, e o coloca no lugar do estranho.

A barreira está no conteúdo de sua obra, desafiando o olhar eurocêntrico que transforma tudo em commodity. Ao seguir os códigos da cultura de rua que tanto amava, a arte de Basquiat é um tapa na cara. Ela confronta diferentes olhares de diferentes maneiras. Quando se analisa a sua produção artística de uma perspectiva eurocêntrica, vê-se e valoriza-se apenas aqueles aspectos que mimetizam tradições ocidentais brancas familiares. Quando se adota um ponto de vista mais inclusivo, todos somos mais capazes de enxergar o dinamismo surgir da convergência, do contato e do conflito de variadas tradições. Muitas pessoas negras de personalidade artística que conheço, inclusive eu, celebram essa dimensão inclusiva, enfatizada em um debate perspicaz sobre sua vida e obra proposto pelo artista e rapper, e seu amigo íntimo, Fred Braithwaite (também conhecido como Fab 5 Freddy). Na revista *Interview*, Braithwaite reconhece a doçura do vínculo artístico entre eles e diz que isso tinha a ver com a abertura de ambos a qualquer influência, com o prazer que tinham em conversar entre si "sobre outros pintores, ou sobre os caras pintando nos trens".

Basquiat de forma alguma escondia ter sido influenciado e inspirado pela obra de artistas brancos. O que ocorre é que as múltiplas outras fontes de inspiração e influência ficam submersas, perdidas, quando os críticos são obcecados em relacioná-lo apenas a um contínuo artístico ocidental branco. Esses outros elementos estão perdidos precisamente porque muitas vezes não são vistos — ou, quando vistos, não são compreendidos. Quando o crítico de arte Thomas McEvilley sugere na revista *Artforum* que "esse artista negro estava fazendo exatamente o que artistas brancos clássico-modernistas, como Picasso e Georges Braque, fizeram: ecoar deliberadamente um estilo primitivo", ele apaga todas as conexões nítidas de Basquiat com a memória cultural e ancestral que o ligava diretamente a tradições "primitivas". Portanto, isso permitiu que McEvilley fizesse a sugestão absurda de que Basquiat estava "se comportando como homens brancos que pensam que estão se comportando como homens negros", em vez de entender que o artista estava lidando tanto com a força de uma genealogia essencialmente "negra" (enraizada nas tradições africanas diaspóricas "primitivas" e de "alta cultura") quanto com um fascínio pelas tradições ocidentais brancas. Articulando a distância que separa a arte eurocêntrica tradicional de sua história e seu destino e da sina coletiva de artistas e pessoas negras diaspóricas, as pinturas de Basquiat o atestam.

A fim de dar testemunho disso em sua obra, Basquiat esforçou-se para proferir o inexprimível. Intimado profeticamente, ele se engajou em uma extensa elaboração artística de uma política de desumanização. Em sua obra, a colonização do corpo e da mente negros é marcada pela angústia do abandono, do afastamento, do desmembramento e da morte. A tinta vermelha escorre como sangue em sua pintura sem título de uma mulher negra, identificada por uma placa que diz: "Detail of Maid from Olympia" [Detalhe da serva de Olympia]. Há aqui uma crítica dupla: primeiro, ao imperialismo ocidental e, depois, à forma como o imperialismo se faz ouvir, como é reproduzido na cultura e na arte. Essa imagem é feia e grotesca, exatamente como deve ser. Afinal, o que Basquiat desmascara é a feiura dessas tradições. Ele toma a valorização eurocêntrica do grande e belo e exige que reconheçamos a realidade brutal que ela mascara.

A "feiura" projetada em suas pinturas não é apenas o horror da branquitude colonizadora — é a tragédia da cumplicidade negra e da traição. Obras como *Irony of a Negro Policeman* [Ironia de um policial negro] (1981) e *Quality Meats for the Public* [Carnes de primeira para o público] (1982) documentam essa postura. As imagens são descaradamente violentas. Elas falam de pavor e terror, de ser despedaçado e violado. Transformado em commodity, apropriado, feito para "servir" aos interesses dos mestres brancos, o corpo negro, como Basquiat o mostra, está incompleto, jamais em sua integralidade. E, mesmo quando ele está "chamando a atenção" para o trabalho de estrelas negras — personalidades dos esportes, do entretenimento —, ainda há representação de incompletude e a mensagem de que a cumplicidade não é válida. Esses trabalhos sugerem que a assimilação e a participação em um paradigma branco burguês podem levar a um processo de auto-objetificação tão desumano quanto qualquer agressão racista feita pela cultura branca. Ao satisfazer apenas a vontade dos opressores, essa imagem negra nunca poderá ser completamente autorrealizada. Sua representação deve ser sempre fragmentada. Expressando conhecimento em primeira mão sobre a forma como a assimilação e a objetificação levam ao isolamento, as figuras masculinas negras de Basquiat estão sozinhas e apartadas, não são pessoas inteiras.

É uma leitura muito simplista enxergar obras como *Jack Johnson* (1982) e *Untitled* [Sem título] (*Sugar Ray Robinson*) (1982) como meras celebrações da cultura negra. Aparecendo nessas pinturas sempre pela metade ou de algum jeito muti-lado, o corpo masculino negro torna-se iconograficamente um signo de falta e ausência. Essa imagem de incompletude espelha aquelas em obras que criticam o imperialismo bran-co de maneira mais explícita. A pintura *Native Carrying Some Guns, Bibles, Amorites on Safari* [Nativo levando algumas armas, bíblias e amoritas em safári] (1982) sugere graficamente ima-gens de uma negritude incompleta. Com uma sagacidade per-versa, Basquiat declara no canto inferior direito da obra: "Não vou nem mencionar ouro (*oro*)". Como se ele precisasse lembrar os espectadores de uma estratégia de interrogação consciente por trás das imagens esqueléticas, ao estilo desenho animado.

Em sua obra, a carne no corpo negro está quase sempre se esvaindo. Como figuras esqueléticas na pintura australia-na aborígine em casca de árvore descrita por Robert Edward (pinturas como radiografias, nas quais o artista retrata tanto características externas quanto os órgãos internos de animais, humanos e espíritos, a fim de enfatizar "que há mais em uma coisa viva do que as aparências"), essas figuras foram traba-lhadas à exaustão. Para ser justo com esse trabalho, nosso olhar deve fazer mais do que refletir aparências superficiais. Desafiando-nos a explorar o cerne das trevas, a mover nossos olhos além do olhar colonizador, as pinturas pedem que mantenhamos em nossa memória os ossos dos mortos enquanto consideramos o mundo do negro imediato, o familiar.

Para ver e entender essas pinturas, é preciso estar disposto a aceitar as dimensões trágicas da vida negra. No livro *Da próxima vez, o fogo: racismo nos EUA*, James Baldwin declarou que, "para os horrores" da vida negra, "quase não houve linguagem". Ele insistia que era a privacidade da experiência negra que precisava "ser reconhecida em linguagem". A obra de Basquiat concede expressão artística a essa angústia privada.

Ao extirpar as superfícies, ele nos confronta com a imagem negra desnuda. Não há corpo negro "carnudo" para se explorar em sua obra, pois esse corpo está diminuído, está desaparecendo. As pessoas que desejam ser seduzidas por esse corpo negro devem procurá-lo em outro lugar. É oportuno que as figuras esqueléticas exibidas repetidamente na obra de Basquiat se assemelhem às retratadas no livro de Gillies Turle, *The Art of the Maasai* [A arte dos massai]. Tanto a arte massai quanto a obra de Basquiat retratam precisamente o violento apagamento de um povo, de sua cultura e tradições. Esse apagamento se torna ainda mais problemático quando artefatos dessa "cultura que está desaparecendo" são transformados em commodity para melhorar a estética daquelas pessoas que perpetuam o apagamento.

O mundo da arte massai é um mundo de ossos. Ao optarem por não trabalhar com pigmentos quando pintam ou criam arte decorativa, os Massai usam ossos de animais de caça para manifestar sua relação com a natureza e seus ancestrais. Artistas massai acreditam que ossos falam, contam toda a informação cultural necessária, substituem livros de história. Ossos são repositórios da história pessoal e política. A arte massai sobrevive como memória viva de uma cultura negra que floresceu com mais vigor quando era desconhecida ao homem branco. É essa vida privada que o imperialismo branco viola e destrói. Turle enfatiza que, embora os ossos sejam "pontos de foco intensos para estimular a mente a entrar em um estado receptivo mais profundo", esse poder comunicativo é perdido em pessoas incapazes de ouvir o que falam os ossos.

Embora Basquiat não tenha "insultado" publicamente as pessoas brancas que não conseguiam extrapolar as aparências superficiais (estereótipos de escurinhos para entretenimento, negros de estimação e afins), sua obra é uma interpelação a esse público branco liberal. Chamando a atenção para a incapacidade desse público de deixar de lado a noção de superioridade racial, mesmo que ela limite e restrinja a visão dessas pessoas, ele desconstrói com escárnio o investimento delas em tradições e cânones, expondo um olhar coletivo associado a uma estética de supremacia branca. A pintura *Obnoxious Liberals* [Liberais detestáveis] (1982) nos mostra uma história rompida ao retratar um Sansão negro mutilado e acorrentado seguido de uma figura negra mais contemporânea, não mais nua, mas totalmente vestida com trajes formais, que usa em seu corpo uma placa que afirma com ousadia: "Não está à venda". Essa placa é usada para afastar a proposta da enorme, quase dominante, figura branca na pintura. Apesar da incrível energia que Basquiat exibiu ao jogar o jogo de como se tornar um artista famoso em pouco tempo — cortejando a multidão certa, estabelecendo conexões e *networking* em seu caminho para chegar a locais de alta cultura "branca" —, ele escolheu fazer de sua obra um espaço onde esse processo de transformação em commodity é criticado, sobretudo no que diz respeito ao corpo e à alma negros. Sem se impressionar com a exotização branca da "negrada", ele zomba desse processo em obras que anunciam um "gênio desconhecido do delta do Mississippi", forçando-nos a questionar quem faz tais descobertas e por qual motivo.

Ao longo de sua obra, Basquiat relaciona o imperialismo ao patriarcado, a uma visão falocêntrica do universo onde o ego de homens se apega a um mito de heroísmo. A imagem da coroa, símbolo recorrente em sua obra, destaca e escarnece da obsessão ocidental por estar no topo, por ser governante. O historiador de arte Robert Farris Thompson sugere que o ícone da coroa reflete o fascínio contínuo de Basquiat pela temática da "realeza, heroísmo e ruas". McEvilley interpreta a coroa de forma semelhante ao enxergá-la como representante de uma "noção de dupla identidade, uma individualidade régia de certa maneira perdida, mas vagamente lembrada". Segundo ele, "na obra de Basquiat, o tema do exílio divino ou régio foi trazido à terra ou historicizado pela realidade concreta da diáspora africana. O rei que ele fora em outro mundo (e que voltaria a ser quando retornasse para lá) poderia ser imaginado concretamente como um guerreiro tútsi ou um faraó egípcio".

Não há dúvida de que Basquiat era pessoalmente obcecado pela ideia de glória e fama, mas essa obsessão também é objeto de intenso autoquestionamento em suas pinturas. Tanto Thompson quanto McEvilley não reconhecem a zombaria, a crítica amarga de Basquiat sobre seu próprio desejo pela fama. A coroa não é uma imagem inequívoca em sua obra; embora possa falar positivamente sobre o desejo de glória e poder, ela conecta esse desejo à desumanização, à disposição geral de homens no mundo inteiro de cometer qualquer ato injusto que os leve ao topo. A pintura *Crowns (Peso Neto)* [Coroas (peso líquido)] (1981) retrata figuras negras usando coroas, fortemente contrastadas com a solitária figura branca também usando coroa — afinal, é esta que aparece enorme, supervisionando um mundo sombrio, assim como o mundo da glória negra.

Em grande parte da obra de Basquiat, a luta pela hegemonia cultural no Ocidente é retratada como uma luta entre os homens. Racializada, trata-se de uma luta entre homens negros e homens brancos a respeito de quem vai dominar. Em *Charles the First* [Carlos, o Primeiro] (1982), ele nos diz: "Most young kings get thier [*sic*] head cut off" [A maioria dos reis jovens tem a cabeça cortada]. Sugerindo uma metáfora política e sexual que mescla o medo da castração com o desejo de afirmar a dominação, ele deixa evidente que a masculinidade negra está irrevogavelmente ligada à masculinidade branca em virtude de uma obsessão por conquista, tanto sexual quanto política, que é compartilhada.

Historicamente, a competição entre homens negros e brancos tem sido destaque na arena esportiva. Basquiat estende esse campo de competição para o âmbito da cultura (o pôster com ele e Andy Warhol lutando em trajes de boxe e luvas não é tão inocente e brincalhão quanto parece), e o território é a música, sobretudo o jazz. O trabalho de Basquiat chama a atenção para o poder inovador dos músicos negros jazzistas, que ele reverencia como figuras paternas criativas. A presença e a obra deles, para Basquiat, incorporam um espírito de triunfo. Ele vê a criatividade deles excedendo a de seus colegas brancos. Eles permitem que ele não só dê à luz a si mesmo como gênio negro mas que também aceite a sabedoria de um ponto de vista inclusivo.

De acordo com Braithwaite, Basquiat sentiu que havia fusão e síntese culturais na obra de jazzistas negros que espelhavam as aspirações dele. Essa conexão é mal interpretada e menosprezada por Gopnik no ensaio "Madison Avenue Primitive" [Primitivo da Avenida Madison] (a começar pelo escárnio que o título transmite) quando expressa de maneira arrogante sua indignação com o fato de a obra de Basquiat estar ligada à de grandes músicos negros de jazz. Com a graciosidade e a prepotência de um colonizador paternalista do velho mundo, Gopnik declara que consegue aceitar que o curador da mostra de Basquiat tenha tentado colocá-lo em uma tradição de alta cultura: "Nenhum dano, talvez, seja causado por isso, ou pelas intermináveis comparações no catálogo entre Basquiat e Goya, Picasso e outros grandes nomes". Mas Gopnik irritou-se: "O que é imperdoável nos ensaios do catálogo são as infinitas comparações entre Basquiat e os mestres do jazz estadunidense".

Gopnik fala sobre as tentativas do próprio Basquiat de tocar jazz e, em seguida, começa a nos contar que o pintor era, na realidade, um péssimo músico. Ele não compreende a questão. Basquiat nunca supôs que seu talento musical fosse o mesmo que o dos grandes jazzistas. Sua tentativa de vincular sua obra a músicos negros de jazz não foi uma proclamação de sua própria habilidade musical ou artística; foi uma declaração de respeito à genialidade criativa do jazz. Ele era encantado por todas as dimensões vanguardistas da música que manifestam fusão, mixagem, improvisação. E sentia forte afinidade com os jazzistas, porque compartilhavam o desejo de forçar os limites dos gostos artísticos convencionais (brancos). Celebrando essa noção de conexão em sua obra, Basquiat criou uma comunidade artística negra capaz de incluí-lo. Na realidade, ele não viveu o suficiente para procurar tal comunidade e reivindicar um espaço de pertencimento. O único espaço que poderia reivindicar era o da fama compartilhada.

A fama, simbolizada pela coroa, é oferecida para o artista negro como o único caminho possível para a subjetividade. Não ser uma pessoa famosa é se tornar invisível. Portanto, não se tem escolha. Ou você entra no falocêntrico campo de batalha da representação e joga o jogo, ou está condenado a existir fora da história. Basquiat queria um lugar na história e jogou o jogo. Ao tentar criar um lugar para si mesmo — para a negritude — no mundo artístico consagrado, ele assumiu o papel de explorador/colonizador. Querendo criar uma intervenção com sua vida e obra, inverteu a imagem do colonizador branco.

Basquiat viajou para o cerne da branquitude. Um território branco que ele nomeou como lugar selvagem e brutal. Embarcou nessa jornada, sem certeza de retorno. Também não havia como saber o que encontraria nem quem seria no final da viagem. Braithwaite declara:

> O mais lamentável foi que, uma vez descoberta a porta de entrada no mundo da arte, a sensação foi: "bem, merda, onde estou?". Você conseguiu esse feito incrível, você furtivamente chegou ao núcleo disso tudo e provavelmente mais rápido do que qualquer um na história, mas, depois de ter entrado, ficou parado se perguntando onde estava, e depois se perguntando: "quem está aqui comigo?".

Reconhecendo a fama mundial da arte como um jogo de homens que ele poderia jogar trabalhando a imagem escurinha estereotipada e fingindo ser o trapaceiro, Basquiat entendeu que estava arriscando sua vida, que essa jornada era apenas um sacrifício.

O que deve ser sacrificado em relação a si mesmo é o que não tem lugar na branquitude. Para ser visto pelo mundo da arte branca, para ser conhecido, Basquiat precisou se refazer, criar pela perspectiva da imaginação branca. Teve de se tornar nativo e não nativo ao mesmo tempo, assumindo a negritude definida pela imaginação branca e a negritude que não é diferente da branquitude. Como o antropólogo A. David Napier explica em seu livro *Foreign Bodies* [Corpos estrangeiros]:

> Os estranhos no meio de nós são de fato os mais estranhos de todos — não por serem tão alheios, mas por estarem tão perto de nós. Como tantas lendas de "homens selvagens", judeus errantes e crianças indomáveis nos fazem lembrar, os estranhos devem ser como nós, mas diferentes. Não podem ser completamente exóticos, porque, se assim fossem, não os reconheceríamos.

Para que fosse reconhecido pelo mundo da arte branca, Basquiat precisou sacrificar as partes de si mesmo que não interessariam nem fascinariam a branquitude. Negro, mas assimilado, ele reivindicou o espaço do exótico como se fosse uma nova fronteira esperando ser colonizada. Fez daquele espaço cultural dentro da branquitude (a terra do exótico) um local onde seria relembrado na história, mesmo que tivesse criado simultaneamente uma arte que interroga sem piedade tal mutilação e autodistorção. Como afirmou o crítico cultural Greg Tate em seu artigo "Nobody Loves a Genius Child" [Ninguém ama uma criança prodígio], para Basquiat isso "significava entrar para a história, estar no ranque ao lado dos grandes pais brancos da pintura ocidental, de acordo com os principais críticos, curadores de museus e historiadores de arte que determinam tais coisas".

Voluntariar-se a esse sacrifício de maneira alguma libertou Basquiat da dor. A dor irrompe no espaço privado de sua arte. É incrível que tão poucos críticos discutam as disposições de dor na obra de Basquiat, enfatizando, em vez disso, sua ludicidade, suas qualidades comemorativas. Isso reduz sua pintura ao espetáculo, fazendo da obra mera extensão do show de menestrel[5] em que ele frequentemente transformava sua vida. A dor íntima poderia ser explorada na arte porque ele sabia que certo mundo não a enxergaria nem sequer esperaria encontrá-la ali. Francesco Penizzi começa a falar sobre essa dor em seu ensaio "Black and White All Over: Poetry and Desolation Painting" [Preto e branco em todas as partes: poesia e pintura da desolação], quando identifica as oferendas de Basquiat como "autoimolações, sacrifícios do eu, que não emergem do desejo, mas do deserto da esperança". Rituais de sacrifício decorrem do funcionamento interno do espírito que forma a manifestação externa.

As pinturas de Basquiat comprovam, espelham essa compreensão quase espiritual. Expõem a angústia do sacrifício e falam dela. São textos sobre ausência e perda, ecoam a tristeza do que foi concedido e do que se desistiu. A compreensão de McEvilley de que, "em seu aspecto espiritual, a temática [de Basquiat] é órfica, ou seja, está relacionada ao antigo mito da alma como divindade perdida, vagando longe de seu verdadeiro lar e temporariamente presa em um corpo degradantemente limitado", caracteriza bem essa angústia. O que limita

---

5 No original, *minstrel show*, referência a um tipo de entretenimento popular nos Estados Unidos no século XIX, em que artistas brancos pintavam o rosto de preto (*blackface*) e imitavam de modo caricatural e estereotipado a maneira de cantar e dançar dos negros. [N.E.]

o corpo na obra de Basquiat é a construção da masculinidade como ausente. Ser homem, preso no ciclo interminável de conquistas, é sair perdendo no âmbito da realização.

De maneira significativa, há poucas referências na arte de Basquiat que o conectam a um mundo de negritude relacionado à mulher ou a um mundo de influências e inspirações que sejam mulheres. Essa rejeição geral a uma conexão com a mulher em sua obra é uma lacuna profunda e reveladora que ilumina e expande nossa visão sobre ele e seu trabalho. Leituras pseudopsicanalíticas simplistas sobre a sua vida e a sua obra levam os críticos a sugerirem que Basquiat era um eterno garoto sempre em busca do pai. Em seu ensaio para o catálogo do Whitney Museum, o crítico René Ricard argumenta: "Andy representava, para Jean, o 'Bom Pai Branco' que ele buscava desde a adolescência. A mãe de Jean sempre foi um mistério para mim. Nunca a conheci. Ela vive em um hospital e, até onde sei, sai com pouca frequência. Andy fez um retrato dela. Ela e Andy eram as pessoas mais importantes na vida de Jean".

Dado que Basquiat era apegado ao pai biológico, Gerard, assim como cercado por outras figuras mentoras masculinas, parece improvável que a significativa "falta" em sua vida fosse a de um pai. Talvez tenha sido a presença de muitos pais — canibais paternalistas que ofuscaram e exigiram repressão da atenção à mãe ou a qualquer princípio feminino/de mulher, bem como da memória dessas figuras — o que levou o pintor a ser seduzido pelo sacrifício ritualístico metafórico de seus pais homens, uma espécie de assassinato fálico que levou à morte da alma.

A perda de sua mãe, uma figura sombria presa em um mundo de loucura que a fez ser trancafiada, simbolicamente abandonada e abandonadora, pode ter sido o trauma psíquico que moldou sua arte. O retrato que Andy Warhol fez de Matilda Basquiat nos mostra a imagem sorridente de uma mulher negra porto-riquenha. Foi essa pessoa, identificada em tom de brincadeira por seu filho como "bruja" [bruxa], que viu pela primeira vez em Jean-Michel um gênio e um potencial artístico em ação. Seu pai recorda: "A mãe dele o fez começar, e ela o incentivava. Na verdade, ela era uma artista muito boa". Jean-Michel também deu seu testemunho: "Eu diria que minha mãe me ofereceu todas as coisas primárias. A arte veio dela". No entanto, esse indivíduo que lhe forneceu os textos vividos do conhecimento ancestral, assim como os do Ocidente branco, é uma figura ausente no álbum pessoal de Basquiat como artista de sucesso. É como se sua incapacidade de conciliar a força e o poder da mulheridade com o falocentrismo levasse ao apagamento da presença da mulher em sua obra.

Em conflito com a própria sexualidade, ele é, no entanto, representado no catálogo do Whitney e em outros lugares conforme o estereótipo do garanhão negro que fode mulheres brancas aleatoriamente. Nenhuma importância é atribuída pelos críticos à ambiguidade sexual, tão central para a persona diva de Basquiat. Mesmo lutando para se entender como sujeito e não objeto, ele invariavelmente se baseava em velhas noções patriarcais de identidade masculina, apesar de associar criticamente masculinidade a imperialismo, conquista, ganância, apetite infinito e, finalmente, morte.

Estar em contato com percepções e emoções além da conquista é entrar no âmbito do misterioso. Essa é a postura opositora que ele desejava, mas não conseguiu alcançar. Essa é a posição temida, associada não à resistência significativa, mas à loucura, à perda e à invisibilidade. Suas pinturas sugerem uma noção de pavor. Mas ali o terror não existe para o mundo como ele é, o Ocidente perdendo posição central e se desintegrando, aquele terreno familiar da morte. Não: o pavor é por aquele espaço que não foi imaginado, aquela posição onde se pode viver sem "a mesma merda de sempre".

Confinado em um processo de nomear, de documentar a violência contra o eu negro, ele não foi capaz de traçar a rota de fuga. Napier afirma que, "ao nomearmos, livramo-nos do fardo de efetivamente levar em consideração a consequência do quanto um modo de pensar diferente pode transformar de todo as condições que tornam as relações sociais significativas". Mestre desconstrutivista, Basquiat não foi, naquela época, capaz de imaginar um mundo concreto de solidariedade coletiva capaz de alterar o status quo de diferentes formas. McEvilley entende a obra de Basquiat como uma "celebração iconográfica da ideia de fim do mundo ou de certo paradigma disso". Embora sua arte notadamente chame a atenção para essa desintegração, o clima de comemoração nunca é contínuo. Embora represente de modo gráfico a desintegração do Ocidente, ele lamenta o impacto desse colapso quando indica destruição na vida negra. Representações carnavalescas, humorísticas, lúdicas da morte e da decadência apenas mascaram o trágico, cobrem-no com uma fina camada de celebração. Agarradas a essa camada, as pessoas negam a existência de uma realidade embaixo e para além da máscara.

O cineasta gay negro Marlon Riggs sugeriu recentemente que muitas pessoas negras "se esforçaram para manter espaços secretos isolados, dentro de nossa história, dentro de nossa vida, dentro de nossa psique, sobre essas coisas que rompem com nossa noção do eu". Apesar do vício de mascarar/disfarçar sua vida pessoal, Basquiat usou a pintura para desintegrar sua imagem pública, que ele criou e ajudou a sustentar. Não é à toa, portanto, que essa obra esteja sujeita a uma crítica contínua que questiona sua "autenticidade e valor". Sem conseguir representar Basquiat com precisão àquele mundo da arte branca que ainda tem certeza de o "conhecer", os críticos reivindicam e colonizam sua arte dentro de um aparato teórico de apropriação que pode disseminar sua potência ao torná-la sempre e somente um espetáculo. Essa noção de espetáculo "horrível" é anunciada pelas pinturas escolhidas para vestir as capas de todas as publicações sobre sua obra, inclusive o catálogo do Whitney Museum.

Na conclusão do livro *The Art of the Maasai*, Turle afirma: "Quando um continente teve seu povo escravizado, seus recursos removidos e suas terras colonizadas, os criminosos responsáveis por essas ações nunca poderão concordar com a crítica contemporânea, senão teriam que condenar a si mesmos". A recusa em lidar com a necessidade de uma possível autocondenação faz as pessoas que menos se comovem com a obra de Basquiat insistirem na ideia de que a conhecem melhor. Ciente disso, Braithwaite articula a esperança de que a obra de Basquiat será reconsiderada de maneira crítica, que a exposição no Whitney Museum finalmente forçará as pessoas a "olharem para o que ele fez".

Contudo, adverte Braithwaite, antes que isso possa acontecer, o mundo da arte branca consolidada (e eu acrescentaria o público eurocêntrico e multiétnico) deve primeiro "olhar para si mesmo". Com sagacidade, ele argumenta: "Eles precisam tentar apagar, se possível, todo o racismo do coração e da mente. Então, quando olharem para as pinturas, conseguirão enxergar a arte". Atentando para a necessidade de um processo de descolonização, que com certeza não está acontecendo (a julgar pela crescente parcela de reações negativas à exposição), Braithwaite articula a única perspectiva de mudança cultural possível para estabelecer as bases para uma apreciação crítica abrangente da obra de Basquiat.

De suas pinturas, aquela que assombra minha imaginação e permanece em minha memória é *Riding with Death* [Cavalgando com a morte] (1988). Trazendo imagens de posse, de cavalgar e de ser cavalgado, no sentido do vodu haitiano — como um processo de exorcismo, que possibilita revelação, renovação e transformação —, sinto a subversão da noção de pavor provocada por tantas das obras de Basquiat. Em seu lugar está a possibilidade de que a figura em preto e marrom montada nos ossos brancos esqueléticos esteja de fato "possuída". Napier nos convida a considerar a possessão como "uma atividade verdadeiramente de vanguarda, no sentido de que a pessoa em transe tem o poder de ir para a periferia do que é e pode ser conhecido, de explorar os limites e de voltar ilesa". Nenhum espírito de possessão protegeu Jean-Michel Basquiat em sua vida. Napier relata que "pessoas em transe não deixam corpos feridos no mundo humano — como artistas performáticos no Ocidente às vezes fazem". Basquiat deve entrar para a história como um dos feridos. No entanto, sua arte será o testemunho que declara, com uma vingança: somos mais do que nossa dor. Por isso fico mais comovida com a única pintura de Basquiat que justapõe o paradigma do sacrifício ritualístico com aquele da recuperação e do retorno ritualísticos.

03.
o que a paixão tem a ver com isso? uma entrevista com Marie-France Alderman

Todos os ensaios de bell hooks incluem um testemunho inesquecível, uma história pessoal contada com confiança. O motivo de as pessoas se lembrarem das palavras de hooks tem a ver com essa confiança, que é um ato de fé e que, diante do que ela escolhe falar, lembrar e imaginar, faz dela muito mais do que "uma das principais intelectuais negras nos Estados Unidos da atualidade". bell hooks tem um jeito próprio de se oferecer no altar de sacrifício do questionamento crítico que envolve meu coração e minha mente: sempre me gera insights estimulantes que apenas contadores de histórias experientes conseguem inspirar. hooks é o pessoal é político trinta anos depois, comprovação notória de que o feminismo engendra prazer e esperança, além das vidas renovadas que surgem com eles.

O livro Olhares negros *estabeleceu sua reputação como importante crítica de cinema. Implacável em sua convicção de que "boa parte do público nos Estados Unidos resiste à ideia de que imagens têm conteúdo ideológico", hooks rompe o "muro da negação" com algumas análises, como nunca antes publicadas, dos filmes mais hostis e sexistas. Um ensaio que escreveu para a revista* Visions *sobre os filmes* Traídos pelo Desejo *(1992) e* O Guarda-Costas *(1992), assim como uma entrevista que ocorreu em Nova York, em setembro, oferecem-nos um vislumbre do que se passa nessa mente para a qual prazer intelectual, arte e intervenção política são a mesma coisa.*

BELL HOOKS Certa vez, uma amiga irlandesa me disse: "Sabe, você nunca conseguirá ser bem-sucedida nos Estados Unidos, porque lá não há espaço para a paixão" — sem falar no espaço para ser uma mulher apaixonada. Provavelmente o feminismo tratava disso a princípio: como abriremos espaço para mulheres autodeterminadas, apaixonadas, serem capazes de simplesmente ser? Sou apaixonada por tudo em minha vida — em primeiro lugar, por ideias. E uma pessoa assim é perigosa para estar em nossa sociedade, não só por ser mulher, mas porque esta é uma sociedade fundamentalmente anti-intelectual e contrária ao pensamento crítico. Também não penso que possamos agir como se fosse tão bom para os homens serem pensadores críticos. Esta sociedade não quer que nenhuma pessoa seja pensadora crítica. Nós, mulheres, precisamos nos perguntar o seguinte: "Em que contexto, dentro do patriarcado, mulheres criam espaços nos quais podem proteger seu talento?". É uma pergunta muito, muito difícil. Penso que onde mais cultivei a mim mesma foi no espaço doméstico; porém, esse é o espaço mais ameaçador: é muito mais difícil resistir à mãe que ama você e em seguida te humilha do que a um mundo externo que faz o mesmo. É mais fácil dizer "não" ao mundo externo. Quando um companheiro te diz, como já me disseram: "Minha próxima namorada será burra", penso: "O que isso quer dizer?". A criatividade da mulher terá dificuldade ao se tornar visível.

Somando-se o fato de ser uma mulher negra ou uma mulher de cor, torna-se ainda mais difícil.

MARIE-FRANCE ALDERMAN   O que você tem a dizer sobre a representação da criatividade das mulheres negras em filmes recentes?

BH   *Tina* (1993), *O Guarda-Costas* (1992) e *Sem Medo no Coração* (1993) envolvem personagens que são mulheres negras apaixonadas, mas todas se apoiam no padrão de mulher negra ícone da música: Janet Jackson, Tina Turner e Whitney Houston. Ninguém diz que você precisa assistir a *O Guarda-Costas* porque Whitney Houston é uma grande atriz — afinal, sabemos que, definitivamente, ela não é uma grande atriz. Vamos assistir ao que esse ícone da música faz no filme. Isso é Hollywood dizendo que ainda não podemos levar a sério mulheres negras como atrizes?

MFA   Talvez somente como personagens de entretenimento...

BH   Por que a verdadeira Tina Turner tem de aparecer no final de *Tina*? É como dizer que Angela Bassett não é uma atriz boa o suficiente — o que eu não acho que ela seja — e, a propósito, isso é em parte porque, em certo sentido, o filme se torna a narrativa de Larry Fishburne sobre Ike mais do que a narrativa de Tina Turner. É um filme muito trágico, porque você se senta no cinema e vê pessoas realmente se identificarem com o personagem de Ike, não com a personagem de Tina Turner. No meu artigo "Vendendo uma buceta quente", em *Olhares negros*, falei sobre como Ike construiu toda a ideia da personagem de Tina Turner com base em filmes para televisão como *Sheena, a Rainha das Selvas* (1984).

MFA E você fala sobre ela ter sido, de fato, nada mais do que uma mulher selvagem.

BH *Tina Turner: minha história de amor*, a autobiografia da cantora, versa bastante sobre a tragédia dela — a tragédia de ser uma mulher incrivelmente talentosa em uma família que não se importa com você. Então você encontra esse homem que parece realmente se importar, que te explora, mas ao mesmo tempo você está profundamente atada a ele. Uma das coisas muito revoltantes no filme é quando Tina Turner perdeu os cabelos. Os cineastas fizeram disso um momento cômico. Mas perder os cabelos, nesta cultura, pode ser realmente um momento engraçado para alguma mulher? Ninguém nunca especulou que talvez Tina tenha ficado com Ike porque, como mulher careca nesta cultura, ela não tinha valor real. Nem peruca...

MFA Ou pernas perfeitas...

BH Nem mesmo uma superstar incrível como ela poderia compensar a falha capilar. Quer dizer, pense na relação não apenas das mulheres em geral com os cabelos, mas na das mulheres negras com os cabelos. *Tina* aborda aquele momento extremamente trágico na vida de uma jovem mulher e o transforma em riso, em farsa. Fiquei pensando por que esta cultura não consegue ver um filme sério que retrate o triunfo da mulher negra, não apenas sua tragédia. É tão interessante como o filme termina quando cessa a brutalidade de Ike, como se esse fosse o término da vida de Tina

Turner. Por que o sucesso dela é menos interessante do que o período de sua vida em que foi vítima?

MFA Tina Turner perdeu o controle da própria história em algum momento.

BH Uma parcela do que permanece trágico a respeito de uma figura como Tina Turner é ela ainda ser uma pessoa que precisa lidar com a imagem que Ike criou dela. Não sei se é verdade, mas ouvi dizer que ela vendeu sua história para Hollywood sem pedir para revisar o roteiro ou ter o direito de aprovação. Mas é óbvio que isso aconteceu. Caso contrário, como o filme teria se tornado, cinematograficamente, a história de Ike? E por que temos de ouvir que o ator Larry Fishburne não queria fazer o filme, a não ser que houvesse mudanças no personagem de Ike, a não ser que o personagem pudesse ser suavizado, feito para ser mais humano? Quer dizer, foda-se o Ike! É assim que eu me sinto. Sabe, muitas pessoas negras, sobretudo homens negros, têm me falado: "Ike não pode tê-la tratado tão mal". Por que elas não dizem: "Não é terrível que ele a tenha tratado tão mal?". Isso só prova como nós, pessoas negras neste país, continuamos sexistas no nosso pensamento a respeito de homens e mulheres. O elemento farsesco desse filme tem a ver não somente com o fato de os produtores pensarem que as pessoas brancas não levariam a sério um filme sobre uma mulher negra agredida e abusada, mas ainda com o fato de pessoas negras também não o levarem a sério. Sendo assim, ele precisa ser feito engraçado. Eu me assustei com a quantidade de risadas circulando na sala de cinema diante de algo que não era engraçado. Aquela cena dos cabelos dela é absolutamente burlesca. O fato é que mulher nenhuma, incluindo Tina Turner, fica bonita em seu corpo quando está sofrendo agressão. A verdadeira Tina Turner ficava muito doente. Ela teve todo tipo de problema de saúde durante a vida com Ike. Ainda assim, o filme nos mostra essa pessoa tão incrivelmente linda e tão incrivelmente sexual. Não assistimos ao tipo de contraste que Tina Turner efetivamente estabeleceu em sua autobiografia, como: "Em um momento eu parecia destruída; no outro, ia para aquele palco e projetava toda essa energia". O filme deveria ter nos oferecido o *páthos* disso, mas definitivamente não o fez, porque a farsa não é capaz de oferecer esse *páthos*.

MFA   Quando você fala que Tina Turner deixa de ser uma mulher vitimizada, sobrecarregada, que está sempre doente, para se tornar uma profissional do entretenimento que se joga no palco, isso está coerente com uma concepção de vida negra que se transforma dos campos de algodão para o sapateado.

BH   Sem dúvida.

MFA   Talvez não consigamos imaginar a vida negra além disso.

BH   Não conseguiremos imaginar nada além disso enquanto Hollywood e as estruturas do cinema mantiverem essas categorias de "isso ou aquilo". *O Guarda-Costas* rompe de maneira significativa com a construção hollywoodiana de personagens negras mulheres — não porque Whitney Houston faz sexo com um homem branco, mas porque esse homem branco, Frank Farmer, diz que a vida dela é valiosa, que vale a pena salvar a vida dela. Tradicionalmente, Hollywood diz: "Mulheres negras compõem cenário; elas são copos descartáveis. Você pode usá-las e dispensá-las". Agora, eis um filme inteiro dizendo justamente o oposto. Se é um filme ruim, não vem ao caso. O fato é que milhões e milhões de pessoas ao redor do mundo estão vendo essa produção que, em essência, desafia todas as nossas percepções não apenas sobre o valor da vida negra, mas sobre o valor da vida da mulher negra. Dizer que a vida de uma mãe solo negra é valiosa é uma coisa realmente muito revolucionária em uma sociedade em que mulheres negras que são mães solo são sempre construídas no imaginário público como aquelas que não são bonitas, não são sensuais, não são inteligentes, são insanas, e coisas assim. Ao mesmo tempo, a mensagem do filme como um todo é paternalista. Achei fascinante vermos o personagem de Kevin Costner relacionado a Deus, à nação e ao país.

MFA O mesmo ocorreu em *Dança com Lobos* (1990).

BH E em *Traídos pelo Desejo* (1992), no qual homens brancos lutam com a própria identidade. Em *O Guarda-Costas*, lidamos com um cara branco que é bom aos olhos de Deus e da nação, mas, de algum modo, está em um momento de crise em sua vida — fazendo sexo com essa mulher negra, apaixonando-se por ela. É o que ele precisa para se recompor, e, uma vez que se recompõe, precisa retornar. Então, temos as cenas finais no filme, em que ele está de volta para Deus e para a nação. É tudo branco. É tudo masculino, e, obviamente, o roteiro dá a sensação de que ele fez a melhor escolha. Ele não se permitiu levar pela alteridade e pela diferença; porém, o principal motivo para que essa produção tenha arrecadado 138 milhões de dólares é que as pessoas agora estão fascinadas com questões acerca da alteridade e da diferença. Tanto Kevin Costner quanto Neil Jordan disseram repetidas vezes que os filmes deles não têm nada a ver com raça. Kevin Costner afirmou que "seria uma pena se as pessoas fossem assistir a *O Guarda-Costas* e pensassem que fosse sobre raça". Ora, por que raios ele acha que milhões de pessoas querem assistir ao filme? Ninguém se importa com homens brancos transando com mulheres negras. As pessoas se importam com a ideia de um homem branco rico — o homem da ficção, Frank Farmer, mas também o da realidade, Kevin Costner — estar fascinado por Whitney Houston. Elas foram assistir a um filme sobre amor, não sobre sexo, porque podemos assistir a uma grande quantidade de filmes pornô em que homens brancos estão transando com mulheres negras. *O Guarda-Costas* retrata um amor tão potente que faz as pessoas transgredirem certos valores. Pense novamente em como ele pode ser comparado a *Traídos pelo Desejo*, em que, mais uma vez, temos a temática do desejo e do amor tão potentes que permitem transcender identidade nacional, identidade racial e, finalmente, identidade sexual. Penso que essa seja a mensagem reacionária final em ambos os filmes: não precisamos de política. Não precisamos de luta. Tudo de que precisamos é o desejo. É o desejo que se torna o lugar de conexão. Essa é uma visão muito pós-moderna de desejo como o novo lugar de transgressão que elimina a necessidade de políticas radicais.

MFA Na introdução do livro *Angry Women* [Mulheres com raiva], Andrea Juno e V. Vale explicam o fascínio atual por rupturas de padrões de gênero e transgressão sexual como reação à superpopulação. Em outras palavras, os seres humanos sabem que ultrapassaram determinado sistema e "estão começando a exercitar a opção de reinventar seu destino biológico". Poderia ser esse o motivo de o desejo ter se tornado tão importante?

BH Essa é uma leitura mitopoética com a qual não tenho problemas, mas o interessante é que ela nos leva a um sonho que acredito ser muito vívido nesta sociedade atualmente: um sonho de transformação social que dispense o engajamento em qualquer tipo de ação política desagradável e sacrificante. Sabe, um filme a que assisti recentemente e mexeu muito comigo — e que fiquei comparando com *Perigo para a Sociedade* (1993) — foi *Um Dia de Fúria* (1993). Pode-se falar sobre essa produção como uma descrição do fim da civilização ocidental. O filósofo negro Cornel West pontua que parte da crise na qual estamos tem a ver com os preconceitos patriarcais ocidentais que não funcionam mais; e, de certa maneira, *Um Dia de Fúria* mostra um homem branco dizendo: "Confiei nesse sistema. Fiz exatamente o que o sistema me disse para fazer e não está funcionando para mim. Fui enganado". Isso não significa que você tem o direito de estar tão furioso e que pode atacar pessoas negras ou outros grupos marginalizados. Contudo, de muitas maneiras, é exatamente assim que muitas pessoas brancas se sentem. Há um senso de que, se o patriarcado supremacista branco capitalista não está funcionando para pessoas brancas — mais especificamente, para homens brancos da classe trabalhadora, ou para homens brancos da classe média —, a culpa é de outras pessoas por aí. É nesse sentido que a estrutura tem se alimentado de si mesma. Quando você tem algo que se torna tão voraz quanto o tipo de ganância que temos hoje, os homens brancos também sofrerão as consequências dessa ganância. Esse é um dos pontos mais assustadores em relação à Bósnia e à Croácia: não vemos os efeitos serem esgotados no corpo das pessoas negras — o que os Estados Unidos estão acostumados a ver na televisão. Os cadáveres de pessoas de cor simbolizam, em todo o mundo, uma crise do imperialismo e de toda a bizarrice da supremacia branca. É curioso que não se fale da relação direta entre limpeza étnica e noções míticas de pureza racial e de supremacia branca que é grande parte daquilo contra o qual este país está lutando. O que a África do Sul está enfrentando — esse mito da supremacia branca — também ocorre com os afro-estadunidenses quando supervalorizamos pessoas negras de pele clara e cabelos lisos e ignoramos outras pessoas negras. Isso tudo mostra como esse mito se inseriu profundamente na imaginação de todos nós. *Um Dia de Fúria* captura não apenas o horror disso, mas também o papel da grande mídia. Na cena em que o homem branco está tentando usar aquela arma enorme e o garotinho negro lhe mostra como fazer, o homem pergunta ao garoto: "Bem, como você sabe usá-la?". O menino responde: "Já vi em filmes".

Perigo para a Sociedade, que eu pensava ser um filme muito reacionário em tantos níveis, oferece-se como "cultura negra"; no entanto, o que realmente está em questão dentro da própria narrativa é que esses meninos negros aprenderam a fazer essa merda não com a cultura negra, mas assistindo a filmes de gângsteres brancos. O roteiro indica que o mito do gângster — como tem sido representado no rap e no cinema — não é um mito afrocêntrico nem negro, mas o mito público que está em nossa imaginação vindo dos filmes e da televisão. Em *Perigo para a Sociedade*, há uma cena na qual os vemos assistindo a esses filmes de gângster branco e desejando ser aquilo, e essa é a tragédia da supremacia branca e da colonização. Ela está inserida num filme que diz tratar de negritude, de uma declaração sobre quem é e onde está a juventude negra, mas, na verdade, trata-se de uma declaração de como a supremacia branca moldou e perverteu a imaginação da juventude negra. A mensagem transmitida é que essas pessoas têm dificuldade de imaginar qualquer saída da realidade, algo que o próprio filme não subverte. Ele diz: quando você finalmente decidir imaginar uma saída, é aí que você se surpreende. Sua mensagem mais profunda é a seguinte: não imagine uma saída, porque a pessoa que ainda está de pé no fim do filme é aquela que foi mais brutal. Porém, em *Um Dia de Fúria*, o homem branco não resiste de pé. Ele não vence a batalha. Há um sentido de: "Sim, agora você enxerga o que todo mundo já enxergava, ou seja, que o planeta está sendo ferrado e que você também será vítima disso", em oposição ao sugerido, quase miticamente, por *Perigo para a Sociedade*: que o genocídio nos entretendo não será completo, que haverá aqueles indivíduos únicos e especiais que sobreviverão a ele, mas não são os indivíduos que sonhavam com uma saída. É por isso que esses filmes são antiutópicos. São antirrevolucionários porque encerraram a imaginação, e isso é muito, muito assustador. Nesse mesmo sentido, fiquei recentemente perturbada com *Ganhando Espaço* (1992). Subliminarmente, trata-se de uma merda de um filme antiaborto. Há a mulher retratada como muito poderosa e pensativa que, no entanto, não consegue tomar uma decisão sobre o que fazer com o próprio corpo. Sou professora de mulheres jovens em uma faculdade pública: essas mulheres não ficariam tão confusas em relação ao corpo delas, porém é assim que as pessoas imaginam mulheres negras de classe baixa. Leciono para mães solo que tiveram vontade e força para seguir em frente com a vida, enquanto a sociedade lhes dizia: "Como se atreve a seguir adiante com sua vida e realizar seus sonhos?".

MFA O filme *Finding Christa* [Encontrando Christa] (1991), de Camille Billops, fala sobre isso, sobre ser revolucionário. Uma mulher, a própria Billops, em nome de sua arte, faz algo que poucas de nós jamais *pensaríamos* em fazer: entrega a filha pequena para adoção. Então, vinte anos depois, longe de negar qualquer coisa, chama a atenção para tudo isso de novo ao fazer o filme. *Finding Christa* é muito problemático e interessante.

BH Esse filme é perturbador de várias maneiras. É interessante que possamos ler sobre homens que deram as costas à paternidade para desenvolver sua criatividade e seus projetos, e ninguém nunca pensa que isso seja terrível; mas muitos de nós, inclusive eu mesma, ficamos incomodados com o que Camille Billops nos mostrou. Essa mulher tomou tais atitudes a fim de garantir que tivesse espaço para continuar a ser quem desejava, e, ao mesmo tempo, isso pareceu muito violento e violador para a filha. Sempre gostei dos filmes de Camille Billops. *Suzanne, Suzanne* (1982) é um dos meus favoritos, porque, mais do que quaisquer outros filmes de cineastas negros independentes, ela realmente nos obriga a pensar sobre as contradições e as complexidades que ameaçam as pessoas. Não temos o costume de ver mulheres artistas de qualquer raça ter esse tipo de relação com a arte.

MFA Billops fez o que *ela* achou que deveria fazer. Você sabe, "uma mulher precisa fazer o que uma mulher precisa fazer".

BH Engraçado. Eu estava lendo uma entrevista com Susan Sarandon sobre *Thelma e Louise* (1991), outra produção cinematográfica muito potente que se transforma em farsa.

MFA   *Thelma e Louise* é um filme reacionário. As mulheres podem até ser confrontadoras e determinadas por um tempo, mas no fim elas têm de apagar a si mesmas. Elas teriam sido heroicas se tivessem *se recusado* a desaparecer. Imagine uma história de dois homens fora da lei em que, quando as coisas começam a se complicar, decidem dar as mãos e mergulhar no esquecimento. Isso é legal? Mas, de alguma forma, é legal pensar em mulheres desaparecendo, se matando. Talvez seja um desejo coletivo inconsciente.

BH   Mas há esta cena no começo, na qual a personagem de Susan Sarandon diz: "Quando uma mulher chora, ela não está se divertindo". Fica a impressão de que ela não atira nele por causa da tentativa de estupro, mas em razão da completa indiferença dele. Naquele momento, muitos homens perceberam como essa indiferença machuca pra caramba, só que tudo isso fica comprometido por todas as coisas que acontecem em seguida. Esta é a tragédia de *Thelma e Louise*: o filme não oferece empoderamento no fim, fez do feminismo piada, fez da rebelião piada e, bem ao modo patriarcal tradicional, fez da morte punição.

MFA   No entanto, muitas feministas, lésbicas e heterossexuais, levantaram-se e aplaudiram quando as duas protagonistas decidiram cometer suicídio.

BH   A cineasta Monika Treut disse algo similar ao que vou dizer. Se as pessoas estão famintas e você lhes oferece biscoito, elas não dirão: "Caramba, esse biscoito é limitado. Não é o que mereço. Mereço uma refeição completa". Como feminista, acho patético as pessoas aplaudirem *Thelma e Louise*, um filme tão estreito em sua visão, tão limitado. Mas escuto o seguinte de pessoas negras sobre filmes negros que eu critico: é tudo o que temos. Então, precisamos reconhecer o que há de mágico e transformador em um filme e, ao mesmo tempo, discuti-lo criticamente.

MFA   O artista Lawrence Weiner chama isso de flertar com a loucura.

BH   Muitas mulheres se veem à beira da loucura quando o mundo não as reconhece e elas não conseguem se reconhecer no mundo. Isso pode ser exemplificado pela vida de pessoas como Sylvia Plath, Anne Sexton, Virginia Woolf e Zora Neale Hurston. Muita coisa acontece com mulheres de todas as raças — mulheres negras, principalmente — que se tornam estrelas. Há inveja. Recentemente, eu estava em casa em uma reunião de família, e as pessoas disseram coisas tão maldosas e brutais para mim que comecei a pensar: "O que está acontecendo aqui?". E meu irmão disse que muito daquilo era inveja. Há uma parte de mim que diz: "Não quero ir mais longe com minha vida, com minha criatividade, porque, se as pessoas me invejam, elas vão me torturar". Não se trata tanto de uma sensação de ser incapaz de lidar com as coisas; trata-se da sensação de não ser capaz de lidar com tortura. Ouvimos todas essas estatísticas de quantas mulheres são estupradas e espancadas a cada tantos segundos, mas, quando falamos sobre ter medo no patriarcado, somos levadas a sentir que isso é loucura. Quantas mulheres incríveis, sobretudo aquelas que são feministas, não são tachadas hoje de loucas em muitos contextos? Entramos em momentos críticos de colapso porque, muitas vezes, sentimos que não há mundo que nos acolha.

MFA Quando penso em loucura, lembro-me de R. D. Laing dizendo que o eu é uma ilusão; temos alucinações com o abismo, mas também podemos ter fé no abismo como libertação perfeita — ele não levará à autoaniquilação nem à destruição, mas exatamente ao oposto disso.

BH Penso que, na verdade, o mundo existe somente conforme pessoas como nós o construímos. Não quero sugerir que nós não possamos tê-lo. Precisamos fazê-lo. Entretanto, se eu for seduzida a pensar que já existe um espaço porque todo mundo comprou meus livros e recebi aqueles comentários, aí eu poderia realmente me ferrar. Uma pessoa pode enlouquecer procurando por aqueles que compraram seus livros, escreveram resenhas e disseram que ela é uma grande pensadora ou blá-blá-blá. Penso que é aí que a inveja entra. Por isso o filme *Amadeus* (1984) foi tão fascinante; ele fala que, às vezes, as pessoas tentam destruir você precisamente porque elas reconhecem sua potência, não porque elas não a enxergam, mas porque enxergam e não querem que ela exista. Por isso Madonna, uma das mulheres mais potentes e criativas nos Estados Unidos atualmente, reinventou sua imagem pública para ser vista como uma mulher subordinada e vitimizada. De certa forma, isso permite que ela exista sem horror. O que realmente aconteceria com Madonna se ela expusesse uma imagem que dissesse: "Sou tão poderosa que vou me recuperar. Vou lidar com os abusos sofridos na infância e continuar a imaginar criativamente maneiras de as mulheres serem sexualmente livres"? Creio que ela seria uma imagem muito mais ameaçadora do que é em qualquer ensaio pornográfico de garotinha na *Vanity Fair*. Essas imagens permitem que ela seja comprada e descartada.

MFA Talvez seja uma estratégia consciente da parte dela: um ensaio fotográfico de novinha e — boom! — ela irrompe, ou, pelo menos, confronta um novo tabu.

BH Sandra Bernhard é outra mulher criativa que tem batalhado com questões de transgressão e aberto novos caminhos. Acabei de ler o livro dela, *Love, Love, and Love* [Amor, amor e amor]. Há algo bem emocionante na maneira como ela brinca com a noção de diferença, o modo como problematiza as relações de mulheres negras e de mulheres brancas e como fala da sedução tradicional e da manipulação da sexualidade — captura e conquista.

MFA Aliás, esse conceito — seduzir e trair — aparece muito no seu próprio trabalho.

BH Eu tinha um amigo com quem sempre escrevia sobre filmes em nosso diário, debatíamos sobre diversos títulos. Uma das coisas sobre as quais escrevemos foi uma discussão a respeito de manipulação e como, nos grandes filmes manipuladores de Hitchcock, sempre havia uma tentativa de reconciliação. Hoje, no entanto, temos filmes manipuladores como *O Fio da Suspeita* (1985), no qual nenhuma ordem é restaurada no fim. Não há restauração de harmonia que envolva a união do homem e da mulher, nenhuma forma de reconciliação após o ato de traição. Na vida real, com amigos, amantes, mãe e pai, estamos sempre lutando para conciliar as traições. A gente não descarta simplesmente todas as pessoas que nos traem e seguimos rumo a um amor melhor. A vida nos obriga a lidar com certas formas de traição.

MFA Para obter um amor melhor.

BH Exatamente. Lidar com a traição nos leva a um entendimento de compaixão, perdão e aceitação que gera certo tipo de amor potente. As pessoas se irritam comigo por isso, mas eu gosto de *O Príncipe das Marés* (1991), de Streisand. Penso nele como dois filmes: um sobre a autorrecuperação com a finalidade de amar, o que o personagem de Nick Nolte representa; e, o outro, um filme imbecil de Barbra Streisand querendo seduzir o homem WASP.[6] Recentemente, assisti a *O Príncipe das Marés* passando adiante as cenas de relações sexuais dela com ele, e o filme se transformou em uma história pungente sobre o retorno do homem à possibilidade de amar. Sugere aos homens que eles não serão capazes de amar e vivenciar qualquer tipo de relacionamento maduro e manter um relacionamento prazeroso sem que se proponham a um autoquestionamento. Muitos filmes sobre homens brancos em processo de recuperação, como *Pescador de Ilusões* (1991), tentam dizer exatamente isto: "Homem branco, você terá de olhar para si com algum nível de pensamento crítico se quiser vivenciar qualquer amor". Entretanto, não parece haver filmes que sugerem ao homem negro que ele precisa olhar criticamente para si mesmo a fim de conhecer o amor.

---

6 Acrônimo para *white anglo-saxon protestant*, isto é, branco, anglo-saxão e protestante. [N.E.]

MFA   E em relação ao filme *Não Durma Nervoso* (1990), de Burnett?

BH   Charles Burnett é um grande cineasta; contudo, esse é seu filme mais fraco e o que recebe mais atenção. O personagem de Danny Glover é muito poderoso, mas não sabemos por quê. Seria ele um símbolo de criatividade que perdeu o controle?

MFA   Ele é como o fazedor de chuvas em *Lágrimas do Céu* (1956), com Burt Lancaster?

BH   Sim, com certeza. Quando ele se deita no chão da cozinha, não consegue utilizar sua mágica e sua criatividade. Em relação à imagem de homens negros, ele se perdeu. Eu diria que a representação de John Sayles do homem negro em *O Irmão que Veio de Outro Planeta* (1984) é um momento transgressor. A cena de amor entre esse personagem e as mulheres de *Vida de Cidade* (1991) é uma representação interessante do que permite aos homens entrar no espaço das cópulas heterossexuais de maneira a sugerir ternura e prazer mútuo. No entanto, eu realmente acredito que John Sayles tenha uma relação estranha com as mulheres negras, porque ele sempre nos representa com perucas esquisitas, como a mulher em *O Irmão que Veio de Outro Planeta* e a mulher negra de *Tudo pela Vida* (1992).

MFA   Vamos falar sobre amor e medo.

BH   *Sintonia de Amor* (1993) é um filme muito interessante sobre paixão, amor e medo. Tanto em *Um Romance do Outro Mundo* (1990) quanto em *Sintonia de Amor*, o medo é o de ter perdido um grande amor e nunca mais ser capaz de vivenciar isso de novo. A paixão e o desejo relacionados ao amor têm potencial para destruir as pessoas. É como perder o olfato e o paladar. Há essa intensidade da paixão em filmes como *O Sorgo Vermelho* (1987) e *Amor e Sedução* (1996) — a sensação de estar tão profunda, espiritual e emocionalmente conectado a outra pessoa. Tragicamente, nesta cultura, há um foco tão estranho em codependência, sobretudo no que diz respeito às mulheres, que se tornou muito difícil para elas verbalizar o que significa ter esse tipo de paixão que transforma a vida. Penso que nossa cultura não reconhece a paixão, porque a paixão real tem poder de romper barreiras. Quero que haja um lugar no mundo onde as pessoas possam se relacionar com as diferenças de cada uma de maneira redentora, cheia de esperança e de possibilidade. Não da seguinte maneira: "Para te amar, preciso te transformar em outra pessoa". Isso é dominação: "Para estar perto de você, preciso possuí-lo, refazê-lo e reformá-lo". O amor redentor é sugerido em *O Guarda-Costas* e em *Traídos pelo Desejo*. Então esse amor acaba e ficamos sem saber para onde foi. Por que esse amor foi embora?

MFA   Pela mesma razão, Thelma e Louise tiveram de morrer.

BH   Exatamente. Precisamos recorrer a filmes de fora dos Estados Unidos para encontrar alguma perspectiva de amor redentor, seja o heterossexual, seja o amor em diferentes práticas sexuais, porque os Estados Unidos são uma cultura de dominação. O amor suaviza a violação; porém, uma vez que nossa construção de desejo se dá num contexto de dominação, há sempre, sempre violação. Deve haver agora, em nossa cultura, uma fome tremenda por esse tipo de amor esperançoso, porque as pessoas estão fascinadas por filmes como *Lanternas Vermelhas* (1991), *O Sorgo Vermelho* e *Como Água para Chocolate* (1992). Pedro Almodóvar quase sempre explora essa tensão entre nosso desejo por reconhecimento e amor e nosso completo medo do abandono. Em *Ata-me!* (1989), não temos essa perspectiva perfeita que a classe média tem de recuperação. Muitas feministas odeiam esse filme porque a mulher se apaixona por seu sequestrador, mas o fato é que, na vida real, sempre há circunstâncias contraditórias que nos confrontam. A partir dessa confusão, criamos possibilidades de transcendência. Eu realmente sinto que há um tipo de discurso feminista que estacionou na questão da sexualidade e do poder, porque as pessoas não conseguem conciliar a intervenção do desejo em nossa estrutura de crenças políticas, em nossos sistemas de valores, em nossas argumentações de pureza racial, étnica ou mesmo sexual. Não acredito que a pessoa comum nesta cultura saiba o que é paixão, porque a televisão e a grande mídia dizem diariamente: "É melhor viver sua vida em certo isolamento e com certas formas de vício". Assistimos a muitos filmes que não apresentam o bom, que não nos oferecem um universo que nos convida a sentir de novo, e, se não pudermos sentir, não teremos nenhuma esperança de conhecer o amor.

04.
sedução e traição:
Traídos pelo Desejo
encontra
O Guarda-Costas

A mensagem tradicional de Hollywood sobre sexo inter-racial tem sido de que é trágico, de que não vai dar certo. Até Spike Lee lançar *Febre da Selva* (1991), essa mensagem racista e xenofóbica nos foi entregue sobretudo por cineastas brancos. A mensagem não mudou. Em 1989, Hollywood resolveu fazer sua própria versão do filme de Coline Serreau, *Mama, There's a Man in Your Bed* [Mamãe, tem um homem na sua cama], que trata do desejo inter-racial e exibe uma relação bem-sucedida entre uma mulher negra de classe trabalhadora e um homem branco privilegiado, mas nenhum grande ator branco queria fazer o papel principal. Os noticiários apresentaram esse fato sem dar as razões. Não há dúvidas de que esses homens brancos temiam perder status ao atiçar a ira de uma audiência de mulheres brancas que não querem ver "seus" heróis fazendo sexo com garotas negras ou, Deus os livre, arriscar serem vistos, na vida real, como "amantes de pretas". Afinal, as mulheres brancas constituem um público telespectador que pode escrever milhares de cartas protestando contra o amor entre um homem branco e uma mulher negra em novelas, informando as redes audiovisuais que elas não querem ver isso nem nas telinhas nem nas telonas.

Mama, There's a Man in Your Bed é peculiar porque apresenta o amor inter-racial de maneira complexa. O filme levanta questões desafiadoras sobre as dificuldades de ter um parceiro de outra raça e classe. Insiste que o amor, sozinho, não oferece condições para transcender a diferença se a pessoa em situação de poder — nesse caso, o homem branco rico — não mudar sua maneira de pensar, não redefinir o poder, não abdicar de atitudes burguesas, e assim por diante. À medida que o amor deles se desenvolve, o homem branco é forçado a questionar seu lugar, o pensamento a respeito daquelas pessoas que são diferentes e, mais importante, a maneira como as trata na vida cotidiana. Uma vez que a mulher negra que ele ama tem filhos e filhas, parentes e outras relações, ele precisa também aprender a se engajar com a comunidade dela. Por ter trabalhado como faxineira em seu escritório, ela conhece o mundo dele e seu funcionamento. Ele precisa aprender a entender, apreciar e valorizar o mundo dela. O que permite que o relacionamento deles dê certo é a troca mútua, e não aquela coisa de fantasia romântica.

Diferente da heroína negra hollywoodiana tradicional, ainda que "rara", a mulher negra em *Mama, There's a Man in Your Bed* não é uma gatinha exótica sensual, não é uma "mulata trágica".[1] No filme francês, ela é atarracada e na maior parte das vezes está vestida com roupas de trabalho; de maneira alguma é uma "mulher fatal". Esse fato por si só pode ter impos-

---

1 O estereótipo da mulata trágica, comum na cultura estadunidense, refere-se à mulher birracial, dividida entre a herança branca e a herança negra, atraente para os homens brancos, mas à qual é reservado um final trágico devido à "mácula" representada por seu sangue negro. [N.E.]

sibilitado que qualquer "estrela" masculina branca se sentisse confortável em aparecer como parceiro dela. Pelos padrões de Hollywood (e isso inclui filmes de diretores negros), uma mulher negra, curvilínea, roliça, só pode desempenhar o papel de mama/matrona, nunca pode ser objeto de desejo. Sempre com disposição para atender às necessidades do mercado, Hollywood talvez ainda faça a própria versão de *Mama, There's a Man in Your Bed*, mas é improvável que absorva a perspectiva séria e complexa do original. Sem dúvida, seria um novo *Mudança de Hábito* (1992), em que os espectadores são levados a considerar um tanto "ridícula" qualquer mulher negra cuja aparência não se enquadra às representações tradicionais de beleza, mas que, ainda assim, é, ou se torna, objeto de desejo do homem branco. O público deve ser induzido a pensar que é improvável que uma mulher negra seja realmente a companheira escolhida de qualquer homem branco desejável.

O público provavelmente acabará por assistir a uma versão estadunidense de *Mama, There's a Man in Your Bed*. Afinal, Hollywood descobriu recentemente, mais uma vez (como na época em que produções como *Imitação da Vida* (1959) e *O que a Carne Herda* (1949) foram grandes sucessos de bilheteria), que filmes focados em relacionamentos inter-raciais podem atrair grandes públicos e arrecadar muito dinheiro. Atitudes supremacistas brancas e sentimentos preconceituosos, que tradicionalmente moldaram os desejos de espectadores brancos, podem ser explorados por um marketing inteligente, e o que antes era considerado indigno pode tornar-se o "bilhete premiado". Atualmente, raça é o tema em voga. Em *Olhares negros*, meu livro mais recente sobre raça e representação, enfatizo que a negritude, como commodity, explora o assunto tabu raça; este é um momento cultural em que as pessoas brancas e o restante de nós estamos sendo convidados pelo mercado a deixar os preconceitos e a xenofobia (o medo da diferença) de lado e "comer o outro" alegremente.

Dois ótimos exemplos desse "comer" são o filme hollywoodiano *O Guarda-Costas* (1992) e o filme independente *Traídos pelo Desejo* (1992). Ambos destacam relações que rompem barreiras. *Traídos pelo Desejo* tem a preocupação de explorar as fronteiras de raça, gênero e nacionalidade; *O Guarda-Costas*, as fronteiras de raça e classe. Ambos foram sucesso absoluto de bilheteria. Contudo, *Traídos pelo Desejo* foi aclamado pela crítica, ao passo que *O Guarda-Costas* foi esmagadoramente massacrado. Revistas como *Entertainment Weekly* deram cinco estrelas para o primeiro e duas para o outro. Embora seja com certeza um filme melhor pelos padrões artísticos (atuação superior, enredo mais complexo, bom roteiro), os elementos de *Traídos pelo Desejo* que o tornam agradável ao público são mais parecidos do que diferentes daqueles que tornam *O Guarda-Costas* agradável. Ambos são romances. Ambos abordam o "desejo" considerado tabu e exploram o tema do amor no limite.

Em um momento em que a teoria crítica e a crítica cultural nos convocam a refletir sobre a política de lugares e assuntos de raça, nacionalidade e gênero, os dois filmes usurpam esse desafio crucial com a mensagem de que o espaço da reconciliação e da redenção é o desejo, e não o campo da política. Enquanto exploram um tema racializado, os diretores negam o significado de raça. Até *O Guarda-Costas*, o público estadunidense nunca tinha assistido a um filme de Hollywood em que um grande astro branco escolhe uma amante negra; ainda assim, a publicidade do filme insistiu que raça não era importante. Entrevistado em uma edição da revista negra *Ebony*, Kevin Costner protestou: "Não acho que raça seja uma questão aqui. O filme é sobre o relacionamento entre duas pessoas, seria uma falha caso se tornasse um filme sobre relacionamentos inter-raciais". De modo similar, nas entrevistas em que Neil Jordan fala sobre *Traídos pelo Desejo*, ele não identifica racialmente a personagem como mulher negra. Ela é sempre "a mulher". Por exemplo, em uma entrevista com Lawrence Chua para a revista *Bomb*, Jordan diz: "Fergus acredita que a mulher é uma coisa e descobre que ela é algo diferente". Ambas as afirmações expõem que esses homens brancos não questionaram nem seu lugar nem sua perspectiva. Pensadoras feministas progressistas e críticas culturais têm continuamente chamado atenção para o fato de que a supremacia branca permite que aqueles que exercem o privilégio branco não reconheçam o poder da raça, que se comportem como se a raça não importasse, mesmo que ajudem a estabelecer e manter esferas de poder nas quais as hierarquias raciais são fixas e absolutas.

Em *Traídos pelo Desejo* e em *O Guarda-Costas*, é a identidade racial das "mulheres" negras heroínas que dá a cada filme seu limite radical. Muito antes de qualquer pessoa que assiste a *Traídos pelo Desejo* saber que Dil é travesti, ela é provocada por seu exotismo, marcado pela diferença racial. Ela/ele não é qualquer mulher negra velha: incorpora a persona da "mulata trágica", que sempre tem sido a brecha para personagens mulheres negras, sexualmente desejáveis e miscigenadas em filmes de Hollywood. Uma vez que a maioria dos espectadores não sabe a identidade sexual de Dil antes de assistirem ao filme, é muito provável que essas pessoas sejam atraídas para o cinema porque o filme explora raça e nacionalidade como instâncias de diferença. A insistência de Kevin Costner em dizer que *O Guarda-Costas* não é sobre um relacionamento inter-racial parece arrogante e ridícula diante do fato de que multidões de espectadores correram para assistir ao filme justamente porque retrata o relacionamento entre uma mulher negra e um homem branco, personagens representados por grandes estrelas, Costner e Whitney Houston. Mulheres negras espectadoras (e muitos outros grupos) correram para assistir a *O Guarda-Costas* porque estávamos muito conscientes do modo como a política de racismo e de supremacia branca sempre bloqueou em Hollywood a representação de mulheres negras como parceiras escolhidas por homens brancos. E, se isso não puder acontecer, mulheres negras dificilmente poderão desempenhar o papel de protagonista em um filme; afinal, esse papel significa envolver-se com o homem protagonista.

As personagens Dil (Jaye Davidson), em *Traídos pelo Desejo*, e Rachel Marron (Whitney Houston), em *O Guarda-Costas*, foram retratadas de maneira não convencional, pois eram, cada uma, objeto de amor de um homem branco mas também mulheres experientes e iniciadoras sexuais hipersexualizadas de forma estereotipada. Dil é uma cantora/puta (o filme nunca explica, realmente, qual é a natureza de seu papel como profissional do sexo) e Rachel Marron também é uma cantora/puta. Tradicionalmente, mulheres negras sensuais em Hollywood são putas ou prostitutas, e esses dois filmes não rompem com essa tradição. Muito embora Dil trabalhe como cabeleireira e Marron ganhe dinheiro como profissional de entretenimento, a atração que exercem está no campo sexual. Conforme nos ensinam estereótipos racistas/sexistas em representações da grande mídia, por baixo da superfície da sexualidade de qualquer mulher negra há uma puta: alguém sexualmente disponível, aparentemente indiscriminada, incapaz de compromisso, alguém que provavelmente seduz e trai. Nem Dil nem Marron se importam em conhecer o homem branco pelo qual se apaixonam. Em ambos os casos, é amor — ou, deveria dizer, luxúria — à primeira vista. Os dois filmes sugerem o sentimento de tabu causado pelo desconhecimento de que conhecer realmente o "outro" destruiria o mistério sexual; o sentimento de tabu causado pelo desconhecido, pela presença do prazer e do perigo. Apesar de Fergus (Stephen Rea) ir em busca de Dil, ela rapidamente se torna a iniciadora sexual, servindo-o. De modo semelhante, Marron seduz Frank Farmer (Kevin Costner), o guarda-costas contratado por ela. Ambos os filmes sugerem que a atração sexual dessas duas mulheres negras é tão intensa que esses homens brancos vulneráveis perdem toda a vontade de resistir (mesmo quando Fergus é obrigado a encarar o fato de que Dil não é biologicamente uma mulher). Nos Estados Unidos, durante a escravidão, os homens brancos governantes que apoiavam a ideia de enviar as pessoas negras de volta à África reuniram petições alertando sobre o perigo das relações sexuais entre homens brancos decentes e mulheres negras desregradas, pedindo especificamente que o governo "remova essa tentação de nós". Eles queriam que o Estado controlasse a luxúria deles. A luxúria incontrolável entre homens brancos e mulheres negras *não é* tabu. Torna-se tabu somente quando essa luxúria leva ao desenvolvimento de um relacionamento sério.

O Guarda-Costas garante ao público que não importa quão mágico, sexy ou emocionante possa ser o amor entre Rachel Marron e Frank Farmer — o relacionamento não vai dar certo.

E, se ousarmos imaginar o contrário, sempre existirá a poderosa música tema para nos lembrar de que não dará. Mesmo que o refrão principal da música declare "Eu sempre te amarei", outros versos sugerem que esse relacionamento está condenado desde o começo. O amante que está de partida fala de "Lembranças agridoces, isso é tudo que estou levando comigo", depois afirma: "Nós dois sabemos, não sou o que você precisa". Já que nenhuma explicação é oferecida, o público só pode presumir que a questão raça e romance inter-racial, não dita e em negação, torna esse amor impossível. Então, de modo convencional, *O Guarda-Costas* seduz o público com as promessas de um romance pleno entre um homem branco e uma mulher negra para então nos manipular e dizer que aquele relacionamento está condenado ao fracasso. Esse tipo de mensagem pode satisfazer espectadores xenofóbicos ou racistas que querem se sentir excitados pelo tabu e depois serem aliviados pela restauração do status quo no fim do filme. Os espectadores supremacistas brancos conseguem encontrar ali a afirmação para a própria insistência no perigo da poluição racial e mistura de raças, e os negros nacionalistas que condenam relações inter-raciais também podem ficar satisfeitos. O restante de nós fica simplesmente se perguntando por que esse amor não pode ser concretizado.

Quando saímos do campo do cinema, é óbvio que as dinâmicas do patriarcado supremacista branco capitalista — que historicamente representa mulheres negras como "parceiras indesejáveis" mesmo quando elas são objetos sexuais desejáveis e, assim, tornou socialmente inaceitável para homens brancos poderosos procurar relacionamentos comprometidos com mulheres negras — continuam a estruturar a natureza de uniões românticas em nossa sociedade. O que aconteceria com o futuro do patriarcado supremacista branco se homens brancos heterossexuais estivessem escolhendo ter relacionamentos sérios com mulheres negras? Certamente, essa estrutura estaria comprometida. De modo significativo, *O Guarda-Costas* reafirma essa mensagem. Frank Farmer é representado como um patriarca republicano conservador, um defensor da nação. Uma vez que abandona a mulher negra "diaba" que o seduziu e o enfeitiçou, ele retorna ao seu devido lugar como guardião do legado patriarcal patriótico. O filme o mostra protegendo os homens brancos oficiais de Estado. Aquelas últimas cenas sugerem que amar uma mulher negra o impediria de honrar e proteger a nação.

Ironicamente, muito embora *Traídos pelo Desejo* questione a ideia de uma nacionalidade pura, mostrando que a Europa não é mais branca e que cidadãos europeus são multiculturais e de múltiplas cores, a caracterização do personagem de Fergus sugere que um irlandês branco pode romper seus laços com a nação e seu compromisso de lutar pela libertação nacional ao se envolver romanticamente com uma mulher negra. Diferentemente de *O Guarda-Costas*, aqui infere-se que esse rompimento com a identidade nacional pode ser positivo, mas há outro subtexto: essa identidade nacional, da qual se deseja desistir, é ainda de uma luta por liberdade. O filme de Jordan sugere que a identidade nacional na Inglaterra não é fluida, não é estática, não é tão importante. Dessa forma, ele desvia o racismo e o colonialismo imperialista da Grã-Bretanha e a faz parecer o lugar onde todos podem ser livres, não mais confinados a categorias. Nesse universo mítico, a plenitude do desejo é apresentada como expressão máxima da liberdade.

Ao manter uma mentalidade colonizadora e estereótipos raciais, o corpo de pessoas negras, homens e mulheres, torna-se o espaço, o campo de jogo no qual homens brancos exercitam seus conflitos sobre liberdade, seus anseios por transcendência. Aos olhos de Fergus, o prisioneiro negro Jody (Forest Whitaker) personifica a humanidade que seus companheiros brancos perderam. Apesar de ser um homem adulto, Jody é infantil, inocente, um neoprimitivo. Na entrevista com Chua, Jordan confirma sua intenção de representar Jody como infantil ao dizer que, nesse relacionamento, Fergus "era como a mãe". Jody altera a relação de poder entre ele e Fergus ao seduzi-lo emocionalmente. Ele representa a emotividade e, como Dil (outra primitiva), não está desvinculado de sua relação com o sentimento ou a sensualidade. O filme destaca a representação de homens negros e de mulheres negras como pessoas infantis e necessitadas de pai e mãe/protetores brancos. Ainda que Rea tente reverter essa representação nas cenas finais, transformando Dil na pessoa cuidadora, aquela que nutrirá Fergus, ele reitera estereótipos raciais por meio de ambas as representações.

Fergus "come o outro" quando consome a história de vida de Jody, incluindo a narrativa mítica que molda a visão de mundo do homem negro, e depois usurpa o lugar de Jody na afeição de Dil. Conforme o filme termina, Fergus, o herói branco, não apenas canibalizou Jody como também se apropriou da narrativa dele, usando-a para declarar sua posse de Dil. Jordan afirma que "sua obsessão pelo homem o leva a reformular Dil à imagem do cara que ele perdeu". Os corpos negros são, portanto, como argila, estão lá para serem moldados de maneira que se tornem qualquer coisa que o homem branco queira. Eles se tornam a corporificação de seus desejos. Esse paradigma reflete o colonialismo; ele oferece uma imagem romantizada do colonizador branco movendo-se no território negro, ocupando-o, possuindo-o de modo a afirmar sua identidade. Fergus nunca reconhece totalmente a sexualidade ou a raça de Dil. Como Costner e Rea da vida real, ele faz do corpo negro lugar para seu "radicalismo" político e cultural, sem ter de respeitar esse corpo.

A maioria das resenhas críticas de *Traídos pelo Desejo* não discutiu raça, e aquelas que o fizeram sugeriram que o poder do filme reside em sua disposição para insistir na ideia de que raça e gênero finalmente não importam: o que conta é a interioridade. Essa mensagem, porém, fica comprometida pelo fato de que todas as pessoas subordinadas ao poder branco são negras. Embora esse filme (como *O Guarda-Costas*) seduza ao sugerir que atravessar fronteiras e aceitar diferenças pode ser prazeroso, ele não perturba as representações convencionais de poder, de subordinação e de dominação. Pessoas negras permitem que homens brancos as reconstruam no filme. E o fato de Dil ser travesti parece ser menos radical quando ela oferece avidamente sua identidade de mulher para satisfazer Fergus, sem pedir explicação. As ações de Fergus são claramente paternalistas e patriarcais. Dil oferece aquele tipo de amor Billie Holiday "cala a boca agora, não explique",[8] um tipo de amor que homens misóginos e sexistas sempre desejaram. Ela age em cumplicidade com a apropriação de Fergus em relação a Jody.

Aqueles de nós que se encantam pelo jeito ousado e desafiador de Dil ao longo do filme se surpreendem quando ela se torna de repente a "mulherzinha" tradicional, ansiosa para fazer qualquer coisa por seu homem. Ela está disposta até a matar. A agressividade dela é convenientemente direcionada

---

8 No original, "*hush now, don't explain*", referência à canção "Don't Explain", de Arthur Jr. Herzog e Billie Holiday. [N.E.]

a Jude, única mulher "de verdade" do filme, que, por acaso, é branca. Quando Dil assume uma função maternal em relação a Fergus, ela passa do papel de puta para o de mamãe. Mas, quando é levada a acreditar que Fergus será seu cuidador, os papéis se invertem. Não há nada de radical na posição de Dil no fim do filme. Como "mulher negra" cuidando de seu homem branco, ela incorpora um estereótipo racista/sexista. Como "mulherzinha" alimentando e esperando seu homem (lembremos que a namorada não esperou fielmente por Jody), ela incorpora um estereótipo sexista.

Ao longo de boa parte de *Traídos pelo Desejo*, o público tem a oportunidade de assistir a um filme que rompe muitas das nossas noções convencionais sobre identidade. O soldado britânico é negro. A namorada dele, no fim das contas, é travesti. Fergus abandona prontamente seu papel como combatente pela liberdade do IRA (grupo representado de maneira simplista como somente terrorista) para se tornar um trabalhador comum. No melhor sentido, muito desse filme nos convida a questionar os limites da política identitária, mostrando-nos que desejo e sentimentos podem romper noções fixas de quem somos e do que defendemos. Contudo, nas cenas finais, Fergus e Dil parecem estar preocupados sobretudo em habitar papéis de gênero sexistas. Ele se reverte em homem branco "racional", sem emoção, silencioso e passivo, identidade da qual buscou fugir no filme. E Dil, não mais ousada e desafiadora, torna-se a representação da mulher negra como objeto sexual e maternal. De repente, a heteronormatividade e o estilo de vida "Dick e Jane" são sugeridos como ideais — e lá se vão a diferença e a ambiguidade. Leituras complexas de identidade são abandonadas, e tudo volta ao seu lugar. Não é de admirar, portanto, que espectadores convencionais considerem esse filme tão aceitável.

Em uma cultura que desvaloriza sistematicamente a mulheridade negra, que enxerga nossa presença como significativa apenas até o ponto em que servimos aos outros, não parece surpreendente que o público ame um filme que nos reinsira simbolicamente nesse papel. (Digo simbolicamente porque o fato de que Dil é, na verdade, um homem negro sugere que, no melhor dos mundos de supremacia branca patriarcal capitalista e imperialista, a presença da mulher não é necessária.) Pode ser apagada (não há necessidade de mulheres negras reais existirem) ou aniquilada (vamos fazer o homem negro matar brutalmente a mulher branca, não porque ela é uma terrorista fascista, mas porque é biologicamente mulher). Como considerei Jude fascista antes de tudo, não enxerguei inicialmente a morte dela como um abate misógino. Reconsiderando criticamente a cena na qual Jude é assassinada, percebi que a raiva de Dil é direcionada a ela porque Jude é biologicamente mulher. Não pode ser somente porque ela usou a aparência de feminilidade para laçar Jody; afinal, Dil usa esse mesmo meio de aprisionamento. Finalmente, a despeito de momentos transgressivos mágicos, há muito nesse filme que é conservador, até mesmo reacionário. Dito grosseiramente, o filme sugere que travestis odeiam e querem destruir mulheres "verdadeiras", que homens brancos heterossexuais querem tanto mamães negras que as inventam, que homens brancos estão dispostos até a vomitar sua homofobia e entrar em um relacionamento com um homem negro para receber aquele tratamento despretensioso que só uma mulher negra pode oferecer, que homens homossexuais de verdade são brutos que espancam e, por fim, que o mundo seria um lugar melhor e mais pacífico se todos nós deixássemos de articular raça, gênero e práticas sexuais e apenas nos tornássemos casais heterossexuais brancos que não brincam de inverter papéis e de mudar a identidade. Essas mensagens reacionárias correspondem a todas as mensagens conservadoras relacionadas à diferença em *O Guarda-Costas*.

É significativo que as semelhanças entre os dois filmes passem despercebidas pelos críticos que se entusiasmam com *Traídos pelo Desejo* e rejeitam ou ignoram *O Guarda-Costas*. De certa forma, parece adequado que *O Guarda-Costas* seja criticamente rejeitado pelo patriarcado supremacista branco capitalista. Porque, apesar de sua trama convencional, a representação de negritude, em geral, e a de mulheridade negra, em particular, são muito mais radicais do que qualquer imagem em *Traídos pelo Desejo*. Rompe-se o lugar hollywoodiano convencional de mulheres negras no papel de serviçal. Aliás, Rachel Marron é rica, e Frank Farmer é contratado para servi-la. Por mais utópica que seja essa inversão, ela desafia suposições estereotipadas sobre raça, classe e hierarquias de gênero. Quando Frank Farmer age para proteger plenamente a vida de Marron (a quantos filmes assistimos nos Estados Unidos em que a vida das mulheres negras é considerada valiosa, digna de ser protegida?), ele a leva para a casa de seu pai branco, que a acolhe com cuidado patriarcal. Novamente, essa representação é uma ruptura radical das normas racistas estereotipadas. Não pode ser mera coincidência que um filme que rompe de forma significativa com normas racistas e sexistas por meio de sua representação da mulheridade negra seja rechaçado pelos críticos, enquanto outro filme, que reescreve representações racistas e sexistas, é exaltado como mais relevante. Apesar de insinuar, de modo conservador, que as relações inter-raciais estão fadadas ao fracasso, *O Guarda-Costas* continua a oferecer intervenções significativas concretas nos âmbitos de raça e representação.

As pessoas que assistiram a *O Guarda-Costas*, e algumas o viram muitas vezes, não podem simplesmente pressupor que todos os indivíduos escrevendo resenhas não tinham consciência dessas intervenções. Dada a maneira como a vida negra e a mulheridade negra são desvalorizadas, os críticos podem simplesmente ter sentido que os momentos radicais nesse filme deveriam ser ignorados, para não sinalizar que Hollywood pode mudar, que indivíduos podem criar intervenções importantes. O sucesso de bilheteria dessa produção chamou a atenção para a realidade de que produtores, diretores e atores podem usar o poder que têm para fazer mudanças progressistas na área de representação, ainda que, como no caso de Costner, não reconheçam o valor dessas mudanças.

Apesar das falhas, as duas obras são ousadas e trazem à tona muitas questões de raça e de gênero, diferença e identidade. Infelizmente, um e outro resolvem as tensões de diferença, de mudança de papéis e de identidade por meio da afirmação do status quo. Ambos sugerem que a alteridade pode ser o lugar onde pessoas brancas — em ambos os casos, homens brancos — exercitam sua identidade problemática, seus anseios por transcendência. Nesse sentido, perpetuam o imperialismo e o colonialismo culturais brancos. Embora convincentes naqueles momentos em que celebram a possibilidade de aceitação da diferença e de aprendizado e crescimento por meio da mudança de posições, de perspectivas e de identidades, esses filmes, em última análise, seduzem e traem.

05.
censura da esquerda e da direita

Recentemente, o governo canadense se recusou a permitir que meu livro *Olhares negros: raça e representação* entrasse no país. Exemplares estavam sendo enviados para uma livraria progressista, e a obra foi considerada literatura "de ódio". Parecia irônico que esse livro, cujo capítulo inicial incentiva todas as pessoas a aprenderem a "amar a negritude", fosse acusado de incentivar o ódio racial. Duvido que alguma pessoa na fronteira canadense tenha lido o livro: o alvo da repressão e da censura era a livraria radical, não eu. Depois de uma onda de protestos, o governo liberou os livros, insinuando que foram detidos devido a um mal-entendido acerca de seu conteúdo. Apesar da liberação, outra mensagem foi enviada para lembrar às livrarias progressistas radicais, sobretudo aquelas que vendem literatura feminista, lésbica e/ou abertamente sexual: o Estado as observa e está pronto para censurar.

Leitores canadenses de todas as raças e etnias se horrorizaram com a apreensão de *Olhares negros*. A censura tem sido um grande espaço em que os adeptos de uma política progressista sofrem ataques, tanto no Canadá quanto nos Estados Unidos. Em todo o território estadunidense, livros de autores negros figuram entre os selecionados para censura em escolas e bibliotecas públicas. Esses casos muitas vezes passam despercebidos pelo grande público e pelos afro-estadunidenses em geral. Para muitas pessoas, parecem incidentes isolados instigados pela extrema direita.

Mais do que a censura de livros, a questão sobre o trabalho de músicos de rap afro-estadunidenses ser ou não censurado tem sido o catalisador para que muitas pessoas negras reflitam sobre censura. Conservadores nas comunidades negras são tão motivados a censurar quanto seus semelhantes em outras comunidades. O apoio à censura nas comunidades negras é raramente abordado quando a grande mídia destaca o tema. A falta de cobertura jornalística não significa que o apoio à censura não esteja crescendo entre pessoas negras. No entanto, poucos líderes negros chamam atenção para os perigos enfrentados pelo trabalho político progressista quando a censura é tolerada.

Acadêmicos negros e intelectuais não fazem muitas declarações públicas sobre o tema, com exceção do depoimento do professor Henry Louis Gates Jr. no caso judicial envolvendo os músicos negros do 2 Live Crew.[9] Seu apoio ao direito deles à liberdade de expressão foi visto por muitas pessoas negras mais como um caso de vínculo patriarcal de homens negros e menos como um posicionamento radical sobre o tema da censura. Uma pena, já que o alvoroço desse caso abriu uma

---

[9] 2 Live Crew é um grupo musical estadunidense formado no final da década de 1980. Expoente dos gêneros hip-hop e Miami bass, sofreu censura porque algumas de suas letras abordavam pornografia e uso de drogas. Os músicos foram submetidos a julgamento e defendidos pelo professor e crítico literário Henry Louis Gates Jr. O álbum subsequente, *Banned in the USA* [Proibido nos EUA], lançado em 1990, foi o primeiro a conter na capa o selo com os dizeres "Parental Advisory: Explicit Lyrics" [Aviso aos pais: letras explícitas]. [N.E.]

oportunidade para que diversas comunidades negras se engajassem no debate público sobre censura.

Esse é um tema problemático para pessoas negras. Com frequência, valores burgueses moldam a opinião pública geral em todas as classes sociais na vida negra, de modo que quase todo mundo é ensinado a valorizar a discrição e o segredo. Quando esses valores são combinados com expressões diversas de conservadorismo religioso, um ambiente cultural que acolhe a censura pode se desenvolver. O apoio negro à censura parece mais forte quando o assunto é a exposição pública de falhas, transgressões ou erros cometidos por figuras políticas negras. A escolha de Ralph Abernathy de oferecer informações relacionadas ao comportamento sexual de Martin Luther King, que provavelmente alteraram a percepção pública de sua vida, foi vista por muitas pessoas negras de diferentes classes sociais como violação de etiqueta, invasão do privado pelo público — ou, em última análise, como um ato de agressão, e não como informação útil que oferece um retrato mais complexo da identidade de King. A biografia de Bruce Perry sobre Malcolm X provocou reação semelhante. Ironicamente, os editores temiam que houvesse uma grande repercussão contra o livro, quando, na verdade, o livro foi ignorado; a maioria das pessoas nem sequer o leu, por considerá-lo como mais uma tentativa de desacreditar um líder negro poderoso. Em ambos os casos, se muitas pessoas negras tivessem o poder de censurar tais obras, de impedir que viessem à tona, esses livros não existiriam.

Ativa na luta pela libertação negra e no movimento feminista, fico perturbada com a disposição de pensadores mais conservadores desses dois movimentos em acolher a censura como meio aceitável de controle social. O núcleo político de qualquer movimento em prol da liberdade na sociedade precisa ter imperativo político para proteger a liberdade de expressão. Repetidas vezes, radicais têm visto que a censura é usada para silenciar vozes progressistas, no lugar daquelas que adotam a postura conservadora de que a liberdade de expressão deve ser reprimida em instâncias específicas. Ativistas progressistas precisam trabalhar politicamente para proteger a liberdade de expressão, para se opor à censura. Essas questões recebem mais destaque público na luta negra pelos direitos civis e no movimento feminista, em lutas por representações da vulgaridade, da sexualidade e da pornografia. No entanto, um pouco da reticência por parte de indivíduos de ambos os grupos à oposição veemente à censura reflete o investimento profundo no silenciamento regulador, que, de forma perigosa, passou a ser um aspecto aceitável tanto da luta pela libertação negra quanto do movimento feminista. Esse silenciamento dissimulado de vozes e opiniões dissidentes compromete a liberdade de expressão e fortalece as forças de censura dentro e fora de movimentos radicais.

Nos primeiros anos do movimento feminista contemporâneo, a solidariedade entre mulheres era com frequência equiparada à formação de espaços "seguros", onde grupos de mulheres com ideias supostamente semelhantes podiam se reunir, compartilhando ideias e experiências sem medo de serem silenciadas ou desafiadas de forma rigorosa. Às vezes, os grupos se desintegravam quando a fala de opiniões divergentes levava a contestação, confronto e conflito intenso. Era comum que vozes dissidentes individuais fossem silenciadas pela demanda coletiva por harmonia. Essas vozes eram, em certos momentos, punidas por meio de exclusão e ostracismo. Antes de ser politicamente aceitável discutir assuntos de raça e racismo dentro de círculos feministas, eu era uma dessas vozes dissidentes "indesejáveis". Sempre defensora devota das políticas feministas, eu também era, e continuo sendo, questionadora e, se necessário, severa em minhas críticas. Aprendi grandes lições ao me manter firme e continuar a me engajar no movimento feminista, mesmo quando meu envolvimento não era bem-vindo. De modo significativo, aprendi que qualquer movimento político progressista só cresce e amadurece enquanto acolhe e encoraja com paixão, na teoria e na prática, diversidade de opiniões, novas ideias, troca crítica e dissidência.

Isso ainda vale para o movimento feminista, e não é menos verdadeiro em relação à luta pela libertação negra. No auge da luta pelos direitos civis, as pessoas do movimento black power eram muitas vezes "excomungadas" se simplesmente não apoiassem a linha do partido. Foi também o caso nos círculos políticos "de esquerda" dominados por homens brancos. A censura de vozes dissidentes em ambientes progressistas em geral passa despercebida. Grupos radicais costumam ser tão pequenos que é fácil punir pessoas usando táticas talvez não aparentes para quem está de fora. A repressão costuma ser reforçada por membros influentes do grupo, que ameaçam punir geralmente por meio de alguma forma de ostracismo ou excomunhão. Pensamentos ou textos do indivíduo punido ficam excluídos de discussões relevantes, em especial publicações, ou o próprio indivíduo fica de fora de reuniões e conferências importantes. Em alguns casos, a punição pode tomar a forma de esforço insistente para, nos bastidores, lançar verbalmente dúvidas sobre a credibilidade da pessoa dissidente.

Grupos marginalizados em geral temem que a dissidência, sobretudo se expressa como crítica pública, venha a favorecer as forças de dominação e minar o apoio a causas progressistas.

Ao longo da história da luta negra contra o racismo, houve (e continua a haver) grande discordância sobre se devemos ou não criticar com rigor uns aos outros em público, em especial em contextos racialmente integrados. Esforços para censurar vêm à tona sempre que grupos marginalizados estão excessivamente preocupados em apresentar uma imagem "positiva" para o grupo dominante. Mais recentemente, nos Estados Unidos, o resultado das audiências públicas de Clarence Thomas e sua subsequente nomeação para a Suprema Corte[10] mostraram como noções de solidariedade racial limitadas e mal orientadas, que reprimem a dissidência e a crítica, podem levar pessoas negras a apoiar indivíduos que não defenderão seus direitos. Assim como Clarence Thomas usa o poder atribuído a ele como membro da Suprema Corte para cercear direitos humanos e barrar o caminho da justiça racial e da luta contra o sexismo, as pessoas negras que sentiam que era mais importante apoiar o "irmão", porque os brancos estavam prontos para derrubá-lo, devem, se é que estão de alguma forma conscientes disso, enxergar como a caminhada delas está equivocada. Jamais saberemos qual teria sido o resultado das audiências públicas de Thomas se grandes líderes negros nos Estados Unidos tivessem convocado apoio em massa para resistir a essa nomeação.

10 Em 1991, Clarence Thomas foi nomeado juiz da Suprema Corte dos Estados Unidos pelo presidente George H. W. Bush. Na ocasião, ele foi acusado de assédio sexual por Anita Hill, ex-funcionária do juiz enquanto ele fora seu supervisor na Equal Employement Opportunity Commission [Comissão de igualdade de oportunidades de emprego] (EEOC) na década de 1980. O testemunho dela, porém, não o impediu de ser empossado e se tornar o segundo homem negro a ocupar um assento na mais alta corte de justiça dos Estados Unidos. Desde então, ele é visto como um de seus membros mais conservadores. [N.E.]

Ainda que as audiências públicas de Thomas tenham obrigado o público estadunidense a refletir sobre questões de raça e gênero, as quais ignora diariamente, muitas pessoas negras (sobretudo homens) se solidarizaram acriticamente com Thomas, assim como muitas pessoas feministas (em especial profissionais mulheres, brancas e negras) se solidarizaram com Anita Hill. O ensaio que escrevi sobre as audiências públicas, que aventava a necessidade de se observar criticamente ambos os indivíduos e suas alianças políticas, levou muitas de minhas companheiras feministas (sobretudo mulheres negras) a me dizer que o texto nunca deveria ter sido escrito. Uma companheira feminista de longa data me acusou de ter temporariamente "perdido a cabeça", pois interpretou minha crítica ao desempenho de Hill como traição à solidariedade feminista. Repetidas vezes, preciso insistir que a solidariedade feminista, fundamentada no compromisso com políticas progressistas, deve incluir um espaço para a crítica rigorosa, para a dissidência, ou estaremos fadadas a reproduzir, em comunidades progressistas, exatamente as mesmas formas de dominação às quais buscamos nos opor.

As respostas negativas que recebi para o ensaio sobre as audiências públicas de Thomas (agora publicado em *Olhares negros*) fazem recordar outros incidentes em que pessoas amigas e companheiras tentaram censurar meu ponto de vista. Alguns anos atrás, escrevi um texto crítico sobre o trabalho de uma grande escritora negra. Enquanto ainda o escrevia, conversei sobre ele com proeminentes acadêmicas e companheiras negras. Fiquei surpresa quando me disseram que não era uma boa ideia concluí-lo e que a escritora poderia ficar decepcionada e "magoada". Quando foi publicado, recebi a notícia de que a escritora não apenas estava "magoada" como também não mais me considerava uma aliada. O fato de o texto não detonar o trabalho dela não importou. Fizeram ouvidos moucos à minha insistência na ideia de que a crítica a um texto não significa que eu não admire e aprecie outros escritos da mesma autora. Simplesmente me disseram que escrever e publicar esse texto foi um "ato de traição".

Essas respostas me obrigaram a reavaliar o propósito do meu texto, a analisar minha consciência para ver se havia alguma vontade de prejudicar a escritora em questão. Após esse processo, mantive minha convicção de que foi um texto importante. Depois de ele ser escrito e publicado, perdi contato com um círculo de mulheres negras das quais já tinha me considerado próxima. Comecei a ouvir, por meio de fofocas, que não se podia contar comigo para "guardar confidências". A evocação do termo "confidência" não tem relação direta com a integridade da palavra de uma pessoa nem com a busca de verdade. Os movimentos revolucionários feminista e de libertação negra sempre insistiram que se deve reconhecer o modo como a separação entre público e privado mantém e perpetua estruturas de dominação. Frequentemente, traz-se à tona a ideia de privacidade como forma de reprimir a dissidência por meio da falsa sugestão de que existe, ou deveria existir, uma base neutra, protegida. Confidências, promessas entre indivíduos deveriam ser honradas, e distinção deve ser feita entre acordos consensuais e compartilhamentos de informação que somente depois, e com o interesse de proteger indivíduos, são considerados privados. Discussões de ideias, assuntos que ocorrem em escritórios, lares e corredores são certamente menos públicos do que palestras e trabalhos publicados, porém não constituem espaço neutro, protegido.

Muitas pessoas associam a noção de guardar confidência como outra maneira de guardar segredo. Reprimir comentários críticos ou fazê-los em situações privadas, *tête-à-tête*, quando não há testemunhas, são maneiras consideradas mais apropriadas de lidar com a dissidência. O decoro burguês defende esse modo de lidar com o conflito. Mentir é, em geral, mais aceitável do que falar a verdade. Equiparar o ato de dizer a verdade a uma traição é uma das maneiras mais potentes de promover silêncio. Ninguém quer ser lembrado como a pessoa traidora. Questões de estima são invariavelmente vinculadas ao desejo de moldar e construir imagens. Muitos indivíduos, aos olhos do público, querem determinar e controlar a própria representação. Quando a noção de solidariedade ou de lealdade é reduzida à questão de simplesmente guardar segredo a fim de criar e sustentar imagens, perdemos nossa capacidade de formar comunidades alicerçadas no respeito e no compromisso mútuo com a livre expressão de ideias.

Entre intelectuais, pensadores críticos, escritores e acadêmicos negros, há claramente um grupo de elite. Esse grupo não tende a ser designado por seguidores negros, mas seu status é concedido pelo grau em que um indivíduo conquista a consideração e o reconhecimento de um público branco influente. Interferindo entre a comunidade negra e a cultura branca convencional, essas pessoas em geral assumem o papel de mediadoras ou de, como chamo eufemisticamente, "polícia secreta", regulando ideias, determinando quem deve falar e onde e quando, o que precisa ser escrito quando e por quem e, é óbvio, distribuindo recompensas e punições. Esse grupo não é todo-poderoso, mas procura censurar vozes que não dizem o que é considerado aceitável. As pessoas no topo dessa hierarquia são geralmente homens negros. Embora talvez não optem por reprimir e censurar, é possível que sejam temidos, e indivíduos tentarão agradá-los ao não falar o que acham que esses "líderes" não querem escutar. O medo de alienar pensadores negros que parecem ser agentes do poder leva à repressão do pensamento crítico negro.

O acadêmico negro Henry Louis Gates Jr., grande mobilizador e agitador em círculos universitários e intelectuais, publicou, numa coluna de opinião do *New York Times*, um ensaio cujo foco era "antissemitismo negro". Achei o texto bastante problemático. Apesar de tecer uma crítica útil e necessária ao antissemitismo negro, mais especificamente ao que se refere a certas forças de pensamento e conhecimento afrocêntricos nacionalistas e limitadas, não houve na escrita uma tentativa cuidadosa de contextualizar a relação entre pessoas negras e pessoas judias brancas de forma a combater qualquer construção monolítica de pessoas negras como antissemitas. Incomodada com o artigo, fiquei preocupada com a possibilidade de as falhas que existem nele servirem para legitimar ainda mais o silenciamento de vozes negras que, de certa forma, criticam judeus brancos, e que o ensaio criasse mais divisões e conflitos desnecessários.

Compelida por preocupações políticas sérias a responder a esse ensaio, eu, no entanto, hesitei. Inicialmente, reprimi o impulso de escrever uma crítica, porque temi repercussões negativas de leitores negros e brancos. Ao questionar esse medo, percebi que ele é baseado no meu desejo de pertencimento, de vivenciar meu ser como parte de um coletivo de homens e mulheres pensadores críticos negros, e não como estranha ou diferente. E, para ser franca, temi a punição (de não me oferecerem, por exemplo, empregos desejados, bolsas etc.). Embora eu sentisse que esses medos não eram racionais — desde que fiz as pazes, há muito tempo, com o fato de que opiniões divergentes muitas vezes tornam a pessoa uma estranha —, eles não apenas me paralisaram; por um tempo, também agiram como censores. Perturbou-me o fato de, "consagrada" como sou, e por "consagrada" quero dizer professora catedrática, eu temer falar o que penso. Eu me perguntava como uma pessoa menos consagrada poderia ousar falar livremente se nós, que temos o mínimo a perder, temermos fazer nossa voz ser ouvida.

Antes de começar a escrever minha resposta ao ensaio de Gates, conversei com colegas negros, muitos dos quais também discordavam dos pontos de vista do artigo. Algumas dessas pessoas reconheceram abertamente que precisaram ficar atentas aos impulsos de responder de modo crítico, por medo de represálias. Independentemente de esse medo ser real ou não, o pensamento crítico negro nunca florescerá de maneira aberta se os indivíduos censurarem a si mesmos o tempo todo. Se acadêmicos negros com maior acesso à grande mídia usarem seu poder para silenciar, não haverá espaço para o cultivo da liberdade de expressão que acolhe e celebra a dissidência.

Com frequência, grandes escritores e acadêmicos negros sentem que é responsabilidade deles determinar quais vozes marginalizadas fortalecem a luta por mudança positiva em assuntos raciais e quais impedem o progresso da raça. Confortáveis com a censura quando podem afirmar que é pelo interesse coletivo, eles não veem conexão entre essas ações e os esforços generalizados para comprometer a liberdade de expressão na sociedade. Em uma grande conferência com ênfase nos trabalhos de uma proeminente escritora negra, dei uma palestra apoiando ideias com as quais ela não concordava. Em vez de me envolver em uma troca crítica, ela acabou me "insultando". Mais tarde, ela disse a colegas que eu era uma "obstrucionista", alguém que aborda as coisas de maneira errada. Para mim, isso estava relacionado à minha grande disposição em me envolver na confrontação direta das questões, enquanto a abordagem dela é mais mediadora. No entanto, não senti necessidade de detoná-la. Vejo lugar para ambas as abordagens. Escritores e pensadores negros mais velhos geralmente assumem um papel hierárquico tradicional, quase parental, em relação a pensadores mais jovens. Sempre há aqueles indivíduos que continuam convencidos de que pessoas negras não devem lavar roupa suja em público. Algumas dessas pessoas acreditam que jamais deve parecer que estamos criticando a negritude diante de pessoas brancas. Até posso concordar que sempre há o risco de que a discordância e a dissidência em público reforcem premissas racistas sobre identidade negra, mas há poucos espaços completamente negros que justifiquem a manutenção de nosso silêncio enquanto esperamos pelos melhores espaços "politicamente corretos" para falar livre e abertamente. Falar em "traição da raça" funciona de maneira efetiva para silenciar vozes dissidentes. Críticos, escritores, acadêmicos e intelectuais negros compartilham um pequeno universo, um mundo onde opiniões trocadas por meio de fofocas e conversas-fiadas fecham portas, levantam barreiras e excluem. A revolta recente e potencialmente censuradora sobre as respostas "negativas" de alguns homens negros a respeito do Prêmio Nobel de Toni Morrison é um indício de que existe mais zelo coletivo para silenciar, censurar ou punir discursos considerados inaceitáveis do que para a dissidência, a livre expressão de ideias e a formação de espaço público em que as pessoas possam discordar.

Pessoas negras não realizam fóruns de discussão sobre caminhos para promover um clima de discurso crítico que apoie e realce a primazia da liberdade de expressão enquanto reforçamos nossas lutas por autodeterminação negra. Se não tratarmos de maneira ponderada e complexa o tema da censura, velhas respostas improdutivas e habituais determinarão o escopo do nosso discurso. Que condições culturais permitem a homens pensadores negros uma postura crítica em relação a mulheres negras sem que se entenda que estão expressando opiniões sexistas e misóginas? E qual clima crítico proporcionará a mulheres negras espaço para criticarem umas às outras sem medo de que todos os vínculos sejam desfeitos e rompidos?

Geralmente, a crítica causa alguma dor e desconforto. Conheço esse sentimento. Nunca esquecerei o dia em que fui à minha livraria favorita, na esperança de me livrar de um caso sério de tristeza, e abri a antologia *Home Girls: A Black Feminist Anthology* [Garotas de casa: uma antologia feminista negra] em uma passagem declarando que eu era "tão homofóbica que nem conseguia mais usar a palavra 'lésbica'". Isso fazia parte de uma crítica maior ao meu primeiro livro *E eu não sou uma mulher? Mulheres negras e feminismo*. Fiquei arrasada, não porque não conseguisse receber críticas intelectuais agressivas sobre meu trabalho, mas porque essa declaração específica simplesmente não era verdade, e eu sabia que poderia influenciar a percepção das pessoas sobre mim. Fiquei profundamente magoada. Mas cabia só a mim lidar com essa mágoa, entendê-la melhor e responder às questões e aos indivíduos com a mente aberta. Esse não é um processo fácil. Para pessoas profundamente comprometidas com a liberdade de expressão, com a manutenção de espaços para o discurso crítico, nos quais se possa falar o que se pensa (espera-se que de forma construtiva e sem ameaças de calúnia ou de assassinato simbólico dos outros), é preciso que haja valorização de diferentes opiniões, mesmo que existam conflitos, mesmo que sentimentos sejam feridos.

Como professora, sou continuamente testemunha do medo dos estudantes em se expressar aberta e livremente. Esse medo é, em geral, motivado pela preocupação de que seus colegas não vão gostar do que dizem e que isso levará a alguma forma de punição social. Essa disposição de se autocensurar para ser apreciado, valorizado por seus pares, assim como o recorrente medo profundo de conflito, sempre questiona a noção de que nossas salas de aula são um lugar onde é possível afirmar democraticamente a liberdade de expressão. Professores jamais criarão uma comunidade de aprendizagem na qual os estudantes possam entender a importância da liberdade de expressão e exercitar o direito de falar aberta e livremente se não tivermos coragem de acolher de maneira total a liberdade de expressão. O mesmo se aplica a grupos políticos progressistas.

Quando a repressão por meio de censura se torna norma em círculos políticos progressistas, não apenas comprometemos nossas lutas coletivas para acabar com a dominação como também agimos em cumplicidade com aquele tipo de fascismo chique, contemporâneo, que levanta imagens românticas de unidade e solidariedade, um retorno aos valores tradicionais, enquanto trabalha para negar liberdade de expressão e reprimir todas as formas de pensamento e de ação rebelde. Nos últimos anos, pensadoras feministas têm lutado muito e com esforço para fazer do pensamento, da teoria e da prática feministas espaço radical de franqueza, em que o diálogo crítico pode acontecer. Parte significativa dessa luta tem sido promovida por mulheres de cor, a começar pelo conflito sobre assuntos de raça e racismo integrarem ou não a agenda feminista.

O movimento feminista, a luta pela libertação negra e todos os nossos movimentos políticos progressistas para acabar com a dominação devem atuar para proteger a liberdade de expressão. E, para manter o espaço de contestação e confrontação construtivas, devemos nos opor à censura. Precisamos nos lembrar da dor do silêncio e trabalhar para sustentar nosso poder de falar livre, aberta e provocativamente.

06.
falando de sexo: além do imaginário fálico patriarcal

Mulheres que se tornaram adultas no auge do movimento feminista contemporâneo sabem que, naquela época, a libertação sexual estava na agenda feminista. O direito de tomar decisões sobre nosso corpo era primordial, assim como o eram os direitos reprodutivos, sobretudo o de abortar um feto não planejado e indesejado. Também era importante reivindicar o corpo como lugar de prazer. O movimento feminista que incorporei como uma jovem miscigenada na Universidade Stanford chamava atenção para o corpo. Deixávamos os pelos crescerem nas pernas e axilas porque nos recusávamos a nos depilar. Decidíamos se usaríamos calcinha ou não. Desistimos de sutiãs, cintas e tiras. Fazíamos festas só de garotas, festas do pijama de adultas. Dormíamos juntas. Fazíamos sexo. Transávamos com garotas e garotos. Transávamos com pessoas de outras raças, classes, nacionalidades. Fazíamos isso em grupo. Assistíamos umas às outras fazendo sexo. Com os homens em nossa vida, transávamos de um modo diferente. Nós os deixamos celebrar conosco a descoberta da autonomia sexual da mulher. Permitimos que eles conhecessem as alegrias e o êxtase da escolha sexual mútua. Acolhemos a nudez. Reivindicamos o corpo da mulher como lugar de poder e possibilidades.

Fomos a geração da pílula anticoncepcional. Entendemos que a liberdade da mulher está intimamente e sempre relacionada ao tema do direito ao próprio corpo. Acreditávamos que as mulheres jamais seriam livres se não tivéssemos o direito de recuperar nosso corpo da escravidão sexual, do aprisionamento do patriarcado. Não evitávamos a noite; nós a reivindicávamos, reivindicávamos a escuridão em resistência a todo um mundo burguês sexista de repressão, de ordem, de tédio e de papéis sociais fixos. Na escuridão, encontrávamos novas maneiras de nos enxergar como mulheres. Estávamos mapeando um caminho da escravidão à liberdade. Estávamos fazendo revolução. Nosso corpo era um país ocupado e nós o libertamos.

Foi essa perspectiva do movimento feminista contemporâneo que compartilhei com a revista *Esquire* ao ser entrevistada por Tad Friend. Fui coerente e falei com ele sobre a realidade de que muitas feministas sempre gostaram e gostam de sexo. Enfatizei que eu repudiava a noção de um "novo feminismo" e percebia que isso era criado pela grande mídia, principalmente como manobra de marketing para promover os interesses oportunistas de algumas mulheres em particular, ao mesmo tempo que atuava como agente de repercussão antifeminista, desvalorizando conquistas radicais/revolucionárias do feminismo. O "novo feminismo" chega até nós como um produto que trabalha, efetivamente, para colocar as mulheres umas contra as outras, para nos envolver em competições sobre qual grife do feminismo é mais eficiente. Um grande número de pensadoras e ativistas feministas se opõe ao consumismo explorador, hedonista, que está repaginando o feminismo como commodity para que nós o compremos cheio de componentes tóxicos (um pouco de pensamento patriarcal envenenado borrifado aqui e ali), e nos sentimos impotentes para mudar essa tendência. Muitas de nós sentimos que jamais tivemos voz na mídia convencional e que nosso posicionamento contra-hegemônico raramente ganha a atenção de um público mais amplo. Durante anos, estive entre as pensadoras feministas que se sentiam relutantes em se envolver com a grande mídia (aparecendo em programas de rádio e televisão ou falando com jornalistas) por medo de cooptação por processos de edição que podem ser utilizados para manipular qualquer mensagem na direção desejada pelos produtores. Esse afastamento da grande mídia (à medida que a mídia convencional demonstrava interesse em apresentar nossas perspectivas) abriu uma brecha que tornou mais fácil para defensores reformistas e liberais da igualdade de gênero assumirem os holofotes públicos e moldarem a opinião pública sobre pensamento feminista.

A grande mídia dominada pelo patriarcado está muito mais interessada em promover as perspectivas de mulheres que querem, ao mesmo tempo, reivindicar o feminismo e repudiá-lo. Por isso o sucesso de Camille Paglia, Katie Roiphe e, até certo ponto, Naomi Wolf. Tidas como as vozes feministas mais liberais, contrariando aquelas voltadas para incorporar posicionamentos antissexo estridentes e limitados (por exemplo, Catharine MacKinnon, Andrea Dworkin), essas mulheres são apresentadas pela grande mídia, dominada por homens brancos, como a esperança do feminismo. E são as pessoas a quem a grande mídia recorre com muita frequência quando deseja ouvir a voz feminista. Todas essas mulheres são brancas. A maior parte delas vem de classe privilegiada, foi educada em uma instituição de elite e assume posicionamentos conservadores em grande parte dos assuntos de gênero. De maneira nenhuma elas representam posicionamentos feministas radicais e revolucionários. E é para esses posicionamentos que a grande mídia raramente deseja chamar atenção. Mulheres de cor feministas ainda precisam lutar para romper as barreiras do racismo e da supremacia branca a fim de fazer nossa voz ser escutada. Algumas de nós estamos dispostas a esse envolvimento com a grande mídia por medo de que esse "novo feminismo" apague nossa voz e nossas preocupações ao tentar universalizar a categoria "mulher" e, ao mesmo tempo, desviar a atenção das diferenças criadas pelas hierarquias de raça e classe e seu papel em desfazer uma visão irreal de comunalidade.

O engajamento estratégico com políticas subversivas de representatividade torna necessário intervirmos, participando ativamente de diálogos públicos midiáticos sobre movimento feminista. Foi a partir desse ponto de vista que tomei a decisão de falar com a *Esquire*. As perspectivas sexistas comumente transmitidas pelos artigos dessa revista haviam me deixado relutante, mas uma companheira feminista negra me garantiu que poderíamos confiar no repórter branco para representar nosso ponto de vista de maneira justa, que a intenção dele não era distorcer, corromper nem zombar. Quando falei com Tad Friend, disseram-me que ele estava escrevendo um texto sobre diferentes atitudes de feministas em relação à sexualidade. Entendi que esse era o foco primordial da discussão. Quando o artigo saiu, na edição de fevereiro de 1994 da *Esquire*, descobri que meus comentários foram distorcidos, corrompidos, que o artigo na verdade zomba, de maneira intencional, das presumivelmente "velhas feministas", que não estão "de acordo" com as "novas feministas" pró-sexo. Não ouvi Friend usar a expressão *do-me*[11] (meio que uma apropriação antropofágica cultural branca do R&B negro funky que eu teria "criticado", caso ele a tivesse utilizado durante nossa conversa), portanto, não pude fazer objeção a essa questão específica. Durante a entrevista por telefone, ele não demonstrou nenhum conhecimento acerca das contribuições das mulheres negras para a teoria feminista, ainda que tenha se apresentado de forma positiva como alguém que se esforça para ser inclusivo, postura que eu acolhi. Por não ser, de modo algum, alguém que odeia homens ou que acredita em separatismo racial, tive prazer em me engajar em uma conversa sobre feminismo e sexualidade com um homem branco jovem, de uma classe social privilegiada, que parecia genuinamente interessado em aprender. Esses diálogos que perpassam diferenças são importantes para a educação por uma consciência crítica. São necessários se quisermos, algum dia, mudar as estruturas do racismo, do sexismo e do elitismo de classe que excluem e não promovem a solidariedade que ultrapassa diferenças. Com generosidade e acolhimento, eu me envolvi em uma animada discussão com Friend sobre feminismo e sexualidade.

Em nossa conversa, abordei repetidas vezes e de forma intensa os perigos de uma política de representação conservadora que explora avidamente a ideia de um "novo feminismo" que é mais pró-sexo e pró-homem. Meu repúdio à ideia de "novo feminismo", assim como a maioria das ideias que discuti

---

11 Em português, *do me* significa "transe comigo". Já *do-me feminists* era o termo usado para se referir às feministas que incentivavam as mulheres a falarem abertamente sobre sexo, em especial sobre o que esperavam de uma relação sexual. Dois dos objetivos delas eram a liberdade de escolher com quem fazer sexo e poder ter relações com mais de uma pessoa. [N.E.]

com Friend, não foi, de maneira alguma, transmitido no artigo dele (o qual ele nunca me mostrou antes de publicar). Ao ler o texto na *Esquire*, senti que tanto eu quanto minhas ideias fomos exploradas do modo convencional utilizado constantemente pelo patriarcado supremacista branco capitalista para disseminar a desvalorização do feminismo e da mulheridade negra. Friend violou minha confiança ao fazer exatamente aquilo que lhe pedi que não fizesse, ou seja, explorar meus comentários para reforçar a ideia do "novo feminismo que está sendo promovido por garotas brancas privilegiadas". Ao agir de maneira similar à de mulheres brancas racistas no movimento feminista, ele explorou minha presença e minhas palavras para parecer mais inclusivo e, portanto, politicamente correto, mesmo que tenha desconsiderado o significado e a substância de minha contribuição. Apesar de todas as mulheres brancas cujas palavras e imagens foram ressaltadas falarem em linguagem de rua sexualmente explícita, apenas a minha foi extraída e usada para "representar" minhas opiniões principais, muito embora meus comentários tenham sido, na verdade, apartes espirituosos que fiz para explicar uma questão que Friend alegou não entender e queria que fosse "detalhada" em um nível mais básico.

Ao destacar aquela fala, fazendo o corpo e a voz da mulher negra parecerem um discurso áspero, cru, coloquial, ele dá continuidade à representação racista/sexista de mulheres negras como "bucetas gostosas" superssexualizadas que critico em *Olhares negros*, justapondo-a, por meio de contraste, com a imagem racista/sexista de mulheres brancas como menos cruas sexualmente, mais reprimidas. É óbvio que todas as mulheres brancas citadas no corpo do artigo falam em um vernáculo heterossexual explícito. Nessa revista dominada por homens brancos, alguns indivíduos decidiram que era aceitável dar destaque ao discurso sexualmente explícito de uma mulher negra, enquanto atenuam a mesma fala de mulheres brancas, uma estratégia que ajuda a manter intactos os estereótipos racistas/sexistas sobre as diferenças entre mulheres brancas e negras. Minha intenção aqui não é sugerir que mulheres não devem usar linguagem vernacular de rua sexualmente explícita (essa foi, sem dúvida, uma das liberdades pelas quais as feministas lutaram no início do movimento), e sim questionar a maneira como o uso de tal linguagem por mim foi distorcido por um processo de descontextualização.

Friend atribuiu a mim a seguinte citação: "Se tudo o que temos para escolher é entre o pau mole ou o pau superduro, temos um problema. Precisamos de um pau versátil capaz de admitir que penetração não é tudo para a sexualidade, que consegue negociar sexo bruto na segunda, sexo oral na terça e sexo carinhoso na quarta". Reescrito por Friend, meu uso do vernáculo negro de rua foi transformado em paródia branca. Nunca pensei que eu mesma precisasse de um "pau versátil", apenas compartilhei com Friend meu entendimento de que mulheres heterossexuais querem um homem que possa ser versátil. Usar a expressão "um homem versátil" é sugerir uma perspectiva de ação e agência, de disposição masculina para mudar e alterar o comportamento. O termo "pau versátil" desumaniza. Friend mudou minhas palavras para fazer parecer que apoio a objetificação de homens por mulheres, negando a eles plenitude de personalidade e reduzindo-os à anatomia. Fico perplexa com a ideia de "paus" negociarem qualquer coisa, uma vez que a própria palavra "negociar" enfatiza comunicação e consentimento. Friend distorceu essa declaração de modo a fazer com que minhas palavras afirmassem a identificação com uma mentalidade fálica e, portanto, sugerindo os desgastados estereótipos racistas/sexistas de emasculação e castração de mulheres negras difíceis, pseudomasculinas e, em última análise, indesejáveis.

Da mesma maneira, compartilhei com ele que "as mulheres não podem simplesmente pedir aos homens que desistam da objetificação sexista se quisermos um pau duro e uma bunda firme — e muitas de nós querem. Precisamos mudar a maneira como desejamos. Não podemos objetificar". Ao usar essas frases sem indicar que trechos do meu raciocínio foram cortados, ao modificar minhas palavras e incluir as suas, Friend brinca com minhas ideias, reformulando-as a fim de me fazer parecer favorável a noções patriarcais de prazer sexual e à mentalidade sexista/heterossexual, as quais não tolero de maneira alguma. No entanto, apesar de Friend distorcer deliberadamente minha fala em destaque, a intencionalidade radical do que eu disse ficou intacta: deixar evidente que os homens sexistas devem passar por um processo de revolução feminista se quiserem ser capazes de satisfazer as necessidades de mulheres feministas que vivenciam o mais intenso prazer sexual em um espaço opositor, fora do imaginário fálico patriarcal. É essa ideia feminista de heterossexualidade libertadora que parece aterrorizar os homens.

Não é de admirar, então, que mulheres que querem ser sexuais para os homens estejam perversamente reinventando o feminismo para que satisfaça desejos patriarcais e possa ser incorporado a um imaginário fálico sexista; para que a agência sexual masculina, do modo como a conhecemos, jamais precise mudar. Representando uma estrutura maior do poder masculino branco, Tad Friend e as pessoas que editaram e publicaram o texto mostram desprezo por qualquer prática feminista revolucionária ou radical que defenda o diálogo e o envolvimento com os homens, que os enxergue como companheiros de luta. Ao contrário do que essa revista e a grande mídia em geral projetam em cumplicidade com aliadas brancas oportunistas (por exemplo, Camille Paglia, Naomi Wolf), feministas mais velhas, como eu, há anos apoiávamos a inclusão de homens no movimento feminista (na verdade, escrevíamos e publicávamos artigos estimulando essa ideia). Apesar da insinuação da *Esquire* de que há "uma nova geração de mulheres que estão acolhendo o sexo (e os homens!)", testemunhamos o surgimento de uma nova geração de mulheres que, como seus colegas homens sexistas, são agressivamente a-históricas e inconscientes da longa tradição do pensamento feminista radical/revolucionário que celebra a inclusão e a sexualidade libertadora. Ambos os grupos preferem procurar o pensamento feminista sobre sexo e homens que seja mais conservador e limitado, então usam de modo arrogante essas imagens para representar o movimento.

A recusa deles de até mesmo reconhecer a existência do pensamento feminista progressista sobre sexo e sexualidade lhes permite sensacionalizar esses assuntos, ainda que efetivamente usem a imagem das feministas *do-me* para atacar as muitas mulheres que se opõem ao patriarcado e ao falocentrismo. A revista *Esquire* faz um grande esforço para me enquadrar na categoria *do-me*, precisamente porque muitos homens sexistas ainda são incapazes de aceitar que mulheres (e nossos aliados homens) que repudiam o patriarcado afirmem a agência sexual de formas novas, excitantes e mutuamente humanizadoras e satisfatórias. A representação da mulher feminista antissexo e anti-homem sempre serviu ao interesse do status quo patriarcal. A vida real de mulheres ativas no movimento jamais esteve em conformidade com essa representação, mas ela continua a prevalecer no imaginário popular, porque o conhecimento subjugado de que incorporar o feminismo intensifica o prazer sexual de homens e mulheres desta sociedade, independentemente da nossa prática sexual, é uma informação perigosa. Muitas pessoas talvez queiram se converter ao pensamento feminista se souberem, por experiência própria, da transformação poderosa e tremendamente positiva que geraria em todos os âmbitos de sua vida sexual. É melhor para o patriarcado tentar nos fazer acreditar que o único sexo real disponível para mulheres feministas que gostam de homens deve ser negociado usando os antigos modos de sedução patriarcais, infinitamente insatisfatórios para todas elas.

Publicações patriarcais conseguem nos empurrar essas mensagens propagandísticas, como fez aquela edição da *Esquire*, justamente porque discussões poderosas sobre feminismo e sexualidade não ocorrem com frequência em todos os lugares. Falar de sexo em metalinguagem e em prosa teórica não alcança a imaginação da multidão de pessoas que está se esforçando, diariamente, para entender como a vida foi afetada pela mudança de papéis e expectativas para cada gênero e como o sexismo fode com a gente — pessoas que só querem saber do que realmente se trata o feminismo e se ele pode, ou não, nos resgatar do abismo da solidão e da morte sexual. Por vivermos como vivemos, em uma cultura antissexo em que o patriarcado é o ataque mais bem organizado e institucionalizado contra nossa agência e imaginação sexuais, é absolutamente perverso e assustador que a grande mídia possa convencer qualquer pessoa de que o feminismo é a causa de as mulheres estarem se afastando dos homens ou do sexo heterossexual. Mulheres heterossexuais ligadas ao movimento feminista aprendem a se retirar de relações sexualmente mornas com homens patriarcais que erotizam o poder de explorar e os cenários de dominação, que de modo algum acolhem a iniciativa sexual feminina; no entanto, essas mulheres fazem isso não para desistir do sexo, mas para tornar o sexo novo, diferente, libertador e divertido. A falta de um estado de vigilância crítica dentro do movimento feminista deixou todo mundo desatento à necessidade contínua de documentar essa mudança de forma positiva. Se uma quantidade muito maior de nós documentasse a vida sexual por meio da arte, da literatura, do cinema e de outras mídias, haveria uma abundância de evidências contra-hegemônicas para refutar o estereótipo sexista popular de que mulheres no movimento feminista são antissexo e anti-homens. Ao conceder o território da sexualidade à mídia sexista falocêntrica, feministas (liberais ou radicais) tornam-se cúmplices da repressão conservadora do discurso público da sexualidade. No mínimo, artigos como o texto da *Esquire* deveriam servir como lembretes direcionados às feministas radicais/revolucionárias de que elas devem sempre manter viva uma discussão pública e dinâmica sobre sexualidade.

Muitas feministas pararam de falar publicamente sobre sexo porque a discussão expunha não apenas nossas diferenças e nossas contradições como também revelava que ainda não tínhamos produzido modelos visionários de sexualidade libertadora, os quais conciliassem plenamente questões de poder e de dominação com nossa vontade de acabar com a exploração e a opressão sexual sexista e sistêmica. Como a voz coletiva feminista pró-sexo recuou até se silenciar, por vezes empurrada para segundo plano pela violência puritana da propaganda dos direitos de gênero conservadora antissexo, a voz individual de pensadoras com abordagem restrita, como a professora de direito branca e privilegiada Catharine MacKinnon, para citar somente um exemplo, alegou representar perspectivas feministas sobre sexualidade. Embora somente pessoas fora do movimento feminista aceitem essas vozes como representativas, tais vozes continuam a proferir o discurso feminista que a grande mídia mais quer ouvir. Ela se delicia com o som dessas vozes, porque são mais fáceis de depreciar, de zombar e, por fim, de desprezar. Sem dúvida unidimensionais e com frequência impiedosamente dogmáticas, essas vozes são, em geral, antissexo, antiprazer e completamente carentes de humor. Elas negam o caráter contraditório da realidade e insistem em um perfeccionismo inatingível no comportamento humano. Portanto, não causa surpresa que as vozes públicas do feminismo reformista puritano afastem a maioria das pessoas. Contudo, não combateremos de forma efetiva o impacto negativo dessa mensagem se adotarmos visões sexistas e fora de moda da agência e do prazer sexuais da mulher.

Não vejo nada de sexualmente aberto ou radical na declaração atribuída a Lisa Palac na *Esquire*. Ela afirmou: "Digo aos homens: 'Ok, finja que você é um ladrão que invadiu aqui e me jogou na cama e me obrigou a chupar seu pau!'. Eles ficam horrorizados. Isso vai contra tudo que lhes foi ensinado: 'Não, não, isso vai depreciar você!'. 'Exatamente. Deprecie-me quando eu lhe pedir'". A erotização do sexo como depreciação, principalmente o ato de chupar o pau, e a equiparação ao prazer dessa "depreciação" escolhida são meramente reformulações sem imaginação de velhas fantasias patriarcais, pornográficas, que não se tornam mais empolgantes nem libertadoras se as mulheres forem agentes de sua projeção e de sua realização. A maioria das mulheres citadas na *Esquire* demonstra falta de imaginação sexual, uma vez que elas, *a priori*, concebem a iniciativa sexual como mera inversão do ponto de vista patriarcal e o reivindicam como próprio delas. Os comentários atribuídos a elas estavam tão pateticamente marcados por características masculinas que era assustador pensar que os leitores pudessem ficar realmente convencidos de que eram expressões de agência sexual feminista da mulher. Entretanto, elas pretendiam excitar a imaginação masculina, e, sem dúvida, muitos homens têm prazer em fantasiar que a revolução sexual feminista, na verdade, não mudaria nada, só facilitaria para todas as pessoas ocuparem o espaço do imaginário fálico patriarcal.

Só pode ter sido um momento de devaneio masturbatório extático que levou Tad Friend a declarar: "As feministas *do-me* estão preferindo conversa de vestiário para deslocar a discussão das falhas dos homens para as falhas do feminismo, do paradigma do abuso sexual para o paradigma do prazer sexual". Esse tipo de pensamento binário, de "ou isso, ou aquilo", reflete o pensamento dogmático de mentalidade limitada que alega criticar. O feminismo revolucionário não foca as falhas dos homens, mas a violência do patriarcado, a dor da exploração e da opressão sexistas. Ele chama atenção para o fato de o abuso sexual transformar o espaço do erótico, de modo que o prazer sexual possa ser sustentado e contínuo, para que a agência da mulher exista como direito inalienável. O feminismo revolucionário acolhe homens capazes de mudar, aptos a responder mutuamente em um encontro de sujeito com sujeito, em que desejo e plenitude não estão, de maneira alguma, vinculados à subjugação coercitiva. Essa perspectiva feminista do imaginário sexual é o espaço em que poucos homens parecem capazes de entrar.

07.
Camille Paglia: pagã "negra" ou colonizadora branca?

Uma editora e leitora do meu trabalho lamenta não ser suficiente a quantidade de pessoas que me lê, que sabe quem sou. E confessa: "Em parte, tem a ver com a maneira acadêmica como você escreve! Ora, se você simplesmente se soltasse, poderia ser a Camille Paglia negra!". Essa declaração me fez rir o dia inteiro. Embora cheio de atrevimento e perspicácia, o livro *Personas sexuais*, de Paglia, é acadêmico de um modo entediante. (E, sem dúvida, tão inédito para leitores convencionais quanto a maioria das demais críticas literárias típicas de departamentos de inglês.) Muitos livros comprados hoje nunca são lidos, pois são adquiridos não por suas ideias, mas pela sedução decorrente da publicidade que envolve quem os escreveu. Por isso todos os anos premio, eu mesma, os "Livros mais comprados e menos lidos". Até agora, não conheço nenhum estudo realizado para ver como escritores se sentem quando têm um megassucesso financeiro com uma obra que, na maior parte das vezes, não é lida.

Quem sabe, portanto, o que significa para mim esforçar-me para me tornar a "Camille Paglia negra"? Talvez isso me transformasse na voz mais poderosa da cultura popular. Como RuPaul, eu poderia alcançar a fama "trabalhando" a fome da cultura convencional por representação de pessoas negras que repudiam a ideia de que "é coisa de branco, você não entenderia". É muito impactante viver em uma cultura na qual as pessoas se excitam com a imagem de um homem negro grande tentando se parecer com uma mulherzinha branca (uma versão completa da feminilidade *petite* e retrógrada de Dolly Parton com cabelos loiros volumosos) e agir como tal. Ou ainda, para se ter outra perspectiva do mesmo fenômeno, há o exemplo da modelo Naomi Campbell, mais do que recompensada por desistir de seu visual negro naturalmente bonito pelos prazeres de ser uma aspirante a mulher branca. Se ao menos eu pudesse ter cabelos lisos longos loiros, loiro-avermelhados, ruivos, castanho-claros... qualquer tipo de cabelo morto de garotas brancas funcionaria. Se ao menos eu pudesse. Não há dúvida sobre isso: no mercado do patriarcado supremacista branco capitalista, a estrada de paralelepípedos amarelos que leva ao lugar onde o poder negro está presente no convencional só pode ser percorrida por pessoas que estejam debochando e ficando menos pretas pelo caminho, pessoas prontas, como apresentado no romance, para serem "pretas, não mais". Este é um texto sobre por que não estou sequer interessada em querer ser a "Camille Paglia negra".

Para começar, preciso deixar evidente para quem não sabe que o estilo de "leitura" debochado e zombeteiro que levou Camille à fama foi uma persona que ela criou, depois de anos estudando etnograficamente os maneirismos do vernáculo da cultura negra, em especial da subcultura gay negra e, mais especificamente, da cultura da rainha negra. E a amiga não tem nem vergonha desse histórico, não fica nem um pouco constrangida de dizer merdas como:

Meus mentores sempre foram judeus, Harold Bloom e por aí vai; e eles são os únicos que conseguem tolerar minha personalidade! Mas, de qualquer forma, quando cheguei a Yale... Uau! Choque cultural! Porque vi como o regime WASP mantinha a Ivy League em rédea curta. Para crescer na academia, é necessário adotar esse estilo WASP. É muito relaxado. Ora, eu na verdade não consigo fazer isso, mas chamo de "pisar em ovos em uma casa funerária". Agora sou *barulhenta*. Você percebeu? Sou muito barulhenta. Minha época de academia foi infernal. Por isso geralmente me dou bem com afro-estadunidenses. Quer dizer, quando estamos juntos, "nossa!". É como se eu me sentisse totalmente *eu mesma*, simplesmente nos soltamos!

Naturalmente, todos os afro-estadunidenses ficaram mais do que satisfeitos por Camille nos dar esse voto de confiança, já que vivemos para possibilitar que garotas brancas como ela tenham um lugar onde possam se sentir "totalmente" elas mesmas.

Ao longo de seu trabalho, Camille articula descaradamente representações imperialistas culturais brancas de seus queridos escurinhos neoprimitivos, compartilhando pérolas profundas, como "não precisamos de Derrida, temos Aretha", ou, "na minha opinião, as personalidades de poder mais enérgicas nos Estados Unidos não são WASP, e sim negras, judias e gays, todas em combate contra forças históricas maiores, talvez invencíveis". E ela até consegue ficar totalmente afrocêntrica quando quer, e apenas relaxa. "Todo argumento racial sobre o cânone cai por terra quando se enxerga que os apolonianos gregos surgiram no Egito, na África. Abaixo, Moisés: até o judaico-cristianismo peregrinou no Egito." Continue, Camille.

Simplesmente se aproprie dessa "diferença" e siga em frente! Vai, garota!

Pensando bem, Camille não só está trabalhando o lado positivo da subcultura negra transgressora como também aprendeu, com Shahrazad Ali, algumas lições sobre "como progredir e ser bem-sucedida na televisão". A mistura de "leituras" radicais espirituosas, zombeteiras, atrevidas com um discurso conservador direto tempera as coisas no modo exato para torná-las um tipo de crítica cultural que atravessa fronteiras e todo mundo pode curtir. O refinamento radical parece ter sido absorvido pela rearticulação dos valores patriarcais supremacistas brancos capitalistas convencionais. O que eu quero dizer é que a amiga dá um murro de esquerda, de direita e de centro no feminismo ao nos dizer que "o feminismo atual" estava "em uma fase reacionária de moralismo histérico e puritano, como o do movimento da temperança,[12] há um século". E, quando a conversa passou a ser realmente sobre a mudança de cânones e currículos e sobre se livrar de um pouco de supremacia branca, tudo que Camille conseguiu dizer foi: "Os afro-estadunidenses precisam estudar a linguagem e a estrutura do poder público ocidental ao mesmo tempo que preservam sua identidade cultural, a qual tem impactado as artes em âmbito mundial". Ah, ficamos muito magoados! Camille, quer dizer que você acha que tudo o que podemos fazer é dançar e cantar? Nós lemos e escrevemos agora, sim, senhora.

---

12 Movimento social do século XIX que apregoava moderação no consumo de bebidas alcoólicas ou total abstemia. Teve adeptos em diversos países e notória influência política entre 1850 e 1930, quando foram bem-sucedidos ao pressionar governos em prol de legislações proibicionistas. [N.E.]

Paglia nunca menciona a escrita crítica de pessoas afro-
-estadunidenses. Nem mesmo sua diatribe zombeteira sobre
Anita Hill usou a palavra ofensiva "preto"; afinal, "o que raça
tem a ver com isso?" faz muito sucesso entre a multidão que
concorda com Camille que as audiências do caso foram "um
dos momentos mais potentes testemunhados na televisão".
Em defesa de um senhor da vida real, mas certamente copian-
do o estilo cor púrpura de Alice Walker, ela declara: "Ao dar
si mesmo à luz, Thomas reencenou seu próprio credo de *self-
-made man*". Quando esse foi o assunto, Camille não estava
nada disposta a mudar ou desafiar o status quo. A amiga só
queria estar bem ali, no meio daquele palco patriarcal supremacista branco capitalista, fazendo o que faz de melhor. Vai,
garota! Você conseguiu! É tudo seu!

Camille Paglia virou o centro dos holofotes da grande
mídia, dominada por homens brancos, racistas, sexistas, mas
essas luzes começaram a enfraquecer. Estão se apagando não
porque ela deixou de ser espirituosa, porque parou com suas
frases de efeito sensacionais ou porque está menos estridente
e empolgada em suas declarações que detonam o feminismo,
mas porque as jovens sedutoras estão no território dela, competindo e reivindicando tempo no ar. Sem o pioneirismo e
a mentoria simbólica de Paglia, não haveria holofote cultural para garotas brancas, como Katie Roiphe e Naomi Wolf.
E, não importa quanto se esforcem para criar uma distância
edipiana entre as escritas delas e as de Paglia, elas estão afi-
nadas em muitíssimas coisas. Ainda (será que ouso dizer?),
soa como uma versão melhorada de "The Way We Were" —
quer dizer, os bons velhos tempos antes de o feminismo, o
multiculturalismo e o currículo imparcial estragarem tudo.

155

Pensando bem, Camille estava entre as primeiras mulheres indicadas por homens brancos a declararem que "precisamos de um novo tipo de feminismo, um que enfatize a responsabilidade pessoal e esteja aberto às artes e ao sexo em todos os seus mistérios obscuros, inconsoláveis. A feminista *fin de siècle* será obscena, terá sabedoria de rua e saberá confrontar sem hesitar, no modo brincalhão dos anos 1960". Não importa que muitas feministas vivas personifiquem tudo isso. Nosso problema é que somos garotas novas, ligeiras, que Paglia não conhece, e, se conhecesse, fingiria o contrário, porque nos reconhecer significaria que muito do que ela tem a dizer sobre feminismo seria exposto pelo que é: fantasia sexista. Isso não quer dizer que não há base na realidade para sustentar sua crítica, e sim apenas que a base é pequena e não representa nenhuma norma feminista. Paglia, como aquelas pessoas que seguem seu rastro, escolhe alvos fáceis. Ela conclama a multidão conservadora, garotas profissionais que são anti-homem, antissexo, que mandam fechar a saia e cruzar as pernas, que querem igualdade de gênero com homens da mesma classe social, que são reformistas, e que ela conheceu de modo próximo e pessoal.

Irreverência e sarcasmo à parte, tem sido extremamente difícil para pensadoras feministas revolucionárias/radicais intervir na tendência da grande mídia de projetar o pensamento feminista conservador como representativo. Ao mesmo tempo, tem sido fácil demais para essa mesma mídia oferecer uma quantidade enorme de tempo no ar para autoproclamadas porta-vozes feministas como Paglia, que não só confirmam essa representação como também a confrontam com suas próprias prescrições ecléticas, às vezes até bizarras, para o futuro movimento feminista. De modo significativo, Paglia e asseclas tornam o feminismo mais palatável quando o retiram de qualquer agenda política radical que incluiria uma crítica ao sexismo e um chamado ao desmantelamento do patriarcado, repaginando-o para se resumir, na esfera pública, à igualdade de gênero em relação aos homens de sua classe social. Não importa a habilidade de Paglia para argumentar sistematicamente que mulheres são diferentes de homens, mais corpo do que mente, mais emoção do que razão, e assim por diante. No reacionário capítulo introdutório de *Personas sexuais*, "Sexo e violência, ou natureza e arte", ela não é tão retrógrada a ponto de querer acabar com o acesso igualitário às esferas privilegiadas de carreira, dinheiro e poder, mesmo que esse acesso exista como consequência do trabalho feminista militante que ela rebaixa e ignora. Infelizmente, pensadoras feministas radicais/revolucionárias têm sido incapazes de intervir de maneira estratégica e alterar o entendimento público de feminismo que as pessoas recebem nas mensagens de Paglia. É necessária uma intervenção assim. Paglia jamais teria conseguido se apresentar publicamente como ativista feminista, mesmo com o apoio da grande mídia dominada por homens brancos, se tivesse existido um movimento feminista radical/ revolucionário organizado.

Embora tenhamos muitas porta-vozes individuais influentes que educam para a consciência crítica, ensinando pensamento e prática feministas, perdemos uma base organizada para projetar agendas revolucionárias. O segmento mais organizado do movimento feminista é o liberal/conservador reformista. Desde o início do movimento feminista contemporâneo, esse segmento fez campanha por igualdade de acesso na esfera pública, sobretudo no campo do trabalho. E, como outras pensadoras progressistas e eu escrevemos, uma economia nacional e global em transformação criou um contexto em que era do interesse de classe e de raça de homens brancos privilegiados aceitarem o rompimento dos papéis de gênero na esfera pública. Portanto, mudanças econômicas têm sido elemento da criação de um clima cultural de rompimento dos papéis de gênero tanto quanto o movimento feminista. Agora que esse rompimento tem sido relativamente bem-sucedido, não há necessidade de as pessoas cobrarem, de maneira pública, a inclusão de mulheres na força de trabalho — essa é a norma. E agora que também é evidente que essa inclusão não levará ao deslocamento e à quebra do poder do homem branco patriarcal, o lugar da luta feminista está se voltando para o tema do poder e do controle na esfera das relações domésticas entre homens e mulheres.

No auge do movimento feminista contemporâneo, um comercial do cigarro Virginia Slims mostrava uma mulher mudando de papel, indo de uma situação de igualdade de gênero no trabalho à feminilidade tradicional em casa. Quem se lembra dessa propaganda consegue perceber que, até certo ponto, ela foi profética. Conforme a mulher branca retratada mudava de papel, ação expressa pela troca de roupas, ao tirar o traje de trabalho e vestir uma lingerie sensual, ela cantava: "Posso trazer para casa o pão, sustentar nossa família e nunca deixar você esquecer que sou uma mulher". As palavras e o cenário se encaixam perfeitamente na versão de feminismo defendida por mulheres como Paglia, Wolf e Roiphe. (Entretanto, se esse comercial fosse ao ar hoje, incluiria a imagem de alguém preparando o jantar, de modo que a única troca que a "feminista poderosa" precisaria fazer seria de uma situação de igualdade de trabalho árduo para a de parceira sexual feminina delicada.)

Na maior parte de sua obra, Paglia faz do corpo da mulher o lugar de sua insistência em uma estrutura binária de diferença de gênero, sobretudo no que diz respeito às questões de sexualidade, desejo e prazer. Ainda que não use palavras como "inferior" e "superior", ela insinua a naturalidade dessas distinções com declarações que afirmam hierarquia:

> Liberdade sexual. Libertação sexual. Uma ilusão moderna. Somos animais hierárquicos. Se acabarmos com uma hierarquia, outra tomará seu lugar, talvez menos palatável do que a primeira. Há hierarquias na natureza e hierarquias alternativas na sociedade. Na natureza, a força bruta é a lei, é a sobrevivência do mais forte.

Ou:

> A identificação da mulher com a natureza é o termo mais problemático e preocupante nesse argumento histórico. Isso já foi verdade? Isso ainda pode ser verdade? A maioria das leitoras feministas discordará, mas acho que essa identificação não é mito, é realidade. Todos os gêneros de filosofia, ciência, arte elevada, atletismo e política foram inventados por homens. [...] Todo ser humano deve desafiar a natureza. Entretanto, o fardo da natureza recai mais fortemente em um sexo. Com sorte, isso não limitará as conquistas da mulher, ou seja, sua ação em espaços sociais criados por homens. Mas deve limitar o erotismo, isto é, nossa vida imaginativa no espaço sexual, o qual pode se sobrepor ao espaço social, embora não seja idêntico a ele.

É essa lógica patriarcal reformulada, passando-se por "novo feminismo", que a grande mídia estimula, e que os homens e as mulheres sexistas aplaudem.

A noção de gênero conservadora de Paglia é associada a um entendimento igualmente conservador sobre raça e assuntos do multiculturalismo. Todas as suas declarações sobre cultura afro-estadunidense deixam implícito o velho elitismo cultural branco, que reconhece o esporte e a música como domínios nos quais aparece o talento negro, ainda que ignore, em um processo de não reconhecimento, as contribuições negras em todos os outros campos. De modo superficial, pode parecer que Paglia foi apoiada por homens sexistas só por causa de seu posicionamento antifeminista; no entanto, esse apoio está também vinculado ao seu posicionamento nacionalista branco ocidental, sobretudo em relação à educação, a tentativas de criticar preconceitos em currículos, e assim por diante. O grande público fascinado por Paglia ouviu trechos sensacionais de falas que, com frequência, parecem radicais e transgressoras do status quo, ou formas inteligentes de humilhar o feminismo; portanto, pode não parecer tão evidente para esses grupos que os interesses de Paglia sejam totalmente conservadores. Mesmo as "feministas novas", que alegam não serem fiéis a Paglia, orgulham-se de apoiar um currículo tradicional na academia. Apesar da onda que insinua que as estudantes, sobretudo as de estudos de mulheres, correm o risco de não conhecer as "grandiosas" obras ocidentais brancas canônicas, estas continuam a dominar o currículo em todos os lugares; a ninguém é negado acesso a elas. Ao contrário do que algumas pessoas queriam que acreditássemos, não é trágico, ainda que indesejável, que uma pessoa conclua uma educação em artes liberais sem ter lido obras importantes desse cânone. A vida delas não está no fim. E o lado estimulante do conhecimento é que podemos aprender sobre uma obra sem estudá-la formalmente. Se um estudante se forma sem ler Shakespeare e depois lê ou estuda a sua obra, isso não deslegitima qualquer curso formal que tenha sido concluído. Obviamente, o conservadorismo acadêmico de Paglia foi bem-vindo, incentivado e apoiado pela estrutura de poder existente — e, de fato, influenciou a opinião pública. Como se não bastasse, criou espaço para outras líderes "feministas" autoproclamadas seguirem seus passos. Pensadoras progressistas, principalmente feministas, com frequência dispensaram o antifeminismo de Paglia sem identificar as maneiras específicas com que ela compromete o movimento feminista e a luta progressista em geral. Questões de exploração e opressão nunca são evidenciadas no trabalho dela. Essa ausência é em especial atraente para uma cultura anti-intelectual que incentiva todo mundo a acreditar que o pensamento crítico intenso, sobretudo o que promove ativismo político radical, destrói nossa capacidade de sentir prazer. Essas ideias estão no cerne da suposição de que apoiar a política feminista significa ser antissexo e, em última instância, antiprazer. No entanto, pensadoras críticas progressistas, em especial feministas, que apenas se preocupam com a troca de ideias dentro de círculos acadêmicos, cedem o espaço de debate cultural popular a indivíduos ansiosos por terem a vez no estrelato. Essa concessão ajuda a promover pessoas como Paglia.

Nem todos os argumentos de Paglia são equivocados. De fato, tem sido difícil desprezá-la justamente porque suas ideias se contradizem com frequência. Muitas vezes, há uma mistura de conservadorismo com radicalismo. A despeito dessa ambiguidade, a maioria de suas ideias primárias é fundamentada no pensamento patriarcal supremacista branco capitalista conservador. Ela astuciosamente evita aparições públicas com indivíduos, inclusive comigo, que possam comprometer a representação negativa do pensamento feminista que ela ajudou a popularizar. Pensamento e prática feministas radicais/revolucionárias devem emergir como força na cultura popular se quisermos nos opor, de maneira construtiva, à ascensão de Paglia e daquelas que buscam ansiosamente os mesmos holofotes. Isso significa que precisamos nos dedicar mais para ganhar audiência.

Mais esforço deve ser feito para escrever e falar sobre ideias feministas a fim de torná-las acessíveis. Aquelas de nós que já obtiveram êxito trabalhando desse modo devem se esforçar, individual e coletivamente, para fazer nossa voz ser ouvida por um público mais amplo. Se não entrarmos de maneira ativa no campo da cultura popular, seremos cúmplices da reação antifeminista que está no cerne do apoio da grande mídia a mulheres antifeministas que alegam falar em nome do feminismo. Essa fala é, na verdade, uma preliminar sedutora que tem intenção de provocar, excitar e silenciar. Chegou a hora de interromper, intervir e mudar o canal.

08.
calor dissidente:
Fogo com fogo

Ideias que transformam a vida sempre me ocorrem por intermédio de livros. Até mesmo quando experiências profundas alteram meu senso de realidade, esses momentos vividos me remetem a ideias que li, ou me levam a leituras complementares. Meu engajamento crítico com o pensamento feminista começou com os livros. Ainda quando era estudante de graduação, durante o auge do meu envolvimento com as disciplinas de estudos de mulheres, a conscientização e os momentos de rebelião organizada, sempre senti necessidade de fundamentar essas experiências por meio da leitura cuidadosa e do estudo de obras escritas. Quando alguém me pergunta sobre pensamento feminista ou movimento feminista, faço referência a livros. Nunca encorajo as pessoas a procurarem indivíduos, a seguirem "estrelas" feministas. Ao adverti-las contra a idolatria (e esse cuidado se estende a aconselhá-las a não me colocarem em um pedestal), eu as incentivo a lidar com ideias feministas e a ler, questionar e pensar criticamente.

Como jovem pensadora feminista, fiquei profundamente comovida com a ênfase que muitas feministas radicais deram ao anonimato. Fascinava-me ler trabalhos feministas em que as escritoras usavam pseudônimos como estratégia, seja para criticar o pensamento sexista, que faz pensadoras competirem umas com as outras, seja como modo de enfatizar ideias em vez de personalidades. Decerto, minha opção por usar um pseudônimo foi influenciada pelo desejo, ainda que utópico, de estar em meio a uma comunidade de pensadoras e ativistas feministas seriamente comprometidas com o desenvolvimento intelectual, com uma troca dialética de ideias, e não com ofertas oportunistas de estrelato.

A institucionalização do pensamento feminista na academia, combinada ao megassucesso de livros feministas populares, alterou fundamentalmente o foco no anonimato. Assim como qualquer outro tópico mercadológico "em alta", o feminismo se tornou um assunto que pode ser alcovitado de maneira oportunista tanto por feministas quanto por não feministas. De fato, há tantas escritoras feministas de sucesso que os leitores facilmente se esquecem de que a grande maioria das pensadoras e escritoras feministas trabalha durante anos sem receber nenhuma recompensa material. Ao mesmo tempo, muito do que hoje é produzido e comercializado com o rótulo de "feminista" não surge da luta e do engajamento ativo com o movimento, nem mesmo de um pensamento feminista colaborativo. Muitas autoras se sentem confortáveis impulsionando sua marca de pensamento feminista sem qualquer necessidade de relacioná-lo à prática política.

No passado, mais do que hoje, muitas pensadoras feministas, inclusive eu, desenvolveram suas ideias em diversos locais públicos de interação social: grupos de conscientização, salas de aula, palestras ou debates individuais. Ainda sinto satisfação pelas horas de intenso debate, discordâncias e trocas críticas que tive com a companheira feminista Zillah Eisenstein quando nos conhecemos durante uma conferência. Nós duas estávamos escrevendo novos livros. Nossa amizade cresceu devido à intensidade daquela troca. Havia também os debates audaciosos nas aulas de teoria feminista de Donna Haraway, seguidos de longas horas de discussão. Muitas das mulheres que encontrei naquela época — Lata Mani, Ruth Frankenberg, Katie King, Caren Kaplan, para mencionar apenas algumas — continuaram a fazer contribuições significativas para o pensamento feminista. Rigorosas em nossa crítica de ideias, queríamos sujeitar nosso trabalho a um processo de alquimia intelectual que lançasse por terra pensamentos autoindulgentes, perdulários ou prejudiciais ao projeto político que compartilhávamos — o avanço do movimento feminista. Jamais falamos sobre desejar reconhecimento como acadêmicas da moda ou feministas famosas, não porque status não nos importava, mas simplesmente porque estávamos mais preocupadas com outras questões. O que nos importava eram nossas relações com mulheres e homens fora da academia e escrever livros em um estilo que alcançasse um público maior. E fomos genuinamente tomadas e orientadas pelo desejo de criar teoria e pensamento feministas que transformassem nossa vida e a de todas as mulheres, homens, crianças. Aspirávamos a ser parte de uma comunidade feminista que criasse novas visões de justiça e de liberdade para todas as pessoas.

É difícil não ter saudade dessa camaradagem (não éramos todas brancas, não éramos todas heterossexuais, não vínhamos da mesma classe social ou origem, algumas estavam profundamente envolvidas em coisas espirituais e outras não acreditavam em deuses) quando vejo jovens mulheres com formação acadêmica chegarem ao pensamento feminista sem envolvimento com o movimento, sem comprometimento com a política feminista testada na experiência vivida. Para essas jovens mulheres, é tentador produzir uma escrita feminista autoindulgente, oportunista e que muitas vezes não demonstra preocupação em promover e viabilizar o movimento feminista que procura pôr fim à exploração e à opressão sexistas. Igualmente tentador para esse novo grupo de pensadoras e escritoras é buscar proteção contra críticas ao estabelecer um cenário que sugere que elas estão sendo esmagadas e duramente julgadas por um grupo de feministas mais velhas, enciumadas de sua ascensão. Muitas feministas célebres podem testemunhar que, no decorrer do movimento feminista, houve um esforço para envolver novos trabalhos de maneira crítica e rigorosa. Esse questionamento crítico mantém a integridade do pensamento e da prática feministas. Com muita frequência me impressiono com o modo como a escrita dessas novas autoras feministas ignora completamente assuntos de raça e de classe; como faz parecer, de forma inteligente, que essas discussões nunca ocorreram dentro do movimento. Essas atitudes e suposições ganham voz no trabalho recente de Katie Roiphe e Naomi Wolf.

Diferentemente de Roiphe, cujo livro *The Morning After* [A manhã seguinte] foi duramente criticado por muitas escritoras e pensadoras feministas, o trabalho de Wolf, *Fogo com fogo*, conseguiu de forma estratégica evitar críticas rigorosas, apesar de ter sido assunto de algumas resenhas muito negativas. Dada a resposta visceral de muitas ao trabalho de Roiphe, fiquei surpresa com o fato de as pessoas não se perturbarem igualmente com *Fogo com fogo*, até porque muitas passagens do trabalho de Wolf poderiam ter sido facilmente trechos de

The Morning After. Por exemplo, na seção intitulada "Assédio sexual e estupro durante o namoro: um nivelamento da escala", Wolf relembra seu sentimento de empatia pelas várias histórias sobre estupro que escutou em um evento, apenas para sublinhar seu conhecimento de relatos que contêm uma "nota desafinada". Ela relembra: "Num desses momentos, uma mulher angustiada tomou o microfone e contou um episódio que lhe causou vergonha, embaraço, humilhação e tristeza, um episódio durante o qual ela não conseguiu verbalizar um 'Não'". Wolf conta aos leitores:

> Meu coração se compadeceu dela porque o acontecido dera a impressão de um estupro. Sem sombra de dúvida, há muito tempo o sentido do eu daquela mulher, do seu direito aos seus próprios limites, havia sido transgredido de muitas formas lamentáveis. No entanto, eu não parava de pensar que, por mais terrível que seja a incapacidade de reivindicar nosso direito ao nosso próprio corpo, o que a mulher soluçante descrevia não havia sido um estupro. Também imaginei como eu ficaria perplexa se tivesse feito sexo com alguém cujo consentimento me parecia certo para depois me descobrir sendo acusada de comportamento criminoso.

Leitores podem ignorar com facilidade passagens que ressoam a retórica de Roiphe, cuja obra Wolf dedica-se a destruir. Essa manipulação habilidosa de ideias e alianças, a justaposição flagrante de opiniões contraditórias, caracteriza muito da escrita de Wolf em *Fogo com fogo*.

Embora critique a "panelinha do feminismo", Wolf tem utilizado o poder adquirido depois de escrever o best-seller

O mito da beleza para fazer network, para criar uma estrutura de apoio que faz pessoas feministas temerem represálias se criticarem publicamente o trabalho dela — poder que poderia ter sido utilizado para estabelecer fóruns para debates e discussões progressistas. Evidentemente, Katie Roiphe não tinha aquele apoio feminista poderoso e consagrado. Ainda que Wolf afirme apoiar a divergência, declarando que "não são as divergências que prejudicam o feminismo, mas o consenso", seu trabalho não revela nenhuma evidência de que ela se envolva de forma construtiva com ideias diferentes das suas. De fato, a falsa dicotomia que constrói em "O feminismo da vítima versus o feminismo do poder"[13] lhe permite estabelecer um campo competitivo (mais uma vez, bem similar ao tom competitivo no trabalho de Roiphe), no qual todas as feministas que não concordam com o pensamento dela ou são apresentadas como falhas, alinhadas em um tipo de pelotão de fuzilamento metafórico e então abatidas (ela resume as obras de Adrienne Rich, Susan Brownmiller, Andrea Dworkin, Catharine MacKinnon em seções compactas de um ou dois parágrafos), ou simplesmente ignoradas. Dado esse posicionamento, a discussão de Wolf de que "a sororidade é problemática" faz sentido. Qualquer leitora educada no pensamento radical ou revolucionário entenderia essa insistência na competição como um espelho do pensamento sexista internalizado que gira em torno do poder, da maneira como tradicionalmente as mulheres têm sido socializadas para se relacionar umas com as outras na sociedade patriarcal. Ao invés de oferecer uma nova perspectiva de poder feminino, Wolf deslo-

13 Parte III do livro *Fogo com fogo*. [N.E.]

ca para o feminismo a ânsia de poder da antiga universitária, disposta a passar por cima de qualquer um, competindo por roupas e por relacionamentos.

Quando conheci Naomi Wolf, em uma reunião com um grupo de pensadoras feministas para uma conversa a pedido da revista *Ms.*, não me dei conta de que estava na presença do "feminismo de poder" (*power feminism*). Percebi, sim, que estava diante de uma jovem feminista que chegou ao poder sem questionar, de maneira alguma, o modo como seu corpo político e seus padrões de discurso negam possibilidades de diálogo significativo. Falar rápida e agressivamente, recusar-se a reconhecer outras pessoas que também desejam falar (reconhecendo-as somente depois que interrompem e falam junto com você) e não escutar são táticas que me fazem lembrar estratégias de poder descritas em manuais patriarcais que ensinam a vencer por meio da intimidação. Essas mesmas estratégias foram utilizadas por Wolf quando participou do programa de entrevistas de Charlie Rose para discutir o estupro cometido por pessoa conhecida. Em uma bancada com mulheres e homens brancos, parecia fácil para ela interromper a interlocutora negra, ao passo que escutava pacientemente as palavras dos homens brancos. Um exame crítico desse vídeo seria uma forma útil de ilustrar a prática do "feminismo de poder". Quando Wolf e eu fomos apresentadas na ocasião da discussão para a *Ms.*, ela me disse que estava utilizando meu trabalho para formular a escrita de *Fogo com fogo*, livro então inédito, mas precisou "parar de ler por causa da ansiedade em relação à influência". Na hora, pareceu ser um elogio meio desajeitado. Respondi do meu jeito direto de sempre, ao declarar de maneira doce: "Espero que você não seja como outras mulheres brancas que usam meu trabalho, mas nunca o reconhecem". Ela me garantiu que esse não era o caso. E qualquer leitora ou leitor que decidir folhear as copiosas notas finais de *Fogo com fogo* encontrará referência à minha obra e longos trechos de citações. Nas afirmações introdutórias para a nota 180, Wolf escreveu:

> "Feminismo da vítima": muitas teóricas do feminismo trataram das questões que eu proponho. O trabalho de bell hooks em *Teoria feminista: da margem ao centro,* sobre a irmandade, a cultura da vítima, as críticas destrutivas e a diferença exerceu uma influência especial.

As longas passagens de meus livros que Wolf cita com apreço em suas notas (as quais não são correlacionadas numericamente a passagens específicas no corpo principal da obra) parecem desmentir o fato de que, na única vez em que minha obra é mencionada no texto, seu significado está distorcido: ela foi usada em uma passagem que pretende ilustrar pensamentos equivocados. Wolf afirma: "Em vez de trazer a mulher comum para o feminismo, no que a escritora bell hooks chama de 'processo de conversão', o feminismo ortodoxo devia ir até elas". Na verdade, usei o termo "processo de conversão" para falar sobre a experiência a que nos submetemos para nos tornar feministas revolucionárias — quando desistimos de um conjunto de ideias para adotar outro. Ao mesmo tempo, no contexto em que esse termo foi usado, eu estava enfatizando a necessidade de as pensadoras feministas criarem uma teoria que fale para uma multidão de mulheres e de homens (não simplesmente para "a mulher comum", o que parece ser, na obra de Wolf, um eufemismo confortável para mascarar sua preocupação central com mulheres brancas e/ou de classes sociais privilegiadas).

Em *Fogo com fogo*, Naomi Wolf manipula com habilidade o significado e a mensagem de muitos pensamentos feministas de maneira que fique sozinha, heroicamente, como "feminista poderosa", cheia de insights e de respostas. Em uma crítica que escrevi sobre o trabalho de Roiphe, disse que fui obrigada a falar de *The Morning After* porque me senti muito atingida pelo apagamento das perspectivas feministas progressistas que reconhecem raça e classe como elementos que estruturam o que é ser mulher, e pelo ataque gratuito da autora a Alice Walker. Simbolicamente, vi esse ataque como uma reação contra aquelas mulheres do movimento feminista, sobretudo mulheres de cor, que desafiaram todas as mulheres e todos os homens envolvidos na política feminista a reconhecer diferenças de raça e classe. É como se as jovens mulheres brancas feministas privilegiadas, ao contrário de suas companheiras mais velhas, estivessem muito mais confortáveis em menosprezar publicamente, quando lhes convêm, as diferenças e os assuntos de raça e classe; como se, considerando suas próprias perspectivas competitivas, entendessem que estão em uma posição heroica, afastando o movimento de questões que não priorizam as preocupações de mulheres brancas de classes privilegiadas.

Ao falar sobre as experiências de mulheres brancas privilegiadas, o livro de Wolf universaliza de maneira sistemática a categoria "mulher". De vez em quando, há comentários retóricos em favor de uma política de inclusão, chegando até a sugerir que precisamos ouvir mais pensadoras feministas que são mulheres de cor, mas sua própria escrita não ressalta tais obras em momento algum. E, ainda que tenha seleciona-do uma citação de Audre Lorde como epígrafe para seu livro ("As ferramentas do senhor jamais destruirão a casa-grande"), ela a critica por ter uma lógica falha e mal orientada.

Por fim, no meio do livro, ela declara, de maneira triun-fante, estar em oposição não apenas a Lorde como também ao desafio de contrapor o patriarcado implícito na citação original, e que "as ferramentas do senhor podem destruir a casa-grande". Eu jamais escolheria essa citação (reproduzida com tanta frequência por mulheres brancas) para representar a importância da contribuição de Lorde para o pensamento feminista, mas Wolf descontextualiza esse comentário para desviar a atenção do apelo que Lorde faz às mulheres brancas e a todas as mulheres para que questionem nosso desejo de poder dentro da estrutura política existente, nosso investi-mento em sistemas de dominação opressivos.

Enquanto deprecia a citação de Lorde sem fazer nenhuma referência significativa ao grande corpo de trabalho dela, Wolf tenta representar Anita Hill e Madam C. J. Walker (inventora do pente quente e de outros produtos de alisamento capilar) como exemplos de "feminismo de poder". A escolha de Hill pareceria mais apropriada à "categoria de vítima", visto que sua ascensão à notoriedade se baseava na premissa de vitimi-zação que Wolf condena. Madam C. J. Walker pode ter se tor-nado uma milionária, mas o fez explorando o profundo auto--ódio racial internalizado de pessoas negras. Posso respeitar a perspicácia de Walker para os negócios e querer seguir seu exemplo, sem necessidade de reivindicá-la como "feminista". Também posso lutar pelo direito de Hill de ter justiça como vítima de assédio sexual, sem precisar reinventá-la como "feminista", uma vez que ela, de nenhuma maneira, identifica--se dessa forma.

A retórica enfeitada de Wolf tende a mascarar o ataque agressivo ao pensamento feminista radical e revolucionário que seu trabalho incorpora. Encantados por seu entusiasmo, pela esperança em seu trabalho, leitores podem deixar passar a rejeição e o menosprezo assustador à política feminista que está no centro desse livro. Ela insiste na ideia profundamente equivocada de que o poder capitalista é sinônimo de libertação e de autodeterminação. Seria uma visão bastante desprovida de poder para as multidões de mulheres e de homens que talvez adquiram facilmente aquilo que ela chama de "psicologia de abundância" sem nunca ter o tipo de acesso a empregos e carreiras que lhes permitiria ganhos materiais. Ao continuar negando qualquer responsabilidade política pela exploração e pela opressão, sobretudo em relação ao elitismo de classe, o "feminismo de poder" não é inclusivo de modo algum. Ele escolhe de maneira resoluta ignorar as experiências vívidas de uma multidão de mulheres e de homens que não têm acesso ao "convencional" da vida política e econômica desta sociedade. Essa rejeição e esse apagamento ocorrem porque seria impossível para Wolf representar todos os ganhos materiais e políticos do "feminismo de poder" dentro da estrutura política e econômica existente se incluísse pessoas desprivilegiadas ou pobres. Sua nova visão de poder da mulher está mais alinhada com a classe média. Na verdade, ela busca evitar crítica política ao despojar a prática feminista de seu significado político radical.

Wolf rejeita o feminismo como movimento político que busca erradicar o sexismo, a exploração sexista e a opressão, substituindo esse conceito pela noção de que o feminismo é apenas "uma teoria de autovalorização". Ela admite que as pessoas que buscam uma visão mais social podem entender o feminismo "de modo amplo" como um "movimento humanista por justiça social", mas convenientemente cria um movimento feminista que ela pode guiar e dirigir. Despolitizado dessa forma, esse movimento pode abranger todas as pessoas porque não tem quaisquer princípios políticos explícitos. Esse "feminismo" distancia o movimento da política e o leva de volta à visão de autoajuda individual.

Tanto as feministas radicais quanto as revolucionárias há muito criticaram esse uso oportunista do pensamento feminista para melhorar o estilo de vida individual de alguém. Por vezes, *Fogo com fogo* é tido como um tratado polêmico, otimista, prolixo, encorajando mulheres brancas da classe dominante e jovens mulheres profissionais de todas as raças a seguirem em frente com a busca individual para "ter tudo" dentro da cultura capitalista do narcisismo e a observar o modo como a luta por igualdade de gênero pode ajudar em sua causa. A mensagem da obra é que "mulheres" podem ser pró-capitalistas, ricas e progressistas ao mesmo tempo. Sua ênfase na ideia de que "o feminismo não deveria ser uma propriedade da esquerda ou dos democratas" desmente a realidade política de que o feminismo reformista tem sido a "única" perspectiva feminista já salientada pela grande mídia. Nenhum feminismo de esquerda esteve continuamente em destaque na televisão nacional ou na lista dos mais vendidos. De acordo com Wolf:

> Muitos milhões de mulheres conservadoras e republicanas têm opiniões arraigadas sobre a oportunidade para as mulheres, a autodeterminação, a abertura de empresas e o individualismo.

Essas opiniões devem ser respeitadas como uma versão de direita do feminismo. A energia, os recursos e a ideologia dessas mulheres têm igual direito ao nome do feminismo, e poderiam beneficiar as mulheres tanto quanto o feminismo de esquerda e, em algumas situações, mais do que ele. O feminismo de esquerda, embora seja minha opção pessoal, não detém o monopólio sobre as preocupações com as mulheres e o respeito à sua autonomia.

Infelizmente, a preocupação genuína de Wolf com a liberdade das mulheres é comprometida por sua recusa em questionar noções autocentradas do que significa ser de esquerda. Sem querer expor o estereótipo de que todas as feministas de esquerda são dogmáticas, ela o reproduz. Ao ler seu livro, alguém pensaria que não há pensamento feminista visionário na esquerda. Essas distorções da realidade comprometem sua insistência de que está oferecendo uma visão feminista mais inclusiva, mais respeitável. Na verdade, seu trabalho (assim como o de Roiphe) explora narrativas de excessos feministas para sustentar seu argumento. Sua construção de um grupo monolítico de "mulheres convencionais", tão brutalizadas pelos excessos feministas que não mais apoiam o movimento, parece explorar exatamente a mesma noção de vitimização que ela desaprova.

Embora eu concorde com a ideia de que o pensamento e a teoria feministas não atendem completamente as necessidades da multidão de mulheres e de homens, não penso que devemos nos esforçar para estimular esse interesse ao embalar uma marca paternalista e simplista de feminismo que podemos vender sem muita persuasão.

O movimento feminista não é um produto, não é um estilo de vida. A história o documenta como movimento político que emerge da luta concreta de mulheres e homens para se opor ao sexismo e à opressão sexista. Fazemos um desserviço à história ao negar sua intenção política e radical. Ao banalizar esse objetivo, Wolf enfraquece a identificação escolhida por ela com a política de esquerda. Ademais, é difícil perceber como essa identificação determina os interesses do feminismo estabelecidos por ela em *Fogo com fogo*. Muito da "nova" perspectiva que ela apoia é uma reformulação de soluções feministas liberais reformistas com o objetivo de mudar a sociedade, principalmente de modo a garantir a certos grupos de mulheres igualdade social em relação a homens de sua mesma classe. Não há dúvida de que Wolf esteja correta em ver valor nas reformas (algumas de suas sugestões para trabalhar dentro do sistema são construtivas). O feminismo reformista foi baseado na fundação da prática feminista radical e revolucionária. Ao contrário de Wolf, feministas de esquerda, como eu, conseguem apreciar a importância de reformas sem vê-las como oposição ou negação de possibilidades revolucionárias.

Felizmente, a publicação de *Fogo com fogo* criou um espaço público em que Wolf tem muitas oportunidades para se envolver em discussões críticas sobre o significado e a significância de seu trabalho. Espera-se que o sucesso desse trabalho, combinado com todas as novas informações que ela pode aprender seguindo a esteira dos diálogos divergentes, lhe proporcione tempo para ler e pensar mais uma vez. Como Wolf, acredito que o pensamento feminista seja enriquecido pela divergência. Perspectivas opostas não deveriam ser censuradas, silenciadas ou punidas de maneira alguma. Profundamente comprometida com uma política de solidariedade em que a sororidade é poderosa porque emerge de uma prática concreta de contestação, de confrontação e de luta, é meu sonho que mais pensadoras feministas vivam e trabalhem de maneira que nosso ser incorpore a potência da política feminista, o prazer da transformação feminista.

09.
Katie Roiphe: um pouco de excesso feminista é útil

Desde o início do movimento contemporâneo pela "libertação das mulheres", pensadoras e ativistas feministas têm dificuldade de lidar com a dissidência. O chamado por união e solidariedade, apoiado na noção de que as mulheres constituem uma classe/casta sexual com experiências e opressões comuns, tornou difícil a confrontação e a contestação. As divisões, com frequência, eram enfrentadas com a formação de grupos separados e com o desenvolvimento de definições e rótulos diferentes (feminista radical, reformista, liberal, marxista, e assim por diante). Conflitos em torno do tema da opressão em comum atingiram o auge em discussões sobre diferenças de raça e de classe. Mulheres de cor, em especial mulheres negras, algumas das quais estavam envolvidas no movimento desde sua concepção, algumas conjuntamente engajadas na luta pela libertação das mulheres e na luta pelo poder negro, chamaram a atenção para diferenças que não poderiam ser reconciliadas por meio de insinuações sentimentais à sororidade. A face do feminismo — a retórica, a teoria, as definições — começou a mudar.

As ideias de solidariedade entre mulheres se tornaram necessariamente mais complexas. De repente, nem as experiências de grupos materialmente privilegiados de mulheres brancas nem a categoria "mulher" (muitas vezes usada em referência a experiências específicas de mulheres brancas) podiam ser evocadas sem contestação, sem a presença ameaçadora da supremacia branca como fundamento político de tais afirmações. Essas mudanças fortaleceram politicamente o poder do pensamento e do movimento feminista, obrigando as adeptas a problematizar e teorizar sobre o tema da solidariedade, a reconhecer a interconexão de estruturas de dominação e a construir um movimento mais inclusivo. E esse trabalho corre o risco de ser desfeito e prejudicado por alguns dos atuais escritos feministas de jovens mulheres brancas privilegiadas que se esforçam para criar uma narrativa de feminismo (e não um movimento feminista) que recentraliza a experiência de mulheres brancas materialmente privilegiadas, a fim de negar as diferenças de raça e classe não apenas em relação à construção da identidade da mulher mas também ao movimento feminista.

A despeito das diferenças políticas entre as obras de Katie Roiphe e Naomi Wolf, por exemplo, ambas escrevem como se as experiências delas refletissem a norma, e não testam suas suposições para certificar a veracidade de suas mensagens a respeito do feminismo e da experiência da mulher, ultrapassando as fronteiras de raça e de classe. Em *O mito da beleza*, Wolf não menciona as diferentes maneiras como as mulheres pensam a beleza considerando raça e classe, tampouco observa se as revistas de moda tratam todas as mulheres do mesmo jeito. Como a atenção não está direcionada para diferenças, nunca ouvimos falar se grupos de mulheres podem enfrentar tais questões de maneira mais empoderadora do que a relação das mulheres brancas com a beleza, considerada "a norma". Continua impensável em nossa sociedade que as mulheres que não são brancas possam ter informação, conhecimento, estratégias que deveriam se tornar a norma para mulheres brancas e para todas as mulheres? Ao ler o livro de Wolf, fiquei perturbada com sua universalização da categoria "mulher", mas não vi nessa obra qualquer poder para comprometer o trabalho feminista que tem alterado o reconhecimento da diferença de raça e de classe. No entanto, conforme mais e mais livros de pensadoras feministas individuais (em sua maioria jovens, brancas e materialmente privilegiadas) são comercializados para um grande público e se tornam os "textos" que ensinam o que é e o que não é feminismo, há o risco de apagamento de qualquer questionamento crítico da categoria universal "mulher". Podemos acabar retornando ao ponto de partida do movimento feminista contemporâneo: a falsa suposição de que o feminismo é, primordialmente, feito para e por mulheres brancas materialmente privilegiadas.

Mais do que qualquer trabalho de Wolf, *The Morning After* [A manhã seguinte], de Katie Roiphe, é um precursor dessa tendência. O livro tenta construir e atacar um jovem grupo "feminista" monolítico que compartilha uma resposta comum ao pensamento feminista, mais especificamente em torno de questões de sexualidade e ataque físico. O livro começa com a recordação de uma genealogia familiar cultural na qual o feminismo é apresentado como um legado transmitido de mãe para filha, uma estratégia que, desde o começo, faz do feminismo, ao menos simbolicamente, um território que, como um pequeno país, pode ter dono e ser ocupado por algumas pessoas e não por outras. Portanto, mulheres brancas que escrevem livros dentro do feminismo podem ter filhas como Roiphe, que se sentem herdeiras naturais do movimento. É justamente essa reivindicação de propriedade do movimento feminista que mulheres de cor e mulheres brancas progressistas questionam, insistindo no entendimento corrente de que o feminismo é um movimento político — de que todos os que selam um compromisso com os princípios feministas pertencem a ele, de que não há donos.

Nesse livro, os interesses feministas em discussão, mesmo que negativamente, são sempre e somente aqueles definidos por mulheres brancas. Com a pretensão de trazer uma visão feminista mais nova, revigorada, *The Morning After* incomoda precisamente em razão do apagamento da diferença tanto em suas perspectivas sobre as questões discutidas quanto no apagamento geral das vozes e dos pensamentos de mulheres de cor. Este último apagamento não pode ser visto como sinal de ignorância ou de ingenuidade da autora. Ele é oportunista. Está mais relacionado ao fato de muitas pensadoras e ativistas feministas que são mulheres de cor estarem entre as que não se encaixam de maneira perfeita nas categorias que Roiphe erroneamente sugere como norma feminista. Decidi escrever sobre o trabalho dela porque, na única vez em que ela mencionou uma mulher de cor (especificamente, uma mulher negra), ela o fez com a intenção de ridicularizar e desvalorizar seu trabalho. Esse gesto não me pareceu inocente; encaixa-se perfeitamente na construção da autora de um campo feminista no qual as escolhidas (coincidentemente jovens, brancas e privilegiadas) vestem suas luvas de boxe para ver quem é a melhor feminista.

O subtítulo de *The Morning After* é *Sex, Fear, and Feminism on Campus* [Sexo, medo e feminismo no campus]. Contudo, esse livro não oferece um olhar amplo e significativo para o feminismo em qualquer campus. Pelo contrário, o livro mira e critica expressões de histeria e extremismo de um feminismo branco privilegiado em relação a assuntos como estupro por pessoa conhecida, assédio sexual e pornografia. Quando a autora volta seu potente enfoque crítico para esses excessos feministas, ela o faz de maneira a ofuscar e apagar completamente o que há de significativo nas críticas e na resistência feminista ao sexismo, ao patriarcado e à dominação masculina. Esse apagamento é o que torna suspeita sua insistência autobajuladora de ser a voz representativa de uma "ortodoxia feminista menos rígida", falando em nome de "alguns feminismos" que "são melhores do que outros".

Diferentemente de muitas pensadoras feministas, não acredito que as críticas de Roiphe sejam todas equivocadas. Também não estou preocupada em dizer se ela tem as informações corretas. Goste ela ou não, seu livro é uma obra polêmica. A potência dele não está no campo da pesquisa. As pensadoras feministas que quiserem refutar o trabalho dela com esse argumento deveriam fazê-lo. Estrategicamente, no entanto, o movimento feminista avança mais se reconhecermos que alguns dos exemplos de excesso feminista para os quais ela chama atenção são familiares. E não só isso: devemos reconhecer as muitas pensadoras feministas que alertaram contra esses excessos e trabalharam para afastar os interesses das feministas jovens no que diz respeito à sentimentalização das preocupações feministas.

Ao não chamar atenção para o trabalho de pensadoras feministas influentes que criticam reiteradamente os mesmos excessos que ela nomeia (Judith Butler, Audre Lorde, Kimberlé Crenshaw e Diana Fuss, para citar algumas), Roiphe faz parecer que suas ideias oferecem uma alternativa nova e revigorada para o dogmatismo feminista. Na realidade, seu livro recorre pesadamente a críticas verbalizadas sem cessar dentro dos círculos feministas, além de reiterá-las, ainda que verbalizadas de modo a não ridicularizar ou zombar da seriedade das agendas feministas. *The Morning After* não respeita essas agendas de forma alguma.

Obviamente, acabar com a violência de homens contra mulheres é um interesse feminista. Roiphe ignora completamente a conexão entre manutenção do patriarcado e tolerância à violência masculina contra mulheres. Ela está tão ansiosa para ser provocadora que não se dispõe a poluir sua polêmica com a declaração séria de que a violência masculina contra mulheres, incluindo o assédio sexual, é completamente aceitável em nossa sociedade, e as diversas formas de organização das mulheres para protestar contra essa violência, a despeito dos excessos e de falhas estratégicas, devem ser exaltadas e aplaudidas. A polêmica de Roiphe priva os leitores de conhecer as maneiras construtivas com que as feministas desafiaram a violência do homem. O capítulo que escrevi sobre violência em *Teoria feminista: da margem ao centro*, há quase dez anos, advertiu feministas a não enxergarem as mulheres somente como vítimas, mas a reconhecer tanto as maneiras como usamos o poder quanto as maneiras como o poder é usado contra nós. Embora eu critique reações feministas à violência masculina que parecem exacerbar o problema, eu não estava disposta a agir como se a gravidade da situação pudesse ser ofuscada por erros na organização feminista — e, sim, até mesmo por momentos de histeria e de sentimentalismo. É o tom de escárnio e desprezo que dá à polêmica de Roiphe um ar de falsidade, como se, de fato, ela estivesse muito mais preocupada em brigar com suas companheiras e ganhar a briga do que em desafiar o patriarcado.

No capítulo "Catharine MacKinnon, the Antiporn Star" [Catharine MacKinnon, a estrela antipornografia], Roiphe admite não ser a primeira ou a única feminista preocupada com a ortodoxia feminista rígida. No entanto, repete com regularidade a expressão "muitas feministas" para se referir a acadêmicas, escritoras e pensadoras críticas que têm trabalhado diligentemente para oferecer um entendimento mais amplo, mais complexo, da teoria e da prática feministas em relação à sexualidade, à violência de homens contra mulheres e a vários outros assuntos. Essas feministas não são mencionadas. Nunca se faz referência ou citação ao trabalho delas. A ausência de nossas obras e de nossas palavras dá a impressão de que Roiphe se posiciona sozinha em seu desejo de nomear e criticar aspectos do feminismo. Desconsiderando a natureza de seu argumento, a mensagem subjacente, independentemente dos assuntos que ela levanta, é que a maioria das feministas se recusa a acolher qualquer forma de divergência; que são rígidas e dogmáticas — exceto ela mesma e, talvez, Camille Paglia. Se tivesse reconhecido a variedade de vozes dissidentes dentro do feminismo e as críticas multidimensionais já existentes, a premissa subjacente de seu livro perderia sentido. Sem nenhuma menção a palavras e ações de feministas dissidentes, Roiphe se apresenta, ouso dizer, como "vítima", punida por sua vontade de proferir o que nenhuma feminista "jovem" está disposta a falar. De fato, é pela evocação das jovens e das suas companheiras que ela tenta justificar o apagamento de vozes levemente mais velhas e, ao mesmo tempo, fortalecer sua posição como autoridade "jovem". Contudo, até mesmo pensadoras feministas jovens que fizeram e fazem críticas semelhantes são ignoradas. Ela não ressalta o livro *Feminist Fatale* [Feminista fatal], de Paula Kamen, uma das discussões mais bem pesquisadas e ponderadas sobre os elementos que moldam as reações de mulheres jovens ao feminismo.

Roiphe constrói sua imagem como "rebelde", sozinha em uma selva feminista, onde ninguém escuta, o que desvia a atenção das diversas críticas existentes, algumas das quais miram excessos semelhantes, ainda que não tão grosseiramente declaradas quanto as dela. Ela não está sozinha. Está na sombra de pensadoras feministas que têm trabalhado apaixonadamente para levar ao público uma consciência mais profunda do significado político do movimento feminista, que têm buscado afastar a atenção popular de uma equação simplista do feminismo com sentimentos anti-homem e antissexo. Roiphe se apoia nesse corpo do pensamento feminista — mesmo quando o distorce e o enfraquece — ao reforçar, em seu livro, a hipótese de que um feminismo limitado e rígido segue imune a críticas, permanecendo difundido e representativo.

Para atingir esse objetivo, a autora se recusa a reconhecer todas as críticas que mulheres negras radicais, mulheres de cor e mulheres progressistas fizeram ao pensamento feminista burguês branco sentimental. Roiphe talvez não estaria tão irritada com feministas brancas jovens de origem privilegiada de Harvard e Princeton que "criaram sua própria ortodoxia rígida" se estivesse acolhendo o trabalho e o ativismo de pensadoras feministas que promovem e incentivam a divergência, se estivesse convencida de que sua missão era compartilhar essas ideias. Evidentemente, Roiphe não tem nenhum desejo de conectar sua crítica a questionamentos de dogmas feministas limitados, os quais buscam não apenas expor as falhas e as fraquezas de certos pensamentos e ativismos feministas mas também trabalhar para explicar questões de maneira a redirecionar o foco para preocupações feministas significativas. Afinal, esse pensamento e essa prática feminista ampliariam sua compreensão da política do patriarcado supremacista branco capitalista. Tanto que seria até capaz de perceber que seu trabalho, "como ele é", faz avançar a agenda de antifeministas, que, com tanta frequência, controlam a grande mídia e representam unidimensionalmente — estereotipicamente — o feminismo.

É óbvio que a notoriedade de Roiphe não se deve apenas a sua preocupação de tornar o movimento feminista um espaço em que vozes dissidentes possam ser escutadas, em que ideias possam ser questionadas (se é que essa é sua preocupação genuína). Mesmo que o livro dela jamais se torne um best-seller, seu trabalho foi apresentado em grandes revistas populares e certamente influenciará o entendimento público sobre o feminismo. Muitos leitores incondicionais presumirão que a versão de feminismo descrita por Roiphe é precisa, que mulheres defensoras da política feminista são, primordialmente, mesquinhas, dogmáticas e dispostas a restringir a liberdade de expressão quando lhes convêm. Leitores cuidadosos certamente se perguntarão se de fato podem acreditar quando a autora insiste que a censura feminista é tão difundida em seu campus que "nenhuma" feminista lhe permitiria "dizer que Alice Walker era simplesmente uma escritora ruim". Decerto, Roiphe é mais esperta do que as "companheiras censoras"; afinal, ela conseguiu (sem dúvida, por meio de conexões muito influentes no mundo editorial) levar seu pensamento para além dos limitados confinamentos culturais de um programa de pós-graduação da Ivy League e tem sido recompensada com um fórum público, no qual suas ideias não são apenas ouvidas mas bem propagandeadas e promovidas. Nenhuma entrevista com Roiphe que eu tenha lido pergunta à autora se ela questionou criticamente o motivo pelo qual seu trabalho recebeu tanta atenção, ou se ela percebe alguma conexão entre essa atenção e a reação antifeminista. Grandes influências do mundo editorial chamaram a atenção do público para o trabalho dela e fizeram parecer que a opinião de Katie Roiphe sobre Alice Walker de alguma forma importava. Essas forças convencem leitores de que Roiphe está trazendo à luz verdades reprimidas, escondidas, que outras feministas procuram negar.

No início deste artigo, declarei ter sido obrigada a escrever sobre *The Morning After*, em parte porque achei significativo e incômodo que a única menção a qualquer mulher de cor ocorra em um contexto de desvalorização do trabalho dessa mulher. Esse desprezo se relaciona com o ataque recente, publicado na revista *Mother Jones*, ao curso de estudos de mulheres, também sugerindo que, entre aquelas pessoas não muito acadêmicas que estão sendo lidas (e não deveriam ser), havia escritoras negras: Audre Lorde e eu. Pergunto-me sobre essa necessidade de destruir escritoras e pensadoras críticas negras que estiveram entre as que mais se dedicaram a desafiar a afirmação de que a palavra "mulher" pode ser usada para referenciar experiências específicas de mulheres brancas; que argumentaram que raça e classe devem ser consideradas quando desenvolvemos o pensamento e a teoria feministas. Essa necessidade não reflete um impulso competitivo, um desejo de tirar o discurso do movimento dessas direções? Com isso, quero dizer que certas mulheres brancas sentem que algumas feministas, "principalmente mulheres de cor", não deveriam ter mudado a direção do pensamento feminista insistindo na necessidade de que mulheres brancas precisam confrontar a supremacia branca, e elas estão agora querendo retroceder o movimento para aqueles estágios em que era aceitável ignorar, desvalorizar e até mesmo atacar essas preocupações. É interessante que esse esforço de depreciar escritoras negras apareça no momento em que tantas progressistas se movimentam para desafiar os cânones literários a fim de que sejam incluídas as obras de mulheres de todas as cores, elas mesmas atacadas e desafiadas. Com sua afirmação aparentemente inocente sobre o trabalho de Walker, Roiphe, ao lado de outras mulheres brancas que adotam posicionamentos semelhantes (por exemplo, a repórter branca que atacou Toni Morrison em um editorial sobre o Prêmio Nobel), une-se a pensadores conservadores (muitos dos quais, homens brancos) que sustentam perspectivas similares e que têm também, em muitos níveis, poder para impedir que esses trabalhos sejam publicados, resenhados, lidos ou estudados.

O livro de Roiphe sugere continuadamente uma percepção do movimento feminista que, de modo muito simplista, espelha estereótipos patriarcais. Sem dúvida, é esse espelhamento que permite à voz *dela*, e não à voz de críticas visionárias do dogma feminista, receber essa ampla atenção e aclamação. Roiphe termina o livro *dela* alertando as pessoas leitoras sobre os perigos do "zelo excessivo" em relação ao avanço de preocupações políticas, advertindo que isso pode levar a pontos cegos, à inclinação para o exagero, a distorções de perspectiva. Lamentavelmente, ela não permitiu que seu trabalho fosse orientado por essa ideia.

Embora seja útil para todos criticar excessos no movimento feminista, assim como erros e estratégias ruins, é importante para o futuro do feminismo que essas críticas retratem uma vontade genuína de fazer progredir a política feminista. Assim como Roiphe, quando jovem escrevi um livro feminista muito provocativo. E sei, por experiência própria, quanto é importante para pensadoras feministas jovens serem corajosas em relação a seus pensamentos e a suas ações, exigirem o direito e o poder de falar o que pensam. Ao mesmo tempo, é igualmente importante que nós, pessoas que defendem o feminismo, jovens e velhas, mulheres e homens, continuamente analisemos nosso coração e nossa mente para ter certeza de que nossos interesses não sejam motivados por preocupações oportunistas nem articulados de tal modo raso que espelhem e disseminem sentimentos antifeministas. Embora meus livros critiquem e questionem rigorosamente aspectos dos pensamentos feministas, eles também insistem na primazia de um audacioso compromisso feminista de acabar com o sexismo e a opressão sexista. Um movimento feminista progressista e revolucionário deve acolher o conflito construtivo, a confrontação e a dissidência, além de criar contexto para eles. Por meio dessa troca dialética de ideias, pensamentos e visões, confirmamos o poder transformador da política feminista.

10.
não mais seduzidos pela violência

Vivemos em uma cultura que tolera e celebra o estupro. Em meio a um estado patriarcal falocêntrico, mulheres são estupradas por homens num ritual que diariamente eterniza e mantém a opressão e a exploração sexista. Não podemos ter esperança de transformar a "cultura do estupro" sem nos comprometermos totalmente a resistir ao patriarcado e a erradicá-lo. Em seu recente ensaio *Black America: Multicultural Democracy in the Age of Clarence Thomas and David Duke* [Os Estados Unidos negros: democracia multicultural na era de Clarence Thomas e David Duke], Manning Marable escreveu:

> Estupro, abuso conjugal, assédio sexual no trabalho são essenciais para a perpetuação de uma sociedade sexista. Para o sexista, a violência é a parte necessária e lógica do relacionamento desigual, explorador. A fim de dominar e controlar, o sexismo requer violência. Portanto, não por acidente, estupro e assédio sexual fazem parte da estrutura das relações de gênero dentro de uma ordem sexista.

Essa não é uma revelação nova. Em todo o nosso trabalho como pensadoras e ativistas, mulheres feministas comprometidas afirmam o mesmo raciocínio repetidas vezes. No entanto, é importante reconhecer que nosso movimento para transformar a cultura do estupro só progredirá quando homens tiverem um pensamento feminista e desafiarem ativamente o sexismo e a violência masculina contra mulheres. Ainda mais significativo é o fato de Marable falar contra uma ordem sexista a partir de sua posição como crítico social afro-estadunidense.

Os homens negros, privados por completo de seus direitos em quase todos os âmbitos da vida nos Estados Unidos, com frequência pensam que a afirmação da dominação sexista é seu único acesso expressivo ao poder patriarcal que, disseram-lhes, todos os homens deveriam possuir como direito nato decorrente do gênero. Portanto, não deveria ser surpreendente nem chocante o fato de que muitos homens negros apoiam e celebram a "cultura do estupro". Essa celebração encontrou sua voz contemporânea mais potente no rap misógino. Existem vozes alternativas poderosas. A grande mídia presta pouca atenção nos homens negros que se opõem ao falocentrismo, à misoginia e ao sexismo. A versão de masculinidade obcecada pelo falo, promovida por ícones pop negros como Spike Lee e Eddie Murphy, é um chamado para que homens negros "de verdade" sejam sexistas com orgulho, para que estuprem e ataquem mulheres negras e se gabem disso. Vozes masculinas negras alternativas e progressistas do rap ou do cinema recebem pouca atenção, mas existem. Há até mesmo homens negros que fazem "rap contra estupro" (o slogan deles), mas sua voz não é valorizada na cultura patriarcal.

No geral, a celebração cultural do falocentrismo do homem negro assume a forma de comoditização dessas expressões do que é "da hora", para glamorizar e seduzir. Homens negros heterossexuais que a cultura considera mais desejáveis como amigos ou parceiros eróticos tendem a impor uma masculinidade obcecada pelo falo. Eles podem falar firme e agir agressivamente. Podem se gabar de disciplinar a mulher, de se assegurar de que as "cadelas" os respeitarão. Muitos homens negros investem muito na disseminação e na manutenção da cultura do estupro. Muito de seu senso de valor e de sua autoestima está ligado à imagem do macho patriarcal. Esses irmãos não estão dispostos a renunciar à masculinidade fálica. Isso ficou bastante evidente durante o julgamento de Mike Tyson. Irmãos de toda parte argumentavam que a reclamante negra não deveria ter ido de madrugada ao quarto de hotel do boxeador se não tivesse intenção de transar loucamente. Como um jovem irmão me disse na semana passada: "Quer dizer, se uma irmã vem ao meu quarto tarde daquele jeito, eu acharia que ela tem algo em mente". Quando sugeri a ele e a seus amigos que uma mulher pode visitar o quarto de um homem de quem ela gosta, altas horas da noite, porque talvez esteja com vontade de conversar, todos balançaram a cabeça, dizendo: "De jeito nenhum". O sexismo desses jovens está profundamente arraigado, num compromisso seríssimo com a cultura do estupro.

Como muitos homens negros, eles se enfurecem com qualquer apelo feminista para repensar a masculinidade e se opor ao patriarcado. E os irmãos corajosos que o fazem, que repensam a masculinidade, que rejeitam o patriarcado e a cultura do estupro, descobrem com frequência que não conseguirão entrar no jogo, porque as mesmas mulheres que talvez critiquem a falta de senso de homens machistas se contradizem quando deixam evidente que acham os "irmãos inconscientes" mais atraentes.

Em campi universitários em todos os cantos dos Estados Unidos, converso com esses homens negros e escuto suas frustrações. Eles tentam se opor ao patriarcado; ainda assim, são rejeitados por mulheres negras por não serem suficientemente masculinos. Isso faz com que se sintam perdedores. A sensação é que a vida deles não melhora quando fazem mudanças progressistas, quando validam o movimento feminista. Suas companheiras negras confirmam que, de fato, elas têm desejos contraditórios. Desejam que homens não sejam sexistas, mesmo que digam: "Mas quero que ele seja masculino". Quando pressionadas a definir "masculino", caem em representações sexistas. Fiquei surpresa com o número de jovens negras que repudiavam a noção de dominação pelo homem, mas depois insistiam na ideia de que não podiam desejar um irmão que não assumisse a responsabilidade, que não tomasse conta dos negócios, que não estivesse no controle.

As respostas delas indicam que há um grande obstáculo nos impedindo de transformar a cultura do estupro: mulheres heterossexuais não desaprenderam o "erotismo" baseado na heterossexualidade, que constrói o desejo de tal modo que muitas de nós sabem responder eroticamente apenas ao comportamento já codificado como masculino, dentro do modelo sexista. Vou dar um exemplo do que quero dizer. Durante a maior parte da minha vida erótica heterossexual, estive envolvida com homens negros que estão de acordo com a masculinidade obcecada pelo falo. Por mais de dez anos, estive em um relacionamento não monogâmico com um homem negro comprometido com o comportamento não sexista em quase todos os aspectos da vida cotidiana — a grande exceção era o quarto de dormir. Aceitei a insistência de meu parceiro para que seus desejos sexuais fossem atendidos em quaisquer circunstâncias em que eu fizesse insinuações sexuais (beijos, carícias, e assim por diante). Consequentemente, nosso relacionamento não era do tipo em que eu me sentia livre para iniciar jogos sexuais sem avançar e me envolver em coito. Com frequência, sentia que era obrigada a me envolver em relações sexuais quando não queria.

Nas minhas fantasias, eu sonhava estar com um homem que respeitasse completamente meus direitos sobre meu corpo, meu direito de dizer não, minha liberdade de não prosseguir em qualquer atividade sexual que não desejasse, mesmo se tivesse sentido, inicialmente, que queria ser sexual. Quando saí desse relacionamento, eu estava determinada a escolher parceiros homens que respeitassem meus direitos sobre meu corpo. Homens que não pensassem que a manifestação mais importante do amor de uma mulher é satisfazer o desejo sexual dele. Homens que conseguissem respeitar o direito de uma mulher de dizer não, independentemente da circunstância.

Passaram-se anos até eu encontrar um parceiro que respeitasse esses direitos de maneira feminista, e fizemos um pacto: nenhum dos dois jamais se envolveria em qualquer ato sexual do qual não desejasse participar. Fiquei eufórica. Com esse parceiro me senti livre e segura. Senti que poderia optar por não fazer sexo sem me preocupar com a possibilidade de essa escolha afastar ou irritar meu parceiro. Embora a maioria das mulheres se impressionasse com o fato de eu ter encontrado um parceiro assim, elas duvidavam que esse pudesse ser um compromisso escolhido em prol da liberdade da mulher por parte de qualquer homem; elas fizeram perguntas, ficaram desconfiadas. Ao enaltecê-lo para amigas e conhecidas, muitas vezes me disseram: "Garota, é melhor você tomar cuidado: o cara deve ser gay". Também comecei a ter dúvidas. Nada no modo como esse cara se comportava era familiar. A masculinidade dele não era aquela obcecada pelo falo que despertara em mim sentimentos de prazer e perigo durante a maior parte de minha vida erótica. Ao mesmo tempo que gostava do comportamento alternativo dele, eu sentia uma perda de controle, do tipo que experimentamos quando não estamos mais agindo dentro da estrutura socializada de comportamento heterossexual familiar e aceitável. Fiquei preocupada com a possiblidade de ele não me achar realmente desejável. Então me perguntei se a ênfase agressiva no desejo dele, na necessidade de "buceta", teria me tranquilizado. Foi quando me pareceu que eu precisava repensar a natureza do erotismo heterossexual da mulher, especificamente em relação à cultura negra.

Ao questionar minhas reações de maneira crítica, confrontei a realidade de que, apesar de todos os meus anos de oposição ao patriarcado, eu não havia contestado ou transformado completamente a estrutura do meu desejo. Ao permitir que meu desejo erótico ainda fosse determinado em alguma medida pelas construções sexistas convencionais, eu estava agindo em cumplicidade com o pensamento patriarcal. Resistir ao patriarcado, em última análise, significava que eu precisava me reconstruir como sujeito heterossexual, sujeito de desejo, de um jeito que tornasse possível, para mim, ser totalmente despertada pelo comportamento não falocêntrico do homem. Em termos simples, foi necessário aprender como ser sexual com um homem em um contexto no qual o prazer e o tesão dele são descentralizados, e no qual o foco está no prazer mútuo. Isso significou aprender a gostar de estar com um parceiro que sabia ser sexual sem enxergar o coito como a expressão máxima do desejo.

Ao conversar com mulheres de diferentes idades e etnias sobre esse assunto, fico mais convencida do que nunca de que mulheres que se envolvem em atos sexuais com homens devem não apenas questionar a natureza da masculinidade que desejam mas também construir ativa e radicalmente maneiras novas de pensar e sentir como sujeitos desejantes. Ao moldar nosso erotismo de maneira a rejeitar o falocentrismo, nós nos opomos à cultura do estupro. Não vem ao caso se isso altera o comportamento masculino sexista. Uma mulher que queira se envolver em atos eróticos com um homem sem reforçar o sexismo tem muito mais chances de evitar ou rejeitar situações em que possa ser vitimada. Ao se recusarem a atuar dentro da estrutura heterossexista que tolera a dominação erótica masculina de mulheres, elas ativamente enfraquecem o patriarcado.

Sem dúvida, nossa recusa coletiva e consciente em agir de maneiras que nos tornem cúmplices da perpetuação da cultura do estupro, dentro da esfera das relações sexuais, enfraqueceria a estrutura. Ao mesmo tempo, quando mulheres heterossexuais não forem mais atraídas por homens machistas, a mensagem enviada aos homens será, pelo menos, consistente e clara. Isso seria uma grande intervenção no esforço geral para transformar a cultura do estupro.

11.
cultura *gangsta* — sexismo e misoginia: quem levará a culpa?

Nos últimos meses, representantes da mídia convencional branca têm entrado em contato comigo para ouvir minha opinião sobre o rap *gangsta*.[14] Sejam grandes redes de televisão, sejam pequenos programas de rádio independentes, procuram-me para obter o ponto de vista feminista e negro sobre o assunto. Depois de expressar o que penso, nunca mais sou chamada, não me convidam para os programas de televisão nem para falar no rádio. Desconfio que me ligam confiantes de que, ao conversarmos, escutarão o radical ataque feminista ao rap *gangsta*. Mas quando, ao invés disso, deparam-se com a crítica feminista radical ao patriarcado supremacista branco capitalista, perdem o interesse.

Para os meios de comunicação de massa dominados por homens brancos, a controvérsia sobre o rap *gangsta* é um grande espetáculo. Além da exploração desses assuntos para atrair público, a motivação principal para pôr o rap *gangsta* em destaque continua a ser o drama sensacionalista de demo-

---

14 Gênero da música hip-hop criado nos Estados Unidos na década de 1980. Suas letras retratam explicitamente a violência e o uso de drogas no dia a dia das gangues presentes em grandes cidades. [N.E.]

nizar a cultura jovem negra, em geral, e as contribuições dos homens negros jovens, em particular. É uma releitura contemporânea do filme *O Nascimento de uma Nação* (1915), porém, desta vez, levam-nos a acreditar que não é apenas a mulheridade branca vulnerável que corre o risco de ser destruída por mãos negras, mas todo mundo. Quando me oponho a essa demonização de homens negros ao insistir que o rap *gangsta* não aparece em um vácuo cultural e não é um produto criado isoladamente, dentro de um mundo negro segregado, e sim uma expressão do cruzamento, da mistura e do engajamento da cultura negra jovem com os valores, os comportamentos e as preocupações da maioria branca, algumas pessoas param de me escutar.

As maneiras sexistas, misóginas e patriarcais de pensar e de se comportar, glorificadas no rap *gangsta*, refletem os valores predominantes em nossa sociedade, criados e sustentados pelo patriarcado supremacista branco capitalista. Como expressão mais crua e brutal do sexismo, atitudes misóginas tendem a ser retratadas pela cultura dominante sempre como expressões de desvio do homem. Na realidade, são parte de um continuísmo sexista, necessário para a manutenção da ordem social patriarcal. Ainda que patriarcado e sexismo continuem a ser as normas políticas e culturais em nossa sociedade, o movimento feminista criou um ambiente propício ao questionamento de expressões cruas de dominação masculina, sobretudo se partirem de homens que estão no poder. É útil pensar a misoginia como um campo que deve ser trabalhado e mantido tanto para sustentar o patriarcado como para nutrir uma reação antifeminista. E qual grupo poderia ser melhor para trabalhar nessa plantation do que homens negros jovens?

Entender que o rap *gangsta* é mais um reflexo de valores dominantes em nossa cultura do que um posicionamento patológico aberrante não significa dispensar a crítica e o questionamento feminista rigoroso ao sexismo e à misoginia expressos nessa música. Sem dúvida, homens negros, jovens e velhos, devem ser politicamente responsabilizados por seu sexismo. Mas essa crítica deve ser sempre contextualizada, ou corremos o risco de fazer parecer que os problemas de misoginia, sexismo e todos os comportamentos que esse pensamento aceita e apoia, incluindo estupro e violência de homens contra mulheres, é coisa de homens negros. E é isso que está acontecendo. Jovens negros são forçados a aceitar a culpa porque incentivam, por meio da música, ódio e violência contra mulheres — o cerne do patriarcado.

Vejamos o artigo recente de Brent Staples no *New York Times* intitulado "The Politics of Gangster Rap: A Music Celebrating Murder and Misogyny" [A política do rap gângster: uma música que celebra assassinato e misoginia]. Ao definir esse território, Staples escreve: "Para quem não está acompanhando, o rap gângster é aquela música bastante bem-sucedida em que todas as mulheres são 'cadelas' e 'putas', e homens jovens se matam por esporte". Não há nenhuma menção ao patriarcado supremacista branco capitalista nesse artigo. Nenhuma palavra sobre o contexto cultural que precisaria existir para que homens jovens fossem socializados a fim de pensar de maneira diferente sobre gênero. Nenhuma palavra sobre feminismo. Staples presume, inadvertidamente, que homens negros estão escrevendo letras de música lá na "selva", longe do impacto da socialização e dos desejos convencionais. Em nenhum momento ele questiona por que um grande público, principalmente consumidores homens brancos jovens, se anima tanto com essa música, com a misoginia e o sexismo, com a brutalidade. De onde vêm a raiva e a ira contra mulheres que se expressa nessa música? De onde vem a glorificação de todos os atos de violência? Essas são as perguntas difíceis que Staples não sente necessidade de responder.

Não se pode respondê-las honestamente sem responsabilizar estruturas de dominação maiores (sexismo, racismo, elitismo de classe) e indivíduos (com frequência brancos e em geral homens, embora nem sempre) posicionados hierarquicamente de forma a manter e perpetuar os valores que sustentam esses sistemas exploradores e opressivos. Isso significa enxergar criticamente as políticas de consumismo hedonista, os valores de homens e mulheres que produzem rap *gangsta*. Significa considerar a sedução de homens negros jovens que acreditam conseguir ganhar mais dinheiro escrevendo letras de música que promovem violência, sexismo e misoginia do que com qualquer outro conteúdo. Quantos homens negros privados de seus direitos não se entregariam a expressões violentas de sexismo se soubessem que as recompensas seriam poder material e fama sem precedentes?

Acima de tudo, o rap *gangsta* celebra o mundo material da competição selvagem, onde você faz o que for preciso para ter sucesso, mesmo que isso signifique foder pessoas e tirá-las do seu caminho. Nessa perspectiva de mundo, matar é necessário para sobreviver. De maneira significativa, a lógica aqui é uma expressão crua da lógica do patriarcado supremacista branco capitalista. Em seu novo livro, *Sexy Dressing Etc.* [Vestir-se de modo sexy etc.], o professor de direito Duncan Kennedy, homem branco privilegiado, expõe o que ele chama de "um conjunto de caracterizações gerais da cultura dos Estados Unidos", explicando que "é individual (caubóis), material (gângsteres) e filisteia". Essa descrição geral da cultura convencional não nos levaria a posicionar o rap *gangsta* às margens do que é essa nação, e sim no centro. Mais do que ver o rap *gangsta* como subversão ou ruptura da norma, precisaríamos enxergá-lo como *incorporação* da norma.

Esse ponto de vista ficou explícito em *Perigo para a Sociedade* (1993), um drama que retrata jovens negros matando por esporte, cujas cenas envolvem um público voyeur que assiste à matança e, em muitos casos, se diverte com ela. Em determinado ponto do filme, vemos que os jovens negros aprenderam seus valores gângsteres assistindo a produções cinematográficas e televisivas em que gângsteres brancos são protagonistas. Essa cena é importante porque mina qualquer noção de negritude "essencialista", que levaria espectadores a acreditarem que o gangsterismo adotado por esses jovens negros surgiu de alguma experiência cultural negra singular.

Quando recentemente entrevistei o artista de rap Ice Cube para a revista *Spin*, ele falou sobre a importância do respeito às mulheres negras e da comunicação entre os gêneros. Em nossa conversa, ele se manifestou contra a violência de homens contra mulheres, ainda que, por um lapso, tenha justificado letras antimulher no rap ao insistir na divisão santa/puta, segundo a qual o modo de se comportar de algumas mulheres determina como elas serão tratadas. Porém, quando a entrevista chegou à imprensa, ela tinha sido reduzida a pedaços. Mais uma vez, foi uma armadilha da grande mídia. As pessoas (sobretudo brancas e homens) pensaram que, se a feminista radical falasse com o garanhão durão, sairiam faíscas; seria um espetáculo demolidor, arrasador. Minha conversa com o irmão Cube sobre a autodeterminação política, espiritual e emocional do povo negro não gerou um bom texto. Não sei se a equipe de relações públicas de Ice Cube leu o artigo na íntegra e ficou preocupada que pudesse ser uma imagem muito suave, mas é óbvio que as pessoas na revista não obtiveram o espetáculo sombrio que procuravam.

Depois dessa conversa, e depois de falar com outros rappers e com pessoas que escutam rap, ficou óbvio que, embora o sexismo dos homens negros seja real e um problema sério em nossas comunidades, algumas das coisas mais misóginas na música negra estavam ali para provocar controvérsia, para atrair público. Em lugar nenhum isso é mais evidente do que na imagem usada na capa do álbum *Doggystyle* (1993), de Snoop Doggy Dogg. Um crítico negro de cultura e música me ligou do outro lado do oceano para perguntar se eu tinha visto tal imagem, disse que era uma das primeiras vezes em sua vida de consumidor de música que sentiu estar diante de uma imagem tão ofensiva em termos de sexismo e misoginia e que não queria levar aquilo para casa. A imagem — composta por uma casinha de cachorro, uma placa com os dizeres "cuidado com o cão", uma mulher negra nua com metade do corpo dentro da casinha e a bunda pelada empinada para fora — foi reproduzida, sem crítica, na edição de 29 de novembro de 1993 da revista *Time*. A resenha musical positiva para esse álbum, escrita por Christopher John Farley e intitulada "Gangsta Rap, Doggystyle", não faz nenhuma menção ao sexismo e à misoginia, nem faz referência à capa. Se o corpo nu de uma mulher branca estivesse dentro da casinha de cachorro, presumivelmente esperando para ser fodida por trás, eu me pergunto se a *Time* teria reproduzido a imagem da capa com a resenha. Quando vejo o desenho pornográfico que adorna a capa de *Doggystyle*, não penso simplesmente no sexismo e na misoginia dos jovens negros, penso também nas políticas sexistas e misóginas de homens e mulheres brancos adultos poderosos (e pessoas de cor) que ajudaram a produzir e comercializar esse álbum.

Em seu livro *Misogynies* [Misoginias], Joan Smith compartilha sua percepção de que a maioria das pessoas está disposta a reconhecer o tratamento injusto dado às mulheres e a discriminação com base no gênero, mas essas mesmas pessoas, em geral, relutam em admitir que o ódio a mulheres é incentivado porque ajuda a manter a estrutura de dominação masculina. Smith escreve: "A misoginia tem muitos disfarces, revela-se de diferentes formas, as quais são determinadas por classe, riqueza, educação, raça, religião e outros fatores, mas sua principal característica é sua capacidade de disseminação". Essa ideia reverberou em minha mente quando assisti ao aclamado filme *O Piano* (1993), de Jane Campion, em meio ao foco da grande mídia em sexismo e misoginia no rap *gangsta*. Muitos amigos do mundo das artes tinham me falado que esse era "um filme incrível, uma história de amor verdadeiramente cativante". A reação deles foi reiterada por inúmeras resenhas positivas. Ninguém, ao falar desse filme, menciona misoginia e sexismo ou patriarcado supremacista branco capitalista.

O mundo do século xix, da invasão branca da Nova Zelândia, é totalmente romantizado nesse filme (inclusive pelos escurinhos felizes e dóceis, os nativos Maori, que parecem não ter nada com que se preocupar no mundo). E, quando o filme indica que eles se incomodam com os colonizadores brancos abrindo os túmulos de seus ancestrais mortos, é o pobre homem branco solidário que vem ajudá-los. Assim como a conquista de nativos e terras é glamorizada, a conquista da feminilidade também é, personificada na mulheridade branca por Ada, a escocesa pálida, atônita, que parece um cadáver e viaja para essa região selvagem porque seu pai providenciou um casamento arranjado com o colonizador branco Stewart. Embora muda, Ada expressa sua habilidade artística, a intensidade de sua visão e de seus sentimentos, tocando piano. Essa paixão atrai Baines, o colono branco analfabeto que usa as tatuagens faciais dos Maori, um ato de apropriação que, como a figura tradicional de Tarzan, faz com que ele pareça perigoso e romântico. Ele é o "negro branco" de Norman Mailer. Baines seduz Ada, prometendo devolver o piano que Stewart entregara a ele em troca de terras, e o filme nos leva a acreditar que o hábito apaixonado de Ada de tocar piano é mera substituição do erotismo reprimido. Quando ela aprende a se entregar sexualmente, deixa de precisar do piano. Assistimos ao clímax apaixonado da sedução de Baines quando, por vontade própria, ela o procura sexualmente. Assistimos ao marido dela, Stewart, no papel de voyeur, em pé, com seu cachorro, do lado de fora da cabana onde os amantes transam, consumindo o prazer deles enquanto os vê. Em vez de brochar com o amor dela por Baines, isso parece excitar a paixão de Stewart; ele anseia por possuí-la ainda mais. Incapaz de reconquistá-la, ele expressa sua raiva enraizada na misoginia e no sexismo atacando-a fisicamente e cortando seu dedo com um machado. Esse ato de violência do homem ocorre tendo a filha de Ada, Flora, como testemunha. Ainda que traumatizada pela violência a que assiste, a menina está prestes a seguir as ordens do patriarca branco e levar o dedo ensanguentado da mãe para Baines, junto da mensagem de que, cada vez que ele se encontrar com Ada, ela sofrerá uma mutilação física.

A violência contra terras, nativos e mulheres nesse filme, ao contrário daquela do rap *gangsta*, é retratada de forma acrítica, como se fosse "natural", um clímax inevitável de paixões conflitantes. O resultado dessa violência é todo positivo. Por fim, o filme sugere que a raiva de Stewart era apenas expressão de inveja sexual irracional; depois, ele volta a si e é capaz de retomar a "razão". Para manter o uso da mulher na troca entre homens, ele dá Ada e Flora a Baines. Eles deixam a região selvagem. Na viagem, Ada exige que seu piano seja jogado ao mar, porque está "sujo", manchado por lembranças horríveis. Ao desfazer-se dele, ela abandona seu desejo de mostrar paixão por meio da expressão artística. Baines, Ada e Flora, agora um núcleo familiar, se reinstalam e vivem felizes para sempre. De repente, a ordem patriarcal é restaurada. Ada torna-se uma esposa modesta, vestindo um véu sobre a boca, para que ninguém veja seus lábios se esforçando para falar as palavras. Flora não tem nenhuma memória do trauma e é uma criança feliz dando cambalhotas. Baines está no comando.

O Piano seduz e anima o público com seu retrato acrítico do sexismo e da misoginia. Crítica e público parecem assumir que o gênero de Campion, assim como sua ruptura dos limites tradicionais que inibem o avanço das mulheres no cinema, indicam que seu filme expressa um posicionamento feminista. De fato, ela emprega tropos feministas, mesmo que seu trabalho traia perspectivas feministas da realidade das mulheres ao celebrar e erotizar a dominação pelo homem. A discussão de Smith sobre misoginia enfatiza que o ódio à mulher não é exclusivamente competência dos homens: "Estamos todos expostos à ideologia predominante de nossa cultura, e algumas mulheres aprendem cedo que conseguem prosperar ao imitar a misoginia dos homens; essas são as mulheres que ganham benefícios temporários depreciando outras mulheres, reproduzindo preconceitos masculinos e agindo como a 'mulher do homem'". Tendo em vista que esse filme não é um documentário que precisa permanecer fiel ao *ethos* de seu contexto histórico, por que Campion não resolve os conflitos de Ada, oferecendo-nos um cenário imaginário no qual é possível à mulher ter um compromisso artístico passional *e* encontrar plenitude em um relacionamento apaixonado? Isso não seria mais improvável do que seu retrato cinematográfico da transformação milagrosa de Ada da mudez à fala. Em última análise, *O Piano* promove o pressuposto sexista de que mulheres heterossexuais desistirão da prática artística para encontrar o "amor verdadeiro". Essa rendição "positiva" é encorajada pelo retrato "romântico" do sexismo e da misoginia.

Embora eu não acredite que jovens rappers negros tenham corrido aos montes para ver *O Piano*, há um vínculo entre as pessoas envolvidas em alta cultura que aceitam e celebram as ideias e os valores sustentados nesse filme e aquelas que aceitam e celebram o rap *gangsta*. Certamente, a descrição dos Estados Unidos por Kennedy como uma cultura "caubói, gângster e filisteia" também descreveria com precisão a cultura representada em *O Piano*. Filmes populares vistos por jovens negras — por exemplo, *Proposta Indecente* (1993), *Uma Mulher para Dois* (1992), *Amor à Queima-Roupa* (1993), *Um Passo em Falso* (1992) — erotizam a dominação do homem, que se expressa por meio do uso da mulher em alguma troca, além da subjugação de outro homem por meio da violência brutal.

Uma imaginação branca racista pressupõe que a maioria dos jovens negros, em especial os pobres, vive em um vácuo cultural criado por eles mesmos, sem influência de valores culturais convencionais. No entanto, é a aplicação desses valores, os quais se aprendem amplamente por meio de consumo passivo e acrítico da mídia de massa, o que é mais revelado no rap *gangsta*. Brent Staples está disposto a questionar a ideia de que "primitivismo urbano é romântico" quando diz que homens negros se tornam "homens de verdade" ao demonstrarem propensão para a prática de violência; contudo, permanece em silêncio resoluto sobre esse mundo da cultura branca privilegiada que, historicamente, romantiza o primitivismo e erotiza a violência masculina. Filmes contemporâneos como *Cães de Aluguel* (1992) e *Vício Frenético* (1992) celebram o primitivismo urbano. Muitas das obras cinematográficas artisticamente menos bem-sucedidas criam ou exploram a demanda cultural por representações explícitas de garanhões durões prontos para matar por esporte.

Reprovar o rap *gangsta* por seu sexismo e sua misoginia, e ainda assim aceitar e disseminar expressões dessa ideologia que denotam padrões burgueses (sem crueza, sem vulgaridade), não é exigir uma transformação da cultura do patriarcado. Ironicamente, muitos pastores negros sexistas e misóginos estão liderando os ataques contra o rap *gangsta*. Assim como o mundo convencional que apoia o patriarcado supremacista branco capitalista, eles estão mais preocupados em promover a causa da censura ao alertar para as representações obscenas das mulheres. Para eles, repensar e desafiar o sexismo, tanto na cultura dominante quanto na cultura negra, não é a questão.

A cultura branca convencional não está nada preocupada com o sexismo e a misoginia dos homens negros, principalmente quando é direcionada contra mulheres negras e crianças negras. Preocupa-se quando jovens consumidores brancos utilizam a cultura popular vernacular negra para corromper valores burgueses. Um garoto branco expressa sua raiva da mãe imitando o discurso característico de homens negros (uma história real); jovens brancos (e homens de cor de classe média) rejeitam as restrições do cativeiro burguês e a exigência de serem "civilizados" por meio de atos de agressão na vida doméstica. Esse é o público que sente uma necessidade desesperada de rap *gangsta*. É muito mais fácil atacar o rap *gangsta* do que confrontar a cultura que produz essa necessidade.

O rap *gangsta* é parte da reação antifeminista que está na moda agora. Quando jovens negros cultivam as plantations de misoginia e de sexismo para produzir rap *gangsta*, o patriarcado supremacista branco capitalista aprova a violência, e os recompensa materialmente. Longe de ser uma expressão de sua condição de homem, é uma expressão da própria subjugação e humilhação por forças mais poderosas e menos visíveis do gangsterismo patriarcal. Eles dão voz à raiva brutal, crua, e à ira contra as mulheres, um tabu para homens adultos "civilizados". Não é de admirar, portanto, que tenham a tarefa de orientar os jovens, ensinando-os a erotizar e apreciar expressões brutais dessa raiva (tanto na linguagem quanto nas ações), antes que aprendam a disfarçá-la no decoro da classe média ou a reivindicar a masculinidade perdida ao estilo Robert Bly.[15] E a tragédia

---

15 Robert Bly (1926-2021) foi um poeta, ensaísta e ativista estadunidense. É autor de *João de Ferro: um livro sobre homens* (1990), considerado o texto-chave do Movimento dos Homens Mitopoéticos, formado na década de 1980 por homens brancos heterossexuais e economicamente privilegiados. Liderados por Bly, argumentavam que, como resultado da vida moderna, os homens haviam se alienado de sua verdadeira natureza, o chamado "masculino profundo", incorporado por figuras míticas, como João de Ferro, personagem de um conto de fadas alemão. Sugeriam então a criação de "novos" homens, que não seriam duros e competitivos em excesso, tampouco tão gentis. [N.E.]

dos jovens negros é que são facilmente ludibriados por uma visão de masculinidade tóxica que só pode levá-los à destruição.

As críticas feministas ao sexismo e à misoginia no rap *gangsta* e em todos os aspectos da cultura popular devem continuar ousadas e audaciosas. Mulheres negras, não podemos deixar que nos trapaceiem para apoiarmos merdas que nos machucam sob o pretexto de estarmos ao lado dos nossos homens. Se homens negros estão nos traindo por meio de atos de violência, ao resistir, salvamos a nós mesmas e à raça. No entanto, nossas críticas feministas ao sexismo do homem negro fracassam como intervenções políticas significativas se procuram demonizar homens negros e não reconhecem que nosso trabalho revolucionário é transformar o patriarcado supremacista branco capitalista nas múltiplas áreas da nossa vida em que se manifesta, seja no rap *gangsta*, seja na igreja negra, seja no governo Clinton.

12.
cultura Ice Cube: uma paixão em comum por falar a verdade

um diálogo entre
bell hooks e Ice Cube

BELL HOOKS   As pessoas estão muitíssimo empolgadas com a nossa conversa porque acreditam que existimos em mundos separados, já que trabalho com teoria feminista e todas essas outras coisas. Mas uma das razões para realmente querer conversar com você é que tenho um sentimento muito forte de que as pessoas negras precisam conversar umas com as outras, vencendo nossas diferenças. Tenho escutado demais *Predator* [Predador] e queria saber se você está experimentando uma variedade maior de estilos musicais ao fazer esse tipo de álbum mais suave, mesmo que as letras ainda sejam pesadas.

ICE CUBE   Bem, quero que cada disco tenha uma identidade própria. Não quero que os álbuns soem parecidos. Acho que *Amerikkka's Most Wanted* [Os mais procurados da Amérikkka] não se parece com *Death Certificate* [Certificado de óbito], e *Death Certificate* não se parece com *Predator*. Então, o que fiz no *Amerikkka's Most Wanted* foi usar a Bomb Squad[16] para fazer um som diferente; no *Death Certificate*, usei mais produtores da Costa Oeste para chegar àquele som. Aquele álbum foi como se

16 Produtora de hip-hop estadunidense. [N.E.]

eu estivesse preso no formato, com o lado Morte e o lado Vida. No *Predator*, não quis me fincar nesse tipo de formato. Só queria criar peças musicais. Só queria fazer um álbum, juntar essas coisas, colocá-las em ordem e chamar de disco. E, nesse álbum, quis de certa forma mostrar minhas habilidades como MC, com mais estilo, mensagens realmente políticas. Queria um álbum com identidade própria, simplesmente. É o que quero fazer em todos os discos, sabe? O próximo provavelmente será muito mais político do que qualquer coisa que já tenha lançado, só porque seria um álbum diferente.

BH Fico feliz que tenha levantado o assunto política, porque há meses abordo pessoas dizendo: "Se você tivesse oportunidade de conversar com Ice Cube, sobre o que conversaria?". E, em geral, as pessoas queriam falar sobre política e, mais especificamente, sobre licor de malte.[17] Na verdade não quero falar sobre isso tanto quanto gostaria de levantar a questão política sobre se importa ou não como ganhamos nosso dinheiro. Porque uma das coisas que tenho falado muito em minhas conversas este ano é que capitalismo negro não é autodeterminação negra. Isso não significa que não precisamos de capitalismo negro, mas não podemos confundir os dois.

IC Olha, essa é uma questão maluca, porque as pessoas dizem, bem, vender drogas uns para os outros, ou isso ou aquilo, é a forma errada de ganhar dinheiro. Você sabe todas essas coisas que as pessoas dizem.

---

17 Referência a peças publicitárias protagonizadas por Ice Cube para promover o licor de malte St. Ides na década de 1990. [N.E.]

BH Bem, por exemplo, acabei de comprar um Beamer[18] para mim de aniversário, e, por minha escrita ser muito política, várias pessoas disseram: "Como você pôde fazer isso?". Respondi: "Bem, merda, dirigi uma carroça por treze anos, sabe".

IC É ridículo. As pessoas realmente te perguntam por que você comprou um Beamer?

BH Mas acredito que as pessoas não entendem e por isso levantam a questão da diferença entre ser político e decidir a forma ética de gastarmos nosso dinheiro. Acho que todos nós merecemos o melhor.

IC Só porque somos negros e escrevemos da maneira como escrevemos não significa que não queremos as melhores coisas na vida. E não significa que não queremos uma casa legal, grande, e todas as mordomias. E, se trabalhamos e ganhamos dinheiro, deveríamos conseguir comprar essas coisas sem a vizinhança perguntar: "Por que você vem usando isso ou por que anda por aí naquilo?". Não acho mesmo que o modo como gastamos dinheiro como indivíduos seja relevante. A questão é que ninguém quer ser seguidor; todo mundo quer ser seu próprio líder. Ninguém quer usar dinheiro em projetos coletivos. Há muitas pessoas negras ricas nos Estados Unidos, mas ninguém quer usar o dinheiro, tipo, vou investir com fulano de tal e vamos tentar fazer isso e organizar aquilo e abrir um mercado no bairro. Veja, esse é o problema que tenho e acho que é só por causa do auto-ódio.

18 Apelido em inglês para os veículos da marca BMW. [N.E.]

BH A questão do amor e do auto-ódio é algo que você aborda muito. Gostaria que falasse um pouco sobre homens negros e a questão do amor-próprio. Acredito muito que precisamos ter uma luta pela libertação negra renovada, mas me parece que há muita coisa impedindo isso.

IC É difícil ser negro nos Estados Unidos. Olhe para todas as imagens com as quais nos deparamos na televisão, na escola, em todos os lugares. É difícil. É preciso lutar para se amar. Eles fazem todo mundo parecer ruim. Não nos incluem em nada, sabe. Nosso auto-ódio é culpa deles, principalmente. De fato, precisamos nos esforçar para amar a nós mesmos, porque todas essas imagens da TV branca são a única coisa que vemos. Então, quando olhamos no espelho, mudamos nossos cabelos, mudamos nossos olhos, tentamos mudar nossas características físicas, tentamos não ser negros. Temos de reverter isso.

BH Sei que você é pai, que tem um filho. O que você está fazendo para que seja possível que ele ame a si mesmo?

IC Olha, quando cresci, não tinha muitos negros... Sabe, você lembra, tipo as fotos na sua casa e tal?

BH Ah, sim.

IC E, veja, a gente não tinha... Tenho fotos de um homem negro e de uma mulher negra puxando uma bandeira dos Estados Unidos como um cabo de guerra. Tenho fotos e imagens por toda a casa — de Elijah Muhammad, Master Farrar,

Muhammad, uma foto que um cara fez para mim em que um homem negro está esticando o braço para baixo e há o braço de outro homem negro, como se um estivesse tentando ajudar o outro a se levantar, tenho fotos de Malcolm X, tenho calendários e tal. Só para mostrar e dar a eles uma imagem de quem somos, para quando vierem até mim e disserem: "Quem é esse?". Meu filho é muito novo para saber realmente quem são essas pessoas. Quando chegar a hora e ele disser algo como "quem é esse?", serei capaz de explicar melhor para ele e de lhe dar uma ideia do tempo e de quem ele é.

BH Encontro muitas pessoas negras, e elas dizem: "Tenho fotografias na parede, mas minha filhinha chegou da escola e disse que quer ser loira", ou algo do tipo. Me parece que uma de nossas crises é que não importa o que façamos em casa, mandamos essas crianças para um mundo que não as valoriza, não valoriza a negritude. O que você pensa que podemos fazer para combater isso? Porque seus pares, às vezes, influenciarão mais do que o que ocorre em casa.

IC Sim. Penso que eles fazem o branco parecer tão bom, tão agradável, tão doce. Minha esposa já tinha um filho. Quando a conheci, ele tinha três anos. Agora tem quase seis anos, então consigo realmente explicar para ele. Digo: olha, isso é o que fizeram com a gente e isso é o que continuam fazendo com a gente. Acabamos amando o branco mais do que amamos a nós mesmos. Então é preciso fazer com que isso não seja atraente. Eles precisam ser considerados culpados pelas coisas que fizeram para pessoas não brancas em todo o mundo. Então, quando você explica assim para as crianças, as pessoas brancas não parecem tão atraentes. E aí você começa a bombear amor por si mesmo e reverte lentamente o processo. Mas precisa quase lutar contra seu corpo para se amar por aqui, porque você vê muitas representações de si que não são boas.

BH Li que você gostou do filme do Malcolm; ele realmente me irritou, como mulher negra, porque senti que isso é exatamente o que Spike fez com a mulher branca: ele a fez parecer mais sexy, mais atraente.

IC Não disse que gostei do filme do Malcolm X; disse que é interessante.

BH Eu diria isso também.

IC É um filme interessante. Tenho questões em relação a ele, sabe, mas acho que a melhor pessoa com quem conversar sobre isso é Spike Lee.

BH Eu fiquei muito brava em nome de muitas mulheres negras. Embora a intenção fosse que Malcolm menosprezasse a mulher branca, uma vez que o filme se concentrou nela primeiro, por uma hora e quinze minutos esse relacionamento fica em pé de igualdade com o relacionamento dele com a esposa.

IC Sim, realmente não falaram dele e da esposa, a não ser uma vez ou outra.

BH Uma das nossas questões como pessoas negras é: se o grande público comprador for branco e quisermos alcançar esse público, até que ponto nos prejudicamos a fim de tentar alcançá-lo? Meus livros são produtos, são mercadorias. Quero vendê-los para o máximo de pessoas que os comprarem, certo?

IC Veja, sinto que alcancei mais sucesso ao não me prejudicar. E digo isto em entrevistas: faço álbuns para jovens negros, e os brancos estão basicamente xeretando meus discos. Mas não mudo o que estou dizendo. Não vou tirar essa ou aquela palavra porque garotos brancos estão comprando meus álbuns. Jovens brancos precisam escutar o que temos a dizer sobre eles, sobre seus antepassados, seus tios e todos os que nos fizeram mal. E a única maneira de escutarem isso sem cortes e sem censura é no rap, porque me recuso a censurar qualquer coisa que eu tenha a dizer sobre qualquer pessoa: a comunidade negra, os coreanos, qualquer um que eu sinta que atrapalha nossa harmonia. É essa pessoa que precisa ser não apenas atacada mas realmente controlada.

BH Como você concilia esse tipo de postura nacionalista com estratégias para alcançar um público maior, que parecem evidentes quando você se junta ao Red Hot Chili Peppers e ao Lollapalooza?

IC O Lollapalooza foi o festival sobre o qual conversei com Ice-T. Ele disse: "Bem, vocês querem tocar para apenas uma parte dos seus fãs ou querem tocar para todo mundo?". Sinto que realmente não importa para quem toco, desde que seja um espetáculo. Amo me apresentar. Sou viciado em me apresentar. (Risos.) Eu me apresentaria em uma boate com dezessete pessoas dentro. Então, quando isso apareceu e me convidaram para participar, eu disse ok, farei isso, porque, embora estejam xeretando nossos discos, eles precisam escutar.

BH Sei que você disse, e aqui cito diretamente: "Quando falo, não estou falando com os Estados Unidos dos brancos", e uma das coisas que eu disse é que sabemos que eles estão escutando. O que eles estão ouvindo?

IC Estão ouvindo exatamente o que precisam ouvir: um jovem homem negro falando e não levando em consideração os sentimentos. Acredito que o que eu digo é tão saudável para pessoas negras quanto para pessoas brancas. Os Red Hot Chili Peppers foram legais comigo. De fato, pessoas brancas chamaram atenção para essa coisa da cor e fizeram disso uma questão. Sabe, isso nunca foi a questão para pessoas negras. Pessoas negras não se importam se você é vermelho ou verde ou roxo, entende? Desde que você seja legal, podemos passar tempo juntos e relaxar. Sempre foram eles dizendo que você é negro, você é isso, você não é branco, tentando chegar a essa coisa de aniquilação genética. Só querem atrasar todo mundo. Mas, veja bem, isso nunca foi um problema de pessoas negras. Se você é legal comigo, não dou a mínima para sua cor. Mas, se você me foder, ou se seu povo me foder, então temos um problema.

BH Isso levanta uma questão muito interessante, porque eu estava pensando em consciência crítica e no fato de que músicas como a sua têm despertado a consciência de muitas pessoas negras sobre supremacia branca, mas, ainda assim, não estamos juntos. Você acredita que a mentalidade *gangsta* nos mantém separados?

IC Olha, eu não acho... Precisamos reverter muita coisa aqui. Minha mensagem é para apontar o dedo, entende? E responsabilizar as pessoas. Até mesmo nos responsabilizar. Não sinto que meus álbuns tenham uma mentalidade *gangsta*.

BH Não, não quis dizer os seus discos, e sim a mentalidade aí fora no mundo. Você acha que isso nos mantém separados como povo negro? Uma das coisas que Malcolm diz que é realmente importante para mim é que não precisamos nos preocupar com o modo como as pessoas brancas estão nos tratando, porque precisamos tratar uns aos outros com afeto.

IC Ah, sim, sem dúvida. Mas, se não me amo, não amo a imagem de mim mesmo, entende? Então você chega aqui na sua BMW, e, em vez de eu dizer: "Caramba, que carro legal", ou então até digo isso para você, mas pelas suas costas fico tipo: "Ah, isso e aquilo, ela acha que conseguiu, está com tudo". Entende? A coisa vem negativa, mas só porque não nos reeducamos para amar a nós mesmos e colocar o negro em primeiro lugar. E esse é o problema. Uma vez que fizermos isso, todos os nossos problemas estarão resolvidos, porque seremos capazes de confiar um no outro e de fazer negócios uns com os outros, e não seremos tão rápidos em matar uns aos outros.

BH Me parece que há um tipo de ideologia *gangsta* que diz: vou te matar se você me foder, ponto-final.

IC Bem, acho que essa é a lei do mundo. Olha, o que acontece é o seguinte, e isto desde lá atrás, na época da escravidão, quando as pessoas brancas faziam das pessoas negras escravas:

coloca-se a ganância à frente da humanidade. Então realmente nos despojaram de todo o nosso conhecimento da história toda e se tornaram nossos professores. Agora, o que fazemos é colocar a ganância à frente da humanidade. Portanto, para nós, é fácil matar e atirar uns nos outros pelo dólar todo-poderoso, porque é assim que nossos professores fazem.

BH Sei que você elaborou muitos argumentos políticos sofisticados pela autodefesa dos negros. Como você acha que podemos ensinar às nossas crianças a diferença entre autodefesa e violência sem sentido?

IC A maioria das pessoas envolvidas com violência está procurando problema. Precisamos ensinar nossas crianças que o confronto nem sempre é o melhor caminho para lidar com um problema — e estou falando de confronto físico. Mesmo que alguém lhe deva cinco dólares, você vai lá e dá uma surra na pessoa; você talvez tenha dado uma surra, mas você ainda não tem seus cinco dólares.

BH Então precisamos ensinar nossas crianças a negociar para obter seus cinco dólares, se isso for o desejado.

IC Sim, quer dizer, você tem de negociar. Mas chega um ponto em que você não consegue mais aguentar. Em alguns casos, a violência é muito, muito necessária. Quando se pensa em manifestações, se apenas fizéssemos piquetes e segurássemos cartazes e caminhássemos em uma grande fila durante um dia, as pessoas ficariam tipo: "Sim, você pode mesmo fazer o que quiser com eles, porque tudo o que farão é segurar cartazes". E eu não acho que negociar nesse nível seja necessário ou a coisa certa a se fazer. Acho que o que foi feito era a coisa certa a se fazer. Então você só precisa dizer a elas que há um tempo e um lugar para tudo. Há um tempo para a conversa e há um tempo para a violência.

BH   Já que estamos falando sobre violência, uma das coisas é que as pessoas amaram você em *Os Donos da Rua* (1991). Quer dizer, todos amamos você. Nós nos identificamos com você. Você era o personagem para amar. Mas você também era podre. Era quem vendia crack. Como acha que isso nos afeta, então, uma vez que todo mundo amou o seu personagem mais do que qualquer outro?

IC   Isso mostra que o Doughboy poderia ter sido qualquer um deles. Doughboy poderia ter sido Tre, Ricky, sabe.

BH   Mas Tre parece um banana, um bebê chorão. Ele era tão fraco. Parecia fraco no filme.

IC   Não, para mim parece que ele tenta fazer a coisa certa. Ele estava realmente frustrado com o bairro, porque tentava fazer a coisa certa enquanto todos os demais faziam a coisa errada. E acho que Doughboy teria sido exatamente como ele se tivesse tido a orientação certa, o pai certo. Há uma linha tênue entre todos eles. Tre estava prestes a ser como Doughboy por um minuto, até que pensou melhor.

BH   Sinto que, se eu fosse uma criança assistindo àquele filme, não ia querer ser ele, ia querer ser você, porque seu personagem era entusiasmado. Quer dizer, seu personagem era legal, seu personagem tinha sentimentos. Ou seja, por que ele não podia ser uma pessoa mais forte?

IC   Acredito que o diretor John Singleton tentou mostrar três pessoas diferentes que são amigas, sabe. Ele poderia ter dado a Tre um pouco mais de, como você disse, um pouco mais de entusiasmo, ainda que eu conheça pessoas que são certinhas como ele, mas não ficariam com a gente.

BH   Recentemente, dei uma palestra no Schomburg[19] com o filósofo negro Cornel West, e uma das coisas que estávamos dizendo é que as crianças não achavam aquele cara glamoroso. Não se quer ser ele porque ele quase não tinha humor, não tinha muita coisa. Parte do que tento fazer como professora é mostrar às pessoas que não é só porque você é professora e tem doutorado que precisa ser toda cansada, sem estilo e sem presença. Se apareço como se não tivesse estilo, não serei alguém sobre a qual jovens negros dirão: "Sim, isso é interessante, sabe, eu poderia ser alguém estável e ser assim, poderia ser sofisticado e ser assim". Porque dessa maneira os jovens olham para a gente e pensam: "Ela é legal, ela está por dentro das coisas. Quero ser daquele jeito". Pensando em amor verdadeiro pelo personagem, acho que a maioria das pessoas sentiu amor por você, porque seu personagem, ainda que perverso, foi apresentado como uma pessoa com sentimentos.

---

19 Schomburg Center for Research in Black Culture [Centro Schomburg de pesquisa em cultura negra], no Harlem, é uma das bibliotecas de pesquisa que integram a Biblioteca Pública de Nova York. Trata-se de uma instituição cultural dedicada à pesquisa, preservação e exibição de materiais com foco em afro-estadunidenses, diáspora e experiências africanas. [N.E.]

IC Como eu disse, ele poderia ter sido de um jeito ou de outro. Ele é um bom garoto por dentro, mas as circunstâncias o deixaram daquele jeito. No fim, isso expressou, na verdade, que eu só queria ser um cara qualquer por aqui, como todo mundo era. Eu não conseguia as coisas certas em casa. Acredito que é porque ele tinha profundidade e se parecia com uma pessoa, mais do que com qualquer um que estivesse trancado em casa, e aí tinha seus altos e baixos. Ele matou uma pessoa e chorou na varanda em um intervalo de menos de dez minutos. Era como todos esses jovens simplesmente enfiados na penitenciária. Eles são do mesmo jeito, só pegaram o caminho errado. Há uma linha tênue entre todos eles, porque todos poderiam trocar de posição a qualquer momento. A questão sobre nosso bairro, sabe, é que agora tem a criança que vem de um lar destruído e se torna a melhor criança. E há a criança que tem mãe e pai e é simplesmente descontrolada. Então sabemos que isso se inicia cedo. Mas precisamos começar a fazer algumas coisas de forma diferente.

BH Uma das coisas que você disse, que é muito importante, é a profundidade. Acho você, obviamente, uma pessoa muito profunda, contempladora, complexa na sua vida pessoal. Como podemos criar um contexto no qual mais pessoas possam ver essa complexidade?

IC É como dar um bife a um bebê. Não se pode fazer isso, entende? Simplesmente não posso, neste momento, não posso porque não acho que...

BH ... as pessoas estejam prontas?

IC Porque não quero mudar assim, de repente, entende? As pessoas me relacionam com o movimento Nação do Islã,[20] do qual certamente sou defensor, mas do qual não sou parte. Os muçulmanos têm má reputação, não devido ao que fizeram aqui nos Estados Unidos, mas veja os muçulmanos árabes, a imprensa conseguiu dar à palavra "muçulmano" má reputação, então, quando as pessoas escutam a palavra, pensam: "Ah, não, não, não, eu sou da igreja". Assim, se eu mudo de repente, vão dizer: "Ah, aqueles muçulmanos fizeram a cabeça dele". Eu desanimaria muitas pessoas. Conversei com o pastor sobre isso, eu realmente quero transmitir mais mensagens. Ele me disse que não é sábio mudar o discurso com as pessoas desse jeito. É preciso inserir as coisas gradualmente. Oferecer o que querem, mas inserir gradualmente as coisas sem ser percebido, e acredito ser isso o que estou fazendo agora. E muito em breve chegarei ao ponto em que as crianças estarão vindo até mim, dizendo: "Você precisa falar mais sobre isso e falar mais sobre aquilo". Agora mesmo é simplesmente um momento de iluminação, porque as crianças que me escutam, o que elas escutam é negro isso e negro aquilo. Mas, com os meus álbuns, elas dizem: "Caramba, é verdade". Então acende aquela luz que está nelas. Portanto, estou tentando evoluir a ponto de poder fazer discos estritamente políticos e ainda conseguir o mesmo amor das pessoas.

BH Bem, uma coisa recorrente em todos os seus álbuns é a representação de homens negros como arquitetos e represen-

---

20 Em inglês, Nation of Islam (NOI), organização muçulmana política dos Estados Unidos que teve papel preponderante no nacionalismo negro, especialmente nos anos 1950 e 1960, quando Malcolm X era um de seus membros. [N.E.]

tações do mal. Quem é o principal predador hoje? Estamos atacando uns aos outros?

IC   Óbvio, sim, esse é o caso, mas não é o foco dos meus álbuns.

BH   Fale um pouco mais sobre quem é o predador e como você vê o conceito de "predador".

IC   Creio que o povo negro tem sido vítima de tudo. Acho que estivemos na defensiva em relação a tudo. E um predador está, sem dúvida, na ofensiva, sabe. E penso que isso é o que precisamos fazer, começar a não relaxar e deixar as coisas acontecerem com a gente; começar a criar coisas melhores para nós. Podemos fazer isso por meio de uma revolução mental, o que acho que precisa ocorrer antes que algo positivo aconteça de verdade. Se não tivermos uma revolução mental e algum dia nos envolvermos em uma revolução física, seremos massacrados. Porque haveria pessoas demais tentando liderar e pessoas demais seguindo seu próprio caminho. Não vai acontecer nem será popular. A revolução mental levará um tempo, mas já está acontecendo à medida que conversamos.

BH   E o que você pensa sobre pessoas como Shelby Steele[21] e as vozes negras dizendo que nosso problema é que nos concentra-

---

21 Shelby Steele (1946-) é um escritor negro estadunidense. Bolsista sênior na Hoover Institution, da Universidade Stanford, especializou-se no estudo das relações raciais, multiculturalismo e ação afirmativa, embora tenha uma abordagem conservadora. [N.E.]

mos demais na vitimização, que precisamos sair dessa posição de vítima?

IC Não sei... Sem dúvida é preciso relembrar o passado.

BH Acredito que não podemos ficar estancados na vitimização, mas precisamos saber quem é o inimigo, o que ele fez conosco, e precisamos nomear isso.

IC É algo que não podemos evitar. E é isso que as pessoas negras vêm tentando fazer. Mas esse não é o caso. Não é o caso porque a mesma coisa está acontecendo, só que de maneiras diferentes. O inimigo tem mais malícia e mais estratégias do que nós.

BH O modo como o povo branco mantém seu poder é, em parte, por meio do controle de nossa imagem e de nossa representação.

IC Sim! Acho que a filosofia de Frances Cress Welsing[22] sobre racismo é a origem do problema — sobre aniquilação genética e que nós todos nos tornamos um grande caldeirão. Daqui a alguns anos, no futuro, pessoas brancas nem sequer existirão.

22 Frances Cress Welsing (1935-2016) foi uma psiquiatra negra estaduni-dense. Seu ensaio "The Cress Theory of Color-Confrontation and Racism (White Supremacy)" [A teoria Cress sobre confronto de cor e racismo (supremacia branca)] (1970) ofereceu sua interpretação sobre as origens do que descreveu como cultura da supremacia branca, argumentando que uma explicação para o racismo pode ser encontrada no conhecimento, por parte dos brancos, de seu status minoritário e de sua deficiência de mela-nina quando comparados à maioria de pele negra. [N.E.]

Portanto, para garantir sua existência, precisam criar muros em volta de si e realmente precisam bloquear todo mundo do lado de fora. E, para bloquear todo mundo do lado de fora, sentem que deveriam assassinar todo mundo. Penso que precisamos reconhecer que as pessoas brancas estão nos atacando e que nós estamos tentando evitar. Mas agora estamos na ofensiva, sabemos como contornar essa... essa bobagem. Mas se você estiver em negação do problema, nunca o resolverá.

BH Eu escrevo muito sobre supremacia branca, e aí as pessoas me dizem: "Ela não gosta de pessoas brancas". E continuo tentando fazer as pessoas enxergarem que há uma diferença entre atacar as estruturas institucionalizadas da supremacia branca e pessoas brancas individualmente.

IC Sim. Quer dizer, não desgosto de pessoas brancas. Apenas as entendo. E, como as entendo, eu deveria interpretar o que estão tentando fazer. Quer dizer, isso é o que precisam fazer para sobreviver, para existir como uma raça branca, porque, caso contrário, geneticamente elas podem ser dizimadas do planeta.

BH Tenho mais problemas do que você com Cress Welsing, porque sinto que essa teoria evita o tema do poder. Sinto que, mesmo se as pessoas brancas soubessem que estariam no planeta para sempre, elas não iam querer abrir mão do poder e do controle do planeta. Porque não é apenas uma questão de branquitude, é uma questão de recursos mundiais, o petróleo...

IC Essa é, sem dúvida, a questão, mas acho que tudo isso está alinhado. Acredito que, uma vez que elas detêm o poder, evidentemente não abririam mão dele agora. Mas quando foram a países, estupraram as mulheres e voltaram, e os bebês eram da cor das mulheres que estupraram, sabe, ficaram, tipo, "Peraí!", e então elaboraram um plano. Portanto, conscientemente, é nisso que se apegam quando você fala sobre racismo. E acho que, ao usar seus métodos para existir, eles conquistaram o poder, dizendo: "Peraí, gosto disso também, não vou deixar o poder de lado, não importa o que aconteça". Então penso que tudo esteja alinhado.

BH Você acredita que o cara comum, por aí afora, está pensando da mesma forma que você sobre racismo e supremacia branca?

IC Não. Porque acho que os caras comuns não foram expostos a tantas pessoas. O cara comum, na verdade, não foi a nenhum lugar fora do bairro dele. Então eles não estão tão preocupados assim. Estão preocupados em como pôr comida na mesa. Eles não se importam com quem é o presidente ou quem é o prefeito. Ainda precisam conseguir dinheiro. Isso se torna a motivação deles: dinheiro. E nada mais.

BH Há muita ênfase em homens negros e violência. E quanto à dor e ao sofrimento do homem negro? O que você faz com sua dor e seu sofrimento?

IC Na verdade eu só tento engolir tudo isso. Não deixo que se torne rotina, porque dor e sofrimento nunca deveriam ser rotina para ninguém. Matar se tornou um estilo de vida. Pouca conversa, muito tiro. Quer dizer, isso realmente tem grande efeito sobre nós, sabe. A televisão, por exemplo: olhe para a violência antes e depois da televisão. Agora eles podem mostrar um assassinato de verdade na TV, entende? Alguns dias atrás mostraram um assassinato de verdade.

BH   Eu sei, foi desmedido.

IC   E foi assim, não foi sequer chocante. Há uma linha tênue entre realidade e essas coisas de filmes de ficção. E a realidade não parecia tão sangrenta quanto a merda do filme. Acredito que algumas pessoas dizem no subconsciente: "Caralho, isso era real", e se chocam, não gostam disso. Mas acho que a violência se tornou um modo de vida, e que as pessoas negras sempre carregaram armas para se proteger dos homens brancos. E acho que os homens brancos mesmo não conseguem se integrar, e eles realmente vão continuar bombeando esse auto-ódio, de modo que as armas jamais estarão apontadas para cima, mas sempre para dentro, um para o outro. E é nisso que estamos presos. Precisamos culpar alguém, porque alguém é culpado. Você arranca uma pessoa da cultura e do modo de existir dela e a faz dependente de você, depois precisa salientar isso. Precisa mostrar a eles que essa cara preta na qual você está prestes a atirar não é o inimigo. Nos meus álbuns, eu me recuso a dizer que atirei em um preto por isso, atirei em um preto por aquilo. Nas minhas gravações antigas, quando eu não tinha conhecimento... Não falaria hoje algumas das coisas que falei em 1989, 1987, 1988 porque, quer dizer, porque cresci como pessoa. Preciso crescer como artista, então nunca falaria: "Ei, estou procurando um preto para atirar". Prefiro dizer: "Minha arma está apontada para o branco pé-rapado", porque o homem negro e a mulher negra não são meus inimigos — embora façamos coisas dentro de nossa comunidade que precisam ser repensadas.

BH Você acha que a supremacia branca oprime mulheres negras?

IC Com certeza. Penso que a supremacia branca, às vezes, usa a mulher negra para atingir o homem negro. Sabe, vamos contratá-la, mas não vamos contratar você.

BH Mas você não acha que a supremacia branca também usa homens negros? Por exemplo, para mim, Clarence Thomas é um caso do homem negro sendo usado.

IC Ah, sim, a supremacia branca usa todo mundo. Pega uma pessoa como Clarence Thomas, e parece que muitas pessoas negras ficam orgulhosas, aí o colocam na TV e o destroem. Muitas pessoas — não sou uma delas —, mas muitas pessoas olham e pensam: "Aí sim, temos um homem negro, temos Thurgood Marshall[23] e agora temos Clarence Thomas, isso é legal".

BH Há uma grande diferença entre Thurgood Marshall e Clarence Thomas, e elas não percebem isso.

IC Não, é um rosto negro, é um pacificador. É como se toda cidade interiorana tivesse uma avenida Martin Luther King, entende? É para nos pacificar. Vocês dizem que somos racistas? Vocês têm a avenida Martin Luther King. Vocês têm o *Cosby Show*. E, se você assiste a programas de entrevistas, as pes-

---

23 Thurgood Marshall (1908-1993) foi o primeiro juiz associado afro-estadunidense da Suprema Corte dos Estados Unidos (entre os anos de 1967 e 1991). Antes, atuou em prol da independência do Quênia no início da década de 1960, chegando a visitar o país e a fazer lobby em Londres por sua emancipação do domínio britânico. [N.E.]

soas brancas dizem: "Vocês têm isso". Lançam um pacificador: "E Colin Powell?". Sempre usam o pacificador como bode expiatório para mostrar que são justas, amáveis e compreensivas, que fazem de tudo para as pessoas negras.

BH Uma das principais coisas que muitas pessoas me disseram foi: "Por que você quer conversar com Ice Cube? Ele nem gosta de mulheres negras". Gostaria que falasse um pouco se você acredita que homens negros e mulheres negras devem trabalhar juntos para questionar as dominações.

IC Sim, em relação a negócios, acho que uma mulher negra é o melhor a se ter, porque mulheres negras são focadas. Minha empresária é uma mulher negra, e quando se trata de negócios, ela é afiada. (Risos.)

BH Então você acredita que precisamos ter uma visão de parceria?

IC Sim, acredito que as mulheres negras sempre foram a espinha dorsal da comunidade, e cabe ao homem negro apoiar a espinha dorsal, mostrar força. Acho que as mulheres negras têm sido a cola. Elas estão tentando manter a união, e cabe ao homem negro se manter comprometido. Em alguns casos, fazemos de tudo e conseguimos, em outros, falhamos. Mas acho que as mulheres negras têm sido as mais firmes.

BH Você acha que podemos ser líderes juntos, lado a lado?

IC Sim, sem dúvida.

BH Dei uma palestra em Harvard recentemente, e uma mulher negra se levantou — eu estava em uma mesa com alguns homens negros — e disse: "Sou negra, sou pobre e quero saber por que homens negros não gostam de nós". Não estou falando de você, estou perguntando sobre homens negros em geral. Você acredita que homens negros, em geral, gostam de mulheres negras?

IC Acredito que o auto-ódio tem muita influência em tudo. Fazem a mulher branca parecer tão glamorosa, dizem que você tem de ser isso, tem de ser magrinha e dessa cor, e acho que isso afeta o homem negro. Ele acaba excedendo a culpa e procurando mulheres brancas, ou alguém que pareça ser branca ou quase. E os homens negros, por alguma razão — eu sei a razão —, sentem que podem mostrar sexualmente que são homens. Então, engravidarão a mulher, mas não serão o homem dela. E ela ficará presa a um bebê, segurando esse peso. Ninguém quer parar e assumir a responsabilidade. E agora ela tem duas ou três crianças e um homem que não quer ficar com ela, e o ciclo simplesmente continua, e continua, e continua.

BH Como você acha que podemos mudar isso? Tenho pensado muito no seguinte: como posso compartilhar minhas percepções, meus recursos, com as pessoas negras para começarmos a mudar um pouco essa situação? Muitas pessoas perguntaram: "bell, por que você ia querer falar com ele?". Sinto que parte da mágica de estarmos conversando é que muitas pessoas têm de ver você de maneira diferente. Você não está simplesmente dizendo: "Não quero falar com bell hooks, quer dizer, ela curte essa coisa de pensamento feminista". E eu não estou dizendo: "Não quero conversar com Ice Cube, ele é um sexista, não gosta de mulheres negras".

IC   Se as pessoas realmente seguem o Ice Cube e sabem o que é o Ice Cube, elas precisam olhar para Yo-Yo.[24] Entende o que quero dizer? Ice Cube organizou tudo, até o momento de ela aparecer. Acho que as crianças precisam de um equilíbrio de cada dose. Eu sou homem, homens têm certo ego, não dá pra fugir disso. Penso isso de todos os homens no mundo. E isso aparece na música. E penso que as mulheres precisam mesmo mostrar: "Ei, nós podemos fazer isso e podemos educar. Podemos ser do mesmo jeito". Então, o que vai acontecer é que tudo vai se fundir e, tomara, vai terminar bem.

BH   Em *Predator*, há várias vozes femininas diferentes. A música dura para uma mulher negra ouvir é, evidentemente, "Don't Trust 'Em" [Não confie nelas], que basicamente nos ataca como prostitutas e diz que as cadelas conseguiram um jogo novo. Cadelas por toda parte, com algumas merdas aperfeiçoadas. Mas há outros momentos no álbum em que mulheres falam de maneira bem diferente. Há o áudio da entrevista. Você acha que as pessoas registram essas outras imagens de mulheridade negra? Ou elas se concentram nas de cadelas?

IC   As pessoas sempre se concentram na questão mais controversa. Porque o mal dos Estados Unidos supera o bem, de

---

24 Nome artístico de Yolanda Whittaker, rapper e atriz afro-estadunidense. Ice Cube e ela gravaram músicas e atuaram juntos, a exemplo do filme *Os Donos da Rua*. [N.E.]

modo que as pessoas anseiam pelas coisas ruins. Querem ver o carro que foi destruído em um acidente. Querem ver os escândalos sexuais. Não querem ver o estudante nota dez. Uma vez que vivemos na sociedade em que vivemos, as pessoas tendem a se identificar com a gravação de "Don't Trust 'Em", porque se identificam mais com as controvérsias do que com a moça de "I'm Scared" [Estou assustada] dizendo: "Então, sabe, fazemos isso, fazemos aquilo, moramos no Harlem". Mas acho que está começando a ser mais e mais socialmente correto começar a se identificar com a moça que está dizendo, sabe, isso e aquilo.

BH   O que você acha que homens e mulheres negras podem fazer para se aproximar mais?

IC   Acho que precisamos realmente identificar nossos problemas. Penso que amor-próprio é a chave para todos os nossos problemas.

BH   Você sente que sua esposa é uma pessoa consciente, assim como você? Como vocês lidam com um conflito? E se ela achar que suas paradas são fortes demais? Como ela te diria isso? Vocês conversam?

IC   Sim, ela me diz. E, quer dizer, presto atenção e levo em consideração o que ela diz. Mas faço isso há muito mais tempo do que a conheço e, em algumas ocasiões, digo: "Caramba, *babe*, você está certa". E em outras quero demais dizer algo e aí eu falo: "Ei, sabe, preciso seguir a minha opinião nesse caso". Somos um, mas ainda somos indivíduos e discordamos. Mas lidamos com isso civilizadamente. Eu ouço o que minha esposa tem a dizer se estamos em desacordo, porque o que uma mulher realmente procura é segurança. E, se ela acha que estou exagerando, fica, tipo: "Espera, é capaz de você acabar com minha segurança".

BH Sei que meu companheiro negro tem batalhado demais no que se refere a mercado de trabalho e tal. E sinto que isso é parte da nossa dificuldade como povo negro, que muitos de nós somos inseguros. Fomos emocionalmente abandonados ou feridos, ou não recebemos os cuidados materiais que desejamos. É importante reconhecermos que cada um de nós precisa disso.

IC Sim, sem dúvida.

BH Sei que, quando você conversou com Greg Tate há algum tempo, na entrevista "Man-Child at Large" [Homem-criança à solta], ele perguntou sobre mulheres e você disse que o mundo inteiro é hostil com as mulheres. Mas você acha que contribui para intensificar a hostilidade?

IC Bem, depende de como você olha para isso. Sem dúvida, acredito que seja exatamente como olhar para um copo meio cheio ou meio vazio. Você pode olhar do jeito que espero apresentar, mostrando um modo de vida que não é aceitável, ou uma ação, ou usar uma mulher de isca para que o homem possa entrar e sequestrar o cara. Isso é inaceitável, queremos ressaltar e fazer com que isso pareça tão detestável quanto conseguirmos.

BH Ou até, por exemplo, mostrar mulheres seduzindo homens para viciá-los em crack.

IC Sim, ou qualquer que seja a ação inaceitável. Como lidar com isso? Você diz: "Bem, já que não podemos dizer nada de mal um do outro, não vamos nem tocar nesse assunto"? Ou você ataca a coisa, dá uma pausa e diz: "Olhem só, vejam o que está acontecendo. Se cuidem, mulheres, fiquem calmas". E digo a mesma coisa aos homens nos álbuns. Mas, veja, as pessoas focam a questão das mulheres.

BH Parece que você acha realmente importante para a família que tanto homens como mulheres estejam presentes.

IC Sim. Sabe, meu pai nunca saiu de casa. Ele continua em casa. E acho que é por isso que sou do jeito que sou. Porque uma mulher pode criar um menino para ser respeitável. Mas uma mulher não pode criar um menino para ser homem. Você precisa de um homem presente. Por exemplo, se eu tivesse uma filha e não tivesse esposa... são duas pessoas diferentes. Não temos os mesmos problemas.

BH A única coisa com a qual não concordo é que, mais que tudo, sinto que toda criança precisa ser amada. Às vezes, tem um homem e uma mulher juntos, mas não há nada de amor. Não acho que essa criança fique melhor do que a criança que tem apenas a mãe ou o pai, mas é amada.

IC Sim, mas estou dizendo que há coisas que um menino quer que é com o pai dele.

BH Ou com um homem. Não acho que precisa ser o pai dele.

IC Sim, com qualquer homem que ele admire ou que ele acredite que está lhe dando a informação correta, o conselho correto. Algumas coisas meus amigos não diriam nem para a mãe. Algumas coisas eu não diria para a minha mãe, mas sento e converso com o meu pai, e o problema fica resolvido. Acho que, quando isso não existe, a probabilidade é que o garoto procure os amigos, e daí é exatamente como o cego guiando o cego. E os amigos — principalmente os mais velhos do bairro, sabe, os caras mais velhos que participam de estupro coletivo ou algo do tipo — se tornam as pessoas que eles admiram. E todas essas coisas estão acontecendo por causa disso.

BH Eu realmente quero manifestar meu respeito às mulheres negras mães solo, que criam seus filhos com as dificuldades da pobreza neste país e da solidão; e, embora eu acredite que toda criança precisa de homens e mulheres em sua vida, não podemos nos concentrar muito em dizer que precisamos do pai, porque muitas crianças nunca terão contato com "o" pai. Tenho uma irmã que está no sistema de assistência social e não tem marido, mas a filha dela tem um relacionamento muito profundo e amoroso com meu pai. Sinto que, de muitas maneiras, ela tem uma ideia mais positiva de homens negros do que teria se minha irmã tivesse pegado qualquer preto para se casar, só para haver um papai. Porque um pai que não seja amoroso não vai ajudar.

IC Não, de jeito nenhum. Com certeza você está certa nesse ponto porque, como eu disse, quero ver meu enteado com um melhor entendimento do mundo do que eu tive, indo para a escola. Eu não sabia quais eram os poderes estabelecidos, não sabia que tempo que era isso e que tempo era aquilo. E quis dar a ele esse entendimento, aos seis anos: "Essa é a situação, isso é o que está acontecendo, isso é o que você vai enfrentar". Quando o professor disser a ele que George Washington foi o pai fundador de nosso país, ele poderá levantar a mão e dizer: "Espera um minuto", e jogar a real. Acho que estamos começando a reverter o processo em curso desde que chegamos aqui, e acho que esta é a geração que fará isso.

BH Esse é realmente um ponto importante. Agradeço por você falar um pouco de si mesmo, porque também acho que precisamos saber que podemos amar as crianças que entram em nossa vida. Elas não precisam ser filho ou filha de sangue. Acho que há muita negatividade em torno das pessoas que sentem como se a criança não fosse um filho ou uma filha, como os homens às vezes sentem: "Se não é meu filho, sabe, se não veio da minha semente, não quero ter um relacionamento com ele". E acho que esse tipo de pensamento não tem nada a ver.

IC Sim, totalmente nada a ver.

BH Me diga alguma coisa que você espera para seus filhos e para si mesmo nos próximos anos.

IC Bem, sabe, espero crescer como pessoa e como artista. Espero que meus filhos saibam quem são e saibam o que enfrentam e sejam pessoas responsáveis. Independentemente de fazerem seja lá o que quiserem da vida, não importa, desde que sejam responsáveis e desde que saibam que, em primeiro lugar, são negros. É assim que todo mundo neste país pensa, com exceção de nós. Sabe, pega um policial, se ele for japonês, ele é um policial japonês. E ele vai lidar com o povo dele de certa maneira. E as pessoas negras precisam fazer a mesma coisa. Se você é um policial negro, você é, em primeiro lugar, negro.

BH Você sente que os homens negros dominam as mulheres negras?

IC Somente se elas deixarem. Porque eu não domino minha mulher. Porque ela não procura por isso e eu não tento impor isso, não é o que eu quero. Se eu quisesse dar ordens, arrumaria um pastor-alemão para mim, ou algo do tipo. Penso que as mulheres negras precisam permanecer firmes. Se elas estão à procura de um homem, não será qualquer mané, mas um homem que seja consciente, um homem que saiba que tempo é este, e um homem que possa nutrir seus filhos com outras coisas que não sejam "vai pegar uma cerveja pra mim".

BH Uma das coisas que me chamaram atenção no que disse é que você e sua companheira conversam um com o outro. Porque várias vezes em que converso com grupos de pessoas negras, muitas de nós falamos sobre ter crescido em um lar onde não víamos o pai e a mãe conversando um com o outro, tendo uma conversa um com o outro; eles falavam um *para* o outro. Mas conversar sobre alguma coisa e conversar sobre alguma coisa profunda, acho que isso tem um impacto real nas crianças. Significa que é isso que você pode fazer.

IC A TV interrompe todas as conversas, a não ser por alguns comentários sobre o que está na sendo transmitido. Em vez de comentar sobre o que está acontecendo na vida ou sobre o que aconteceu com você hoje, você fala: "Droga, você ouviu o que aconteceu com fulano e beltrano?". "Sim, sicrano foi pego em algum escândalo ou tendo um caso."

BH Comunicação tem de ser a "droga" na luta pela libertação negra, como você e eu conversando sobre cultura deste jeito despretensioso e revolucionário.

13.
cultura de gastar: comercialização da classe baixa negra

No final de *Class* [Classe], o livro divertido de Paul Fussell sobre a grave questão do status social, há uma discussão sobre uma categoria fora das estruturas convencionais, intitulada *the X way out* [a saída X]. Pessoas da categoria X, ele descreve, "ganham a personalidade X por meio de um exaustivo esforço de descoberta para o qual curiosidade e originalidade são indispensáveis". Elas querem fugir da classe. Ao descrever esse tipo de pessoa, Fussell comenta:

> O antigo termo "boêmio" transmite determinada ideia, assim como o termo "talentoso". Alguns X são intelectuais, mas muitos não são: são atores, músicos, artistas, estrelas do esporte, "celebridades", ex-hippies abastados, residentes estabelecidos no exterior e os mais talentosos jornalistas. [...] Tendem a trabalhar por conta própria, fazendo o que os cientistas sociais chamam de trabalho autônomo. [...] As pessoas X são independentes, livres da preocupação ansiosa com os hábitos populares, relaxadas quanto à postura e ao comportamento. Amam o trabalho que fazem. [...] Ser uma pessoa X é como ter boa parte da liberdade e um pouco do poder de uma pessoa ou riquíssima ou de classe alta, mas sem o dinheiro. A categoria X é uma espécie de aristocracia sem grana.

Mesmo tendo crescido em uma família negra de classe trabalhadora do Sul, eu desejava fazer parte desse grupo X. Radicalmente influenciada pela luta em prol da libertação negra e pelo movimento feminista, meu esforço para tornar esse desejo compatível com a revolução começou na faculdade. Foi lá que me sujeitei à doutrinação que me prepararia para ser um membro aceitável da classe média. Naquela época, assim como hoje, eu era essencialmente antiburguesia. Para mim, isso não significa que eu não goste de coisas bonitas ou não deseje bem-estar material. Significa que não fico à toa, almejando ser rica, e que acredito que o materialismo hedonista seja um aspecto central de um colonialismo imperialista que dissemina e mantém o patriarcado supremacista branco capitalista. Por se tratar de uma estrutura ideológica que reproduz dominação e uma cultura de repressão, o repúdio à ética do materialismo é fundamental para qualquer transformação da nossa sociedade. Embora eu não acredite que qualquer um de nós realmente exista em uma categoria fora da classe, nesse espaço livre das pessoas X, acredito que aqueles de nós que repudiam a dominação devem estar dispostos a se livrar do elitismo de classe. E seria útil se pessoas progressistas opostas à dominação em todas as suas formas, mas que conseguem acumular abundância material ou riqueza, compartilhassem sua compreensão sobre como esse status estabelece seu compromisso com uma mudança social radical e suas alianças políticas, mencionando publicamente os meios pelos quais detêm esse privilégio de classe sem explorar nem prejudicar a liberdade e o bem-estar dos demais.

Ultimamente, quando estou entre grupos de acadêmicos ou intelectuais negros em que levanto a questão de classe, sugerindo que precisamos passar mais tempo falando sobre diferenças de classe entre as pessoas negras, eu me deparo com a recusa em lidar com essa problemática. A maioria não está disposta a reconhecer que o posicionamento de classe configura nossas perspectivas e nossos pontos de vista. Essa recusa parece estar enraizada em uma história em que negros privilegiados, escritores, artistas, intelectuais e acadêmicos conseguiram definir os interesses para qualquer discurso público sobre cultura negra. A agenda raramente incluiu a disposição para problematizar a classe. Entre esses grupos de pessoas negras, há uma suposição tácita de que todos nós almejamos ser de classe média alta e, se possível, ricos. Ao longo dos meus anos na faculdade e na pós-graduação, professores negros estavam entre os mais empenhados em policiar e punir visando à manutenção de valores de uma classe privilegiada. Meus vinte anos de trabalho como professora na academia não alteraram essa percepção. Ainda acho que a maioria das pessoas acadêmicas negras, identifiquem-se elas como conservadoras, liberais ou radicais, defende religiosamente valores de uma classe privilegiada na maneira e no estilo de ensinar, em seus hábitos, em questões mundanas, como vestimenta, linguagem, decoração, e assim por diante. Cada vez mais encontro essas mesmas atitudes no mundo da produção cultural negra, do lado de fora dos ambientes acadêmicos. A tendência é que esses valores sejam associados ao singular oportunismo crasso que passou a ser socialmente aceitável, um sinal de que não se é tão ingênuo nem estúpido a ponto de realmente acreditar que poderia haver qualquer necessidade de repudiar o capitalismo ou a ética do materialismo.

Em grande medida, a transformação da negritude em commodity criou, entre as pessoas negras de todas as classes, espaço para uma intensificação do materialismo oportunista e do anseio pelo status de classe privilegiada. No entanto, quando a situação fica crítica, são, em geral, as pessoas negras com algum grau de privilégio de classe as mais capazes de explorar o mercado da negritude como commodity para proveito próprio. Ironicamente, no entanto, em grande parte do mercado cultural, a manifestação de negritude é semelhante à da classe baixa, de modo que um indivíduo de origem privilegiada deve ou fingir estar "por dentro" ou criar obras de arte do ponto de vista do que poderia ser chamado de "nostalgia negrinha" ou do olhar supervisor da negritude. Recentemente, comentei com várias acadêmicas negras da área da crítica literária feminista que eu achava útil falar sobre como a mudança de posição de classe estruturou a escrita, o estilo, o conteúdo e a construção de personagens de escritoras como Alice Walker e Toni Morrison, e elas reagiram com hostilidade, como se minha sugestão de falarmos sobre como o status de classe privilegiada estabelece perspectivas negras insinuasse, de alguma forma, que essas escritoras não fossem "negras", não fossem "autoridades". Essa era minha intenção. Afinal, não acredito em construções monolíticas da negritude e não sou nacionalista; quero chamar a atenção para o fato de que classe é, de forma real e concreta, fundamental na construção contemporânea da identidade negra. Classe não determina apenas a maneira como a negritude é transformada em commodity e a forma como nossa noção a respeito disso molda o ponto de vista político. Essas diferenças, de maneira alguma, negam uma política de solidariedade que procura acabar com a exploração e a opressão racistas enquanto cria simultaneamente um contexto de libertação negra e de autodeterminação; no entanto, deixam evidente que essa frente unida deve ser criada dentro da luta, pois não emerge apenas por causa da identidade racial compartilhada.

Confrontar classe na vida negra, nos Estados Unidos, significa desconstruir a noção de uma negritude essencial e irrevogável e ser capaz de examinar, de forma crítica, como o anseio por ser aceito em grupos de classes privilegiadas dentro da sociedade dominante mina e destrói o compromisso com uma política de transformação cultural que invariavelmente critique a dominação. Essa crítica incluiria necessariamente o desafio de acabar com o elitismo de classe e de reivindicar a substituição da ética do individualismo por uma visão de comunalismo. Em seu livro *Reconstructing Memory* [Reconstruindo a memória], Fred Lee Hord enfatiza a forma como seus alunos, em uma instituição predominantemente negra, expressam o interesse em alcançar o sucesso material: "Se a luta negra coletiva estiver em conflito com a busca por esse sonho, não haverá luta". Assim como Hord, acredito que a experiência negra foi e continua sendo um dos colonialismos internos e que "a repressão cultural da educação colonial estadunidense serve para deformar". Gostaria de acrescentar que a transformação contemporânea da negritude em commodity se tornou parte dinâmica desse sistema de repressão cultural. Anseios oportunistas por fama, riqueza e poder agora levam muitos pensadores críticos negros, escritores, acadêmicos e intelectuais a participarem da produção e da comercialização da cultura negra, cúmplices da estrutura opressiva existente. Essa cumplicidade começa ao se igualar capitalismo negro com autodeterminação negra.

As falhas mundiais do socialismo facilitaram aos estadunidenses a rejeição a visões de comunalismo ou de uma economia participativa que redistribua recursos da sociedade de modo mais justo e democrático, da mesma forma que facilitou para as pessoas que querem ser vistas como progressistas acolherem uma visão socialista, mesmo que seus hábitos reiterem elitismo de classe e aceitação passiva da dominação e da opressão. Ao manter a maneira como os preconceitos de classe estruturam as discussões sobre negritude, os críticos afro-estadunidenses privilegiados estão mais do que dispostos a discutir o niilismo, a desesperança generalizada da classe baixa, enquanto ignoram o intenso niilismo de muitas pessoas negras que sempre tiveram privilégios materiais, mas que não têm senso de ação, nenhuma convicção que possa realizar mudanças significativas na estrutura social existente. O niilismo dessas pessoas não leva à autodestruição no sentido clássico; ele pode simplesmente levar a um assassinato simbólico do eu que almeja acabar com a dominação para que elas possam renascer como oportunistas radicais, ansiosas para serem bem-sucedidas dentro do sistema existente. Os acadêmicos estão nesse grupo. Confronto esse ceticismo extremo sempre que levanto questões de classe. Meus comentários críticos sobre a forma como a divisão de classe entre as pessoas negras está criando um clima de fascismo e repressão tendem a ser considerados pelos céticos como meramente uma expressão de inveja e anseio. É evidente que muitas pessoas negras, especialmente as da classe média, acham difícil acreditar que não estamos todos abraçando com avidez um sonho americano de riqueza e poder; que alguns de nós podem preferir viver de forma simples, em bairros seguros, confortáveis e multiétnicos, e não em mansões ou casas enormes; que alguns de nós não desejam receber um bom salário em instituições brancas de classe dominante apenas para cumprir uma cota; ou que possam até existir, para nós, aspectos da vida e da experiência negras que consideramos sagrados e que não estamos ávidos por transformar em commodity e vender para os cativos sonhos colonizados. Digo isso porque várias vezes, quando tentei falar de uma forma mais complexa sobre classe em conferências acadêmicas, fui tratada como se estivesse levantando o assunto só porque não consegui "ter sucesso". E, em diversas ocasiões, certas mulheres negras me trataram com desprezo condescendente, como se eu, que sou membro bem pago da classe gerencial-profissional acadêmica, não tivesse direito de expressar preocupação com relação às pessoas negras de todas as classes, acolhendo acriticamente uma ética do materialismo. Em ambos os casos, as mulheres em questão vieram de classes privilegiadas. Elas presumem que sou bem-sucedida e que meu sucesso individual tira de mim qualquer autoridade para falar sobre os dilemas de pessoas pobres e destituídas, sobretudo se o que estou dizendo contradiz o discurso negro-burguês predominante.

Para muitos críticos, acadêmicos e intelectuais negros, um aspecto de ser bem-sucedido é a afirmação do controle sobre o discurso e a circulação de ideias a respeito da cultura negra. Quando o ponto de vista deles é formulado com base no preconceito de classe, há poucos meios possíveis para contestação, dado que eles têm maior acesso à grande mídia dominada por pessoas brancas. E uma das consequências é a falta de espaço progressista para que pensadores negros se envolvam em debates e divergências. Ao mesmo tempo, pensadores negros que talvez não estejam comprometidos com comunidades negras diversas, que talvez tratem com desprezo e desrespeito pessoas negras que não são de sua classe, são mantidos na grande mídia como porta-vozes, mesmo que nunca tenham se mostrado preocupados com uma pedagogia crítica que busca dialogar com o público negro e com outras pessoas.

A transformação da negritude em commodity retira esse componente da genealogia cultural capaz de relacionar memória viva e história para subverter e abalar o status quo. Quando o discurso da negritude não está ligado, de nenhum jeito, a um esforço para promover a autodeterminação negra coletiva, torna-se simplesmente mais um recurso apropriado pelo colonizador. Isso possibilita à cultura supremacista branca ser disseminada e mantida, mesmo quando parece se tornar inclusiva. Para nos distrair do fato de que nenhuma tentativa de radicalizar a consciência por meio da produção cultural seria tolerada, o colonizador pensa ser útil criar uma estrutura de representação destinada a sugerir que a dominação racista não é mais norma, que todos os negros podem progredir, basta serem inteligentes o suficiente e trabalharem duro. Indivíduos negros privilegiados pelo nascimento ou pela assimilação tornam-se os principais símbolos para sugerir que o sonho americano está intacto, que pode ser realizado. Isso é verdadeiro em todos os círculos acadêmicos e em todas as arenas de produção cultural. Não importa quanto Spike Lee chame a atenção para a injustiça, o fato de que ele, ainda jovem, consegue se tornar rico nos Estados Unidos leva muitas pessoas a ignorarem os esforços que ele faz em relação à crítica social (quando o assunto é racismo) e o enxergam apenas como uma evidência de que o sistema existente está funcionando. E, como seu interesse é ter o máximo possível de sucesso dentro desse sistema, precisa trabalhar reproduzindo imagens conservadoras e até estereotipadas da negritude para não afugentar esse público híbrido. A obra de Lee não pode ser revolucionária e gerar riqueza ao mesmo tempo. No entanto, é seu interesse de classe fazer parecer que ele e sua obra incorporam a negritude do "gueto espetáculo", ou seja, o produto desejado. É necessário que sua origem de classe média seja minimizada tanto quanto sua riqueza recém-alcançada. Da mesma forma, quando Allen e Albert Hughes, jovens homens birraciais de uma classe privilegiada, fizeram o filme *Perigo para a Sociedade* (1993), destacando de forma fictícia não as comunidades em que vivem, mas o mundo da classe baixa negra, o público se opôs à crítica, argumentando que são reais as imagens brutais e desumanizadoras da vida familiar negra retratada. Eles se recusam a ver que, embora alguns aspectos da realidade fictícia retratados possam ser familiares, o filme não é um documentário. Ele não oferece uma visão da vida cotidiana; é uma ficção. A recusa em enxergar que a classe social dos cineastas determina os aspectos da vida da classe baixa negra que escolhem exibir está enraizada na negação não só das diferenças de classe mas também de uma política conservadora de representação no cinema convencional, que torna mais fácil oferecer uma visão de brutalidade da classe baixa negra do que qualquer outro aspecto da vida cotidiana dessa comunidade.

As pessoas negras privilegiadas que estão vendendo cultura negra para seu próprio interesse oportunista tendem a pôr o foco no racismo, como se ele fosse o grande fator de equalização. Por exemplo, quando uma pessoa negra materialmente bem-sucedida conta que não consegue pegar um táxi por causa de sua cor, ela reivindica unidade com a profusão de pessoas negras que são diariamente agredidas pela supremacia branca. No entanto, essa afirmação de vitimização compartilhada anuvia o fato de que essa agressão racial é mediada pela realidade do privilégio de classe. Por mais magoado ou até mesmo prejudicado que o indivíduo possa ficar por não conseguir um táxi imediatamente, é provável que ele seja mais aliado aos interesses de classe das pessoas com quem compartilha um status semelhante (inclusive brancos) do que às necessidades de pessoas negras que são pobres devido à agressão econômica racista e que nem sequer têm o luxo de considerar pegar um táxi. A questão é obviamente o público. Como todas as pessoas negras lidam com alguma forma de discriminação ou agressão racial todos os dias, não precisamos de histórias como essa para nos lembrar de que o racismo é generalizado. Pessoas que não são negras, sobretudo as brancas, em geral insistem que o poder de classe e o privilégio material livram pessoas negras dos estereótipos associados aos negros pobres e, como consequência, da dor da agressão racial. Elas e pessoas negras colonizadas que vivem em negação são o público que deve ser convencido de que raça importa. Oportunistas burgueses negros, uma classe social em ascensão tanto na academia quanto em outras esferas da produção cultural, estão inconscientemente criando uma divisão segundo a qual "dentro da classe, raça importa". Isso ficou evidente na matéria de capa da revista *Newsweek*, "The Hidden Rage of Successful Blacks" [A raiva oculta dos negros bem-sucedidos]. A maioria das pessoas negras entrevistadas parecia furiosa principalmente por não ser tratada com igualdade por brancos da mesma classe. Havia menos raiva direcionada à supremacia branca sistêmica que ataca a vida de todas as pessoas negras, e sobretudo aquelas pobres, desamparadas ou sem instrução. Se indivíduos negros de classe privilegiada reconhecessem publicamente de que maneiras somos feridos, talvez pudessem ajudar a convencer a sociedade dominante de que racismo e agressão racista constituem a dinâmica interpessoal cotidiana nesta sociedade. Mas esse reconhecimento talvez torne invisível apenas o privilégio de classe e como ele pode ser usado de forma efetiva para mediar nossa vida diária, a fim de que possamos evitar agressões racistas, o que indivíduos materialmente desfavorecidos não podem fazer. Esses indivíduos negros, inclusive eu, que trabalham e/ou vivem em ambientes predominantemente brancos, onde o liberalismo estrutura o decoro social, não enfrentam agressões severas e não mediadas de racismo branco. Essa experiência vivida teve o impacto potencialmente perigoso de criar em alguns de nós uma mentalidade que nega o fato de sermos afetados pela supremacia branca e sua natureza agressiva. Não é surpreendente que pessoas negras nesses cenários sejam mais positivas em relação à integração racial, à mescla cultural e à travessia de fronteiras do que aquelas que vivem no meio de um intenso apartheid racial.

Ao negar ou ignorar as inúmeras maneiras pelas quais a classe social determina perspectivas e pontos de vista, indivíduos negros que desfrutam do privilégio de classe não são desafiados a questionar como preconceitos de classe moldam sua representação de vida negra. Por que, por exemplo, a literatura afro-estadunidense contemporânea enfatiza tanto as circunstâncias e condições de vida de negros de classe baixa no Sul e nas grandes cidades quando quem escreve é, geralmente, uma pessoa cuja experiência é a oposta? O objetivo de levantar essa questão não é censurar, mas incitar o pensamento crítico acerca de um mercado cultural no qual a negritude é de tal forma transformada em commodity que relatos fictícios da vida negra de classe baixa em qualquer cenário possam ser mais enaltecidos e mais comercializáveis do que outras visões, porque o público branco conservador dominante deseja essas imagens. Como diz o rapper Dr. Dre: "As pessoas nos condomínios não podem *ir* até o gueto, então elas gostam de saber o que está acontecendo. Todo mundo quer estar por dentro das coisas". O desejo de ficar "por dentro" promoveu uma apropriação conservadora de aspectos específicos da vida negra de classe baixa, cuja realidade é desumanizada por um processo de comoditização durante o qual não se faz correlação entre consumismo hedonista dominante e reprodução de um sistema social que dissemina e mantém uma classe baixa.

Sem uma crítica sustentada ao poder e às divisões de classe entre pessoas negras, aquilo que é representado na grande mídia, na produção cultural, apenas refletirá os preconceitos e os pontos de vista dos poucos privilegiados. Se esses poucos não descolonizarem a mente, se não estabelecerem nenhuma conexão entre o discurso da negritude e a necessidade de se envolver em uma luta vigente pela autodeterminação negra, haverá poucos espaços onde visões progressistas possam emergir e ganhar voz. Por eu ter saído de uma classe trabalhadora para chegar à academia e a outras arenas de produção cultural, estou sempre consciente da escassez de perspectivas de indivíduos que não têm mentalidade burguesa. Entristece-me observar o desprezo e o total desinteresse que negros de classes privilegiadas muitas vezes demonstram em interações com pessoas negras desfavorecidas ou aliados na luta, sobretudo se construíram carreira com foco na "negritude", explorando a vida dos pobres e desfavorecidos para obter recursos. Fico com raiva quando esse grupo usa sua classe ou seu poder, além de sua política conservadora concomitante, para silenciar, censurar ou deslegitimar perspectivas contra-hegemônicas sobre a negritude.

Independentemente da origem de classe ou da classe social atual, indivíduos negros progressistas cujas políticas incluam um compromisso com a autodeterminação e a libertação negra devem ficar atentos enquanto fazemos nosso trabalho. Nós que fazemos palestras, escrevemos e agimos de maneira diferente daqueles de classes privilegiadas devemos nos autoquestionar com frequência, para não nos tornarmos involuntariamente cúmplices da manutenção das estruturas exploratórias e opressivas existentes. Nenhum de nós deveria ter vergonha de falar sobre nosso poder de classe ou sobre a ausência dele. Superar o medo (até mesmo o medo de não ser modesto) e agir com coragem para trazer questões de classe e pontos de vista radicais para o discurso da negritude são gestos de desafio militante que vão contra a insistência burguesa de que pensamos em dinheiro, especificamente, e em classe, em geral, como assuntos privados. Pessoas negras progressistas que trabalham para viver de forma simples porque respeitam os recursos da terra, que repudiam a ética do materialismo e acolhem o comunalismo, devem ganhar voz pública. Aqueles de nós que ainda se esforçam para mesclar a visão de autonomia sugerida pela categoria X com nossa dedicação para erradicar a dominação em todas as suas formas, que valorizam abertura, honestidade, vontade, criatividade e liberdade de expressão radicais, e não estão ávidos por ter poder sobre os demais, ou por construir nações (ou mesmo impérios) acadêmicos, estão trabalhando para projetar uma política alternativa de representação — trabalham para libertar a imagem negra, para que não seja escravizada por quaisquer interesses de exploração ou opressão.

14.
Spike Lee concebendo Malcolm X: a negação da dor negra

Pouco depois do assassinato brutal de Malcolm X, Bayard Rustin[25] previu que "os Estados Unidos dos brancos, não do povo preto, determinarão o papel de Malcolm X na história". Na época, essa declaração aparentava ser ridícula. Parecia que Malcolm X não seria útil para os estadunidenses brancos, nem mesmo um Malcolm mudado, não mais um defensor voraz do separatismo racial. Hoje, as forças do mercado no patriarcado supremacista branco capitalista encontraram um modo de usar Malcolm X. O campo de representação das imagens negras sempre foi uma cultura de plantation. É possível transformar Malcolm X em uma commodity valiosa; sua política militante nacionalista negra, anti-imperialista, anticapitalista pode ser espalhada em todas as direções e enfraquecida

---

25 Bayard Rustin (1912-1987) foi um ativista afro-estadunidense e conselheiro de Martin Luther King sobre resistência civil não violenta. Organizou a Marcha sobre Washington por Trabalho e Liberdade, a qual reuniu, em 1963, mais de 250 mil pessoas em uma manifestação pacífica por melhores condições para a população negra. O legado de Rustin, contudo, foi praticamente apagado em razão de outro tipo de preconceito: a homofobia por parte de seus pares. Ainda assim, até o final da vida, lutou pelos direitos dos negros e da comunidade LGBT+. [N.E.]

por um processo de objetificação. Ao chamar a atenção para os perigos inerentes dessa tendência mercadológica em seu ensaio "On Malcolm X: His Message and Meaning" [Sobre Malcolm X: sua mensagem e seu significado], Manning Marable alerta: "Há uma tendência a transpor a mensagem radical de um ativista dinâmico, vivo, para um ícone abstrato, a fim de substituir o conteúdo radical por pura imagem". Negros politicamente progressistas e nossos aliados na luta reconhecem que o poder do pensamento político de Malcolm X — a capacidade que sua obra tem de educar para a consciência crítica — é ameaçado quando sua imagem e suas ideias são comoditizadas e vendidas por forças conservadoras do mercado que desvestem o trabalho de todo o seu conteúdo radical e revolucionário.

Por entender o poder das imagens da grande mídia como forças capazes de sobredeterminar como nos vemos e como escolhemos agir, Malcolm X advertiu as pessoas negras: "Nunca aceite imagens que foram criadas para você por outra pessoa. É sempre melhor criar o hábito de aprender a enxergar as coisas você mesmo; assim, estará em uma posição melhor para fazer seu próprio julgamento". Interpretada de maneira limitada, essa advertência pode ser vista como referência a apenas imagens de pessoas negras criadas no imaginário branco. De forma mais abrangente, no entanto, a mensagem não é simplesmente que pessoas negras deveriam questionar apenas imagens produzidas por pessoas brancas enquanto consomem passivamente imagens construídas por pessoas negras; ela nos estimula a ter olhos críticos para todas as imagens. Malcolm X promoveu e incentivou o desenvolvimento de um olhar negro crítico, capaz de ir além do consumo passivo e de confrontar, desafiar, questionar com coragem.

Nesse momento cultural, essa militância crítica voltada para o âmbito visual deve ser retomada em todas as discussões sérias sobre o filme *Malcolm X* (1992), de Spike Lee. Celebrado e elogiado pela grande mídia, esse projeto de parceria entre produtores brancos e um cineasta negro corre o risco de não receber nenhuma crítica cultural significativa. Na maioria das vezes, admiradores negros de Lee e de sua obra, tanto entre acadêmicos quanto da rua, buscam censurar, difamando ou punindo qualquer visão do filme que não seja indubitavelmente de louvor. Pessoas negras que sujeitam o filme a críticas severas correm o risco de serem vistas como traidoras da raça, como concorrentes mesquinhas que não querem que outra pessoa negra tenha sucesso ou como quem tem alguma inimizade pessoal com Lee. Em uma entrevista recente na revista *Black Film Review*, o cineasta Marlon Riggs expressou um potente argumento sobre os perigos desse silenciamento. Ao chamar a atenção para o exemplo da reação do público a Spike Lee (que muitas vezes é ligeiro em denunciar publicamente todas as formas de crítica como traição ou ataque), Riggs enfatiza que não conseguiremos desenvolver um corpo de crítica cultural negra enquanto toda crítica rigorosa for censurada.

Há também um clamor por representação. Isso é o que se vê quando o público se recusa a permitir qualquer crítica de artistas. Eu mesmo presenciei isso. Em um fórum, fizeram várias perguntas a Spike Lee, eu inclusive, sobre suas representações nos filmes. O público foi à loucura, com reações histéricas de "cala a boca", "senta aí", "vai fazer a droga dos seus próprios filmes", "quem é você, esse homem está fazendo o melhor que pode e está nos entregando imagens dignas, está fazendo um trabalho positivo; por que você acha que deveria criticá-lo?". Admito que muitas vezes xingam só por xingar. Mas, mesmo quando está óbvio que a crítica está tentando dar força e curar certas feridas dentro de nossas comunidades, não há espaço em nossa cultura para a crítica construtiva. Há um esforço só para calar a boca das pessoas, para, pode-se dizer, reificar esses deuses que ofereceram algumas imagens nossas que aparentam consolidar nossa existência nesse mundo. Como se eles compensassem a ausência, mas, na verdade, não a compensam. Eles conseguem se tornar parte da hegemonia.

Isso é certamente verdade em relação a Spike Lee. Apesar da campanha que continua a representá-lo como forasteiro da indústria cinematográfica branca, como alguém que está constantemente lutando por uma produção que contrarie as expectativas e os desejos de um *establishment* branco, Lee é um cara de dentro. Sua posição privilegiada ficou mais evidente quando conseguiu usar seu poder para obrigar a Warner a escolhê-lo para fazer o filme, no lugar do diretor branco Norman Jewison. Uma vez que está na indústria para ganhar dinheiro, a Warner provavelmente não se impressionou com a política de identidade limitada de Spike (a insistência dele de que ter um homem branco dirigindo *Malcolm X* seria "errado com E maiúsculo!"), mas com o reconhecimento de que sua presença como diretor provavelmente atrairia um público mais plural e, portanto, maior, garantindo o sucesso financeiro do filme.

Também comprometido em fazer um filme que seria um megassucesso, Spike Lee precisou criar um trabalho que abordasse as necessidades e os desejos de um público consumidor predominantemente branco. Para tanto, ironicamente, foi necessário que seu filme fosse feito de forma similar a outros dramas épicos de Hollywood, mais especificamente às biografias fictícias; portanto, não há nenhum aspecto visual ou de direção indicando que *Malcolm X* não tenha sido dirigido por uma pessoa branca. Isso parece trágico sobretudo porque a genialidade de Spike Lee como cineasta aparece mais quando ele combina aspectos de documentário em dramas fictícios, proporcionando-nos insights nunca antes vistos na tela, representações de negritude e de vida negra que emergem do ponto de vista privilegiado da familiaridade. Essa familiaridade não vem à tona em *Malcolm X*. As cenas de documentário parecem mais um complemento que visa fornecer o retrato radical de um Malcolm revolucionário que não está nas cenas fictícias.

Para atrair um público plural, Spike Lee precisou criar um Malcolm fictício que pessoas brancas, pessoas negras conservadoras e outros espectadores não brancos gostariam de ver. Sua representação de Malcolm tem mais em comum com a representação que Steven Spielberg criou de Mister no filme *A Cor Púrpura* (1985) do que com retratos da vida real de Malcolm X. Ao optar por não construir o filme cronologicamente, Spike Lee conseguiu se concentrar na parte da história que se encaixaria facilmente nas tradicionais representações hollywoodianas estereotipadas da vida negra. Em "Blues For Mr. Spielberg" [Blues para o sr. Spielberg], seu sagaz ensaio sobre *A Cor Púrpura*, Michele Wallace declara:

> O fato é que há uma lacuna entre o que os negros gostariam de ver nos filmes sobre eles mesmos e o que os brancos de Hollywood estão dispostos a produzir. Em vez de homens e mulheres sérios encontrarem dilemas relevantes, somos quase sempre menestréis,

mais do que um pouco ridículos; dançamos e cantamos sem continuidade, como se fôssemos marionetes.

Infelizmente, esses comentários se aplicam à primeira metade de *Malcolm X*. Com visão profética, Wallace continua seu argumento, dizendo:

> Parece-me que pessoas negras que desejam se fazer notadas nos filmes estadunidenses terão de buscar algum meio-termo entre a seriedade da libertação negra e o sapateado do Mr. Bojangles e da Tia Jemima.[26]

Está evidente que Spike Lee tenta negociar esse meio-termo em *Malcolm X*, mas não obtém êxito.

A primeira metade do filme vai e volta constantemente entre um espetáculo neomenestrel e cenas trágicas. No entanto, a predominância de espetáculo, de um show de pessoas pretas, independentemente de ser um retrato preciso dessa fase da vida de Malcolm, acaba com o *páthos* que as cenas trágicas (flashbacks de incidentes de opressão e discriminação racial na infância) deveriam trazer, mas não trazem. Ao mesmo tempo, ao enfatizar Malcolm como trapaceiro de rua, Spike Lee pode destacar o envolvimento romântico e sexual de Malcolm com a mulher branca Sophia, explorando assim a obsessão voyeurís-

---

[26] Mr. Bojangles é uma referência a Bill "Bojangles" Robinson (1877-1949), ator e dançarino, o primeiro artista negro mais bem pago pela indústria do entretenimento estadunidense, conhecido por sua participação em menestréis. Tia Jemima refere-se à marca de panquecas Aunt Jemima, cuja identidade visual era baseada na "mãe preta" escravizada, devotada e subserviente aos seus senhores. A marca ficou em atividade entre 1889 e 2021. [N.E.]

tica desta cultura com o sexo inter-racial. Deve-se lembrar que os críticos do projeto de Lee, como Baraka,[27] ficaram preocupados com a possibilidade de esse ser o foco do trabalho, com intenção de entreter o público branco; a progressão do filme indica a astúcia dessa previsão sobre a direção que Lee tomaria. Embora o relacionamento com Sophia tenha sido, sem dúvida, importante para Malcolm durante muitos anos, ele é retratado com a mesma superficialidade que caracteriza a visão de Lee sobre romance inter-racial entre homens negros e mulheres brancas em *Febre da Selva* (1991). Relutante e possivelmente incapaz de imaginar que qualquer vínculo entre uma mulher branca e um homem negro pudesse ser baseado em laços diferentes dos patológicos, Lee retrata o desejo de Malcolm por Sophia como enraizado apenas na competição racial entre homens brancos e negros. Ainda assim, Malcolm continuou se sentindo ligado afetivamente a ela mesmo quando passou a ser radical em sua crítica a raça, racismo e sexualidade.

Sem a atuação magistral do ator Delroy Lindo interpretando West Indian Archie, a primeira metade de *Malcolm X* teria sido completamente simplista. O primeiro personagem que aparece quando o filme começa não é Malcolm, como o público espera, mas um Spike cômico no papel de Shorty. A presença de Lee no filme intensifica a sensação de espetáculo. E parece que seu personagem está na verdade competindo por atenção com Malcolm Little. Suas travessuras cômicas

---

27 Amiri Baraka (1934-2014) foi um poeta, escritor, dramaturgo e crítico afro-estadunidense ligado à geração beat e autor de ensaios contra o racismo e o colonialismo. Escreveu o capítulo dedicado a Spike Lee no livro *Black American Cinema* [Cinema negro estadunidense], editado por Manthia Diawara. [N.E.]

facilmente ofuscam o personagem Little, que aparenta ser estranho e estúpido. Denzel Washington foi escolhido para interpretar Malcolm antes de Spike Lee se juntar aos produtores da Warner. Sendo um ator que rende bilheteria, ele nunca deixa de ser Denzel Washington nos dando sua versão de Malcolm X. Apesar de sua atuação potente, Washington não conseguiu transmitir as questões em torno da cor da pele que foram tão cruciais para o desenvolvimento da consciência racial e de identidade de Malcolm. Sem a estatura de Malcolm e sua tonalidade clara, Denzel nunca aparece como presença física "ameaçadora". A persona real de Washington, como o cara legal para todo mundo, torna bastante difícil para ele transmitir a seriedade e a intensidade de um homem negro consumido pela raiva. Escolhê-lo já era a decisão dos produtores brancos de que Malcolm deveria parecer menos militante, mais aberto, a fim de que o público branco o aceitasse.

Uma vez que grande parte do filme retrata os dias de Malcolm como Detroit Red, o restante é apenas um esboço esquelético e imagístico de suas mudanças políticas posteriores em relação a questões do separatismo racial. Nenhuma de suas poderosas críticas ao capitalismo e ao colonialismo são dramatizadas. Já no início da segunda parte, as cenas da prisão levantam questões cruciais sobre a representação de Malcolm criada por Lee. Sem nenhuma explicação, o diretor optou por não retratar que o irmão e a irmã de Malcolm o levaram ao Islã; em vez disso, cria um personagem fictício, Blaines (interpretado por Albert Hall), prisioneiro negro e mais velho, que aparece como tutor e mentor de Malcolm Little e como responsável por educá-lo para a consciência crítica e por introduzi-lo ao Islã. Na narrativa cinematográfica, esse é o tipo de distorção e deturpação da biografia individual que pode ocorrer em biografias ficcionais e que, em última análise, viola a integridade da vida retratada. De fato, ao longo do filme, o personagem de Malcolm X é construído como uma pessoa sem família, mesmo que algum parente estivesse sempre presente em sua vida. Ao apresentá-lo simbolicamente como "órfão", Lee apaga as complexas relações que Malcolm tinha com as mulheres negras em sua vida — a mãe e a irmã mais velha. Ele faz parecer que as únicas mulheres importantes na vida de Malcolm eram parceiras sexuais, retratando-o como uma figura mais solitária e heroica, e ao fazer isso, consegue reinscrevê-lo em uma tradição hollywoodiana de heroísmo que apaga seu profundo engajamento emocional com a família e a comunidade. Lee insiste, ao lado do produtor branco Worth, que não há revisionismo nesse filme; que, como Worth diz: "Não estamos jogando com a criação da nossa opinião sobre a verdade. Estamos fazendo *A autobiografia de Malcolm X*". No entanto, a ausência de qualquer representação de membros relevantes da família e a inserção de personagens que nunca existiram realmente alteram e distorcem a representação de Malcolm. Essa deturpação não é redimida pelo uso que Lee faz de discursos reais nem por colocá-los em ordem cronológica. Ele se gabou de que esse filme ia "ensinar", instruir as pessoas sobre Malcolm. Em *By Any Means Necessary* [Por qualquer meio necessário], o livro que descreve os bastidores da produção do filme, Lee afirma: "Quero que nosso povo fique bastante empolgado [com o filme], que seja inspirado por ele. Não se trata de só mais um filme bosta de Hollywood. Estamos lidando com a vida e a morte nele. Trata-se de uma mentalidade; isto é o que as pessoas negras nos Estados Unidos vivenciaram".

Para garantir que *Malcolm X* não fosse "mais um filme bosta de Hollywood", Lee poderia ter insistido na exatidão, apesar do contexto dramático ficcionalizado. Fazer isso talvez significasse que ele tivesse que se sacrificar, renunciando ao controle completo, permitindo que mais pessoas se beneficiassem do projeto, se necessário. Talvez ele tivesse de enfrentar a realidade de que a grande maioria das pessoas, incluindo as pessoas negras, assistirá a esse filme e nunca conhecerá a verdadeira história, porque não lê nem escreve. E as deturpações em relação à vida e à obra de Malcolm na versão cinematográfica podem distorcer para sempre a compreensão dessas pessoas.

Sabendo que precisava responder à militante Nação do Islã, Spike Lee foi muito mais cuidadoso na construção do personagem de Elijah Muhammad (interpretado por Al Freeman Jr.), preservando a integridade de seu espírito e de seu trabalho. É triste que não tenha sido dedicado o mesmo cuidado intenso nem ao personagem de Malcolm nem à representação fictícia de sua viúva, Betty Shabazz. Embora a Shabazz da vida real tenha compartilhado com Spike Lee que ela e Malcolm não discutiam (sem dúvida porque o que era considerado o mais desejável em uma esposa da Nação do Islã era a obediência), o filme a retrata "interpretando-o" da mesma maneira antipática com que todas as personagens negras mulheres conversam com seus companheiros nos filmes de Spike Lee. Shabazz também não foi tão assertiva na perseguição romântica a Malcolm, conforme o filme retrata. Assim como acontece com a personagem branca Sophia, surgem certas imagens sexistas estereotipadas de mulheres negras nesse filme. Mulheres são ou virgens ou prostitutas, ou santas ou meretrizes — e isso é Hollywood. Talvez Spike Lee não pudesse retratar a irmã de Malcolm, Ella, porque Hollywood ainda não havia criado um espaço para uma mulher negra politicamente progressista ser imaginada na tela.

Se a versão de Lee sobre a vida de Malcolm X se tornar o exemplo a ser seguido por todas as outras produções cinematográficas, continuará não havendo lugar para a fúria política militante negra em Hollywood. Afinal, o filme apaga justamente a militância política de Malcolm. (Em grande parte, porque não é com o Malcolm X politicamente revolucionário que Lee se identifica.) Embora o diretor reitere, em *By Any Means Necessary*, que era crucial que o filme fosse feito por um diretor afro-estadunidense "e também não qualquer diretor afro-estadunidense, mas um que tenha se conectado diretamente com a vida de Malcolm", o filme sugere que Lee seja fascinado, principalmente, pela crítica severa de Malcolm ao racismo branco e sua obsessão inicial em ver o racismo como simplesmente uma luta falocêntrica masculinista por poder entre homens brancos e negros. É esse aspecto da política de Malcolm que mais se assemelha à de Lee, não a crítica ao racismo ligado ao imperialismo e ao colonialismo e, certamente, não a crítica ao capitalismo. Não é surpreendente que o grande momento cinematográfico que busca capturar qualquer essência de resistência política mostre Malcolm inflamando homens na Nação do Islã a fim de confrontarem os homens brancos sobre a questão da brutalidade policial. Malcolm é retratado, nessas cenas, como um líder tipo Hitler, que governa com mão de ferro. Minimizando a legítima resistência à brutalidade policial, o catalisador desse confronto, o filme faz parecer que é "coisa de falo" (mais um tiroteio no OK

Corral),[28] e isso é Hollywood — mas Hollywood no seu melhor, porque essa é uma das cenas mais potentes do filme.

As cenas finais de *Malcolm X* destacam o conflito cinematográfico de Lee: seu desejo de fazer um drama épico negro para competir com — e espelhar — épicos de Hollywood dirigidos por brancos que ele considera ótimos e, ao mesmo tempo, dar vazão a seu desejo de preservar e transmitir o espírito e a integridade da vida e da obra de Malcolm. No final, os espectadores são bombardeados, sobrecarregados com imagens: cenas emocionantes de documentário, depoimentos convincentes e, por fim, o uso de estudantes e Nelson Mandela para mostrar que o legado de Malcolm ainda é importante e tem impacto global.

Tragicamente, quando o filme termina, todo o conhecimento sobre Malcolm X como revolucionário negro militante é apagado, consumido por imagens. Foi-se o ícone que representa nossa luta pela libertação negra, pela resistência militante; em seu lugar, somos apresentados a uma imagem despolitizada, sem substância nem poder. No livro *Heavenly Bodies: Film Stars and Society* [Corpos celestes: astros do cinema e a sociedade], Richard Dyer descreve como Hollywood manipula a imagem negra com intenção de deixá-la impotente.

---

28 O tiroteio no OK Corral foi uma troca de tiros entre caubóis e homens da lei que durou cerca de trinta segundos, um dos mais famosos da história do Velho Oeste dos Estados Unidos. O evento se deu em 1881, em Tombstone, Arizona. Passou a ser conhecido pelo público em 1931, com a publicação da biografia *Wyatt Earp: Frontier Marshal*, dois anos após a morte de Earp, que participara do tiroteio. Apesar do nome que o popularizou, não ocorreu no prédio do OK Corral, mas a seis casas de distância. [N.E.]

A estratégia básica desses discursos pode ser denominada desativação. As qualidades das pessoas negras poderiam ser exaltadas aos montes, mas não se deve mostrá-las como características efetivamente produtivas no mundo. Mesmo quando retratadas em seu auge, não se deve mostrá-las fazendo algo, exceto talvez sendo destrutivas de alguma forma aleatória.

O Malcolm que vemos no final do filme de Spike Lee está tragicamente sozinho, com apenas alguns seguidores, tem pensamentos suicidas e talvez esteja até enlouquecendo. O didatismo dessa imagem apenas sugere que é imprudente e ingênuo pensar que pode haver uma revolução política significativa, que a verdade e a justiça prevalecerão. De nenhuma maneira subversivo, *Malcolm X* reescreve a imagem negra dentro de uma estrutura colonizadora.

O conservadorismo político subjacente do filme de Lee será ignorado por pessoas seduzidas pelo brilho e pelo glamour, pelo espetáculo, pelo show. Como muitos outros filmes ruins de Hollywood com temática potente, *Malcolm X* mexe com o coração e a mente de pessoas que trazem seu próprio significado para o filme e o conectam com sua experiência social. É por isso que os jovens negros conseguem se gabar de como o Malcolm fictício enfrenta corajosamente pessoas brancas, ainda que os jovens brancos deixem o cinema satisfeitos e aliviados, porque o Malcolm que eles veem e conhecem é um cara muito bom, e não a presença ameaçadora de que talvez tenham ouvido falar. O foco de Spike Lee em Malcolm segue na esteira de um interesse renovado por sua vida e obra gerado pelo hip-hop, pela crítica cultural contemporânea progressista, por escritos políticos e várias formas de ativismo militante. Essas vozes contra-hegemônicas são uma oposição necessária à comoditização conservadora da vida e da obra de Malcolm.

Assim como essa transformação em commodity congela e explora a imagem de Malcolm X, e, ao mesmo tempo, diminui o poder que seu trabalho tem de radicalizar e educar visando a uma consciência crítica, ela também retira dele o status de ícone. Isso resulta no aumento dos ataques culturais, sobretudo nas grandes mídias convencionais, que hoje nos bombardeiam com informações que buscam imprimir na consciência pública a noção de que, em última análise, não há dimensão heroica para Malcolm, para sua vida ou para sua obra. Um dos ataques mais pujantes veio do escritor branco Bruce Perry. Em sua autobiografia, Malcolm informa ao leitor que, durante seus dias de trapaceiro, cometeu atos "indescritíveis" (cuja natureza seria óbvia para qualquer pessoa familiarizada com a cultura de rua que envolve golpes, drogas e hedonismo sexual), mas Perry pressupõe que sua verbalização desses atos expõe Malcolm como fraude. Esse é o auge da arrogância patriarcal supremacista branca. Decerto o trabalho de Perry surpreende muitas pessoas que precisam acreditar que seus ícones são santos. Contudo, nenhuma informação que Perry revela (muitas delas obtidas em entrevistas com inimigos e detratores de Malcolm) diminui o poder do trabalho político que ele fez para promover a libertação mundial das pessoas negras e a luta para acabar com a supremacia branca.

O trabalho de Perry foi impulsionado na mídia desde o lançamento do filme de Spike Lee e está adquirindo rapidamente status de obra confiável. Ao escrever no jornal *The Washington Post*, Perry afirma estar comovido com o filme, mesmo quando aproveita o momento da atenção do público para argumentar que a versão de Malcolm criada por Lee "é em grande parte um mito" (pressupondo que sua versão seja "verdade"). Revistas como a *New Yorker*, que raramente coloca o foco na vida negra, deram destaque para artigos anti-Malcolm. A edição de dezembro de 1992 da revista *Harper's* tem um artigo do estudioso negro Gerald Early ("Their Malcolm, My Problem" [O Malcolm é deles, o problema é meu]) que também visa diminuir o poder de sua vida e obra. Geralmente, quando pessoas negras tentam condenar Malcolm, elas ganham status na imprensa branca. A menos que haja uma intervenção crítica séria, a terrível previsão de Bayard Rustin — de que os brancos não progressistas determinarão como Malcolm será visto historicamente — pode muito bem acontecer. Aqueles de nós que respeitam e admiram Malcolm como professor, mentor político e camarada devem promover o desenvolvimento de uma voz contra-hegemônica em filmes, palestras e escritos políticos que centralizem e mantenham o foco na contribuição política dele para a luta pela libertação negra, para a luta mundial pela liberdade e pela justiça para todos.

A biografia fictícia cinematográfica de Spike Lee não tenta retratar a preocupação de Malcolm com o bem-estar coletivo das pessoas negras — uma preocupação que transcendeu sua circunstância pessoal, sua história pessoal. Ainda assim, o filme não mostra nenhuma conexão entre sua fúria pessoal contra o racismo e sua devoção e compaixão para aliviar o sofrimento de todas as pessoas negras. É significativo como *Malcolm X* de Spike Lee não obriga o público a vivenciar com empatia a dor, a tristeza e o sofrimento da vida negra na cultura patriarcal supremacista branca. Nada no filme transmite angústia e tristeza tão intensas a fim de impressionar emocionalmente. E nada ajuda as pessoas a entenderem a necessidade da fúria e da resistência. Nada as deixa ver por que, depois de trabalhar o dia inteiro, Malcolm andava pelas ruas por horas, pensando "sobre as coisas terríveis que foram feitas ao nosso povo aqui nos Estados Unidos". Ainda que a filmagem do brutal espancamento de Rodney King, mostrada no início do filme, seja um lembrete explícito das "coisas terríveis", o *páthos* que essa imagem evoca é logo deslocado pelo show neomenestrel que entretém e excita.

Como drama sentimental e romantizado, *Malcolm X* seduz ao nos encorajar a esquecer a realidade brutal que criou a fúria negra e a militância. O filme não força os espectadores a confrontarem, questionarem e mudarem. Ele acolhe e recompensa a reação passiva, a falta de ação. Ele nos incentiva a chorar, mas não a lutar. Em seu impetuoso ensaio "O romance de protesto de todos", James Baldwin lembra aos leitores que

> o sentimentalismo, a exibição ostentosa de emoção excessiva e espúria, é a marca da desonestidade, da incapacidade de sentir; os olhos rasos d'água da pessoa sentimental traem sua aversão à experiência, seu medo da vida, seu coração árido; é sempre, portanto, sinal de uma desumanidade secreta e violenta, a máscara da crueldade.

Como Wallace alerta, não há lugar em Hollywood para a "seriedade da libertação negra". O filme de Spike Lee não é exceção. Para levar a sério a libertação, devemos levar a sério a realidade do sofrimento dos negros. Em última análise, é essa realidade que o filme nega.

15.
ver e produzir cultura: representando os pobres

Críticos culturais raramente falam sobre os pobres. A maioria de nós usa expressões como "classe baixa" ou "economicamente desprivilegiada" para se referir a eles. A pobreza não se tornou um dos temas da moda no discurso radical. Quando intelectuais de esquerda contemporâneos falam sobre o capitalismo, há poucas tentativas — se há alguma — de relacionar esse discurso à realidade de ser pobre nos Estados Unidos. Em sua coleção de ensaios *Prophetic Thought in Postmodern Times* [Pensamento profético na era pós-moderna], o filósofo negro Cornel West incluiu um artigo intitulado "The Black Underclass and Black Philosophers" [A classe baixa negra e os filósofos negros], no qual sugere que intelectuais negros inseridos na "classe gerencial-profissional da sociedade capitalista avançada dos Estados Unidos" devem "se envolver em uma espécie de autoinventário crítico, um histórico para nos situar e posicionar como pessoas que refletem sobre a situação daquelas mais desfavorecidas do que nós, ainda que tenhamos parentes e amigos na classe baixa negra". West não fala de pobreza ou de ser pobre em seu ensaio. Certa vez, em uma conversa com ele, mencionei o fato de minha origem "pobre"; ele me corrigiu e afirmou que minha família era da "classe trabalhadora".

Eu disse a ele que tecnicamente éramos da classe trabalhadora, porque meu pai trabalhava como zelador em uma agência de correios; no entanto, havia sete crianças em nossa família, ou seja, muitas vezes enfrentávamos dificuldades econômicas, de tal forma que nós, crianças, ao menos pensávamos que éramos pobres. De fato, no mundo segregado da nossa pequena cidade no Kentucky, fomos todos criados para pensar em termos de "ter" e "não ter" em vez de pensar em classe. Reconhecíamos a existência de quatro grupos: os pobres, que estavam destituí-dos; os trabalhadores, que eram pobres, porque ganhavam exa-tamente o suficiente para pagar as contas; as pessoas que tra-balhavam e tinham dinheiro extra; os ricos. Mesmo que nossa família estivesse entre os trabalhadores, o esforço econômico para arcar com todas as despesas de uma família tão grande sempre nos deu a sensação de que não havia dinheiro suficiente para cuidar do básico. Na nossa casa, água era um luxo, e usá-la demais poderia ser motivo de punição. Nunca falamos sobre ser pobres. Quando crianças, sabíamos que não era esperado que nos enxergássemos como pobres, mas nos sentíamos pobres.

Comecei a me ver como pobre quando saí de casa para a faculdade. Eu nunca tinha dinheiro. Quando contei aos meus pais que eu tinha bolsa de estudo e empréstimos para estudar na Universidade Stanford, eles quiseram saber como eu teria dinheiro para chegar lá, para comprar livros, para emergên-cias. Não éramos pobres, mas não havia dinheiro para o que se percebia ser desejo individualista indulgente; havia faculdades mais baratas mais perto da família. Quando fui para a faculda-de e não tinha dinheiro para voltar para casa durante os reces-sos, muitas vezes passava as férias com as mulheres negras que limpavam os dormitórios. O mundo delas era o meu mundo.

Mais do que outras pessoas em Stanford, elas sabiam de onde eu vinha — e apoiavam e valorizavam meus esforços para ter formação educacional, para ir além do mundo em que viviam, o mundo de onde eu estava vindo.

Até hoje, embora eu seja um membro bem pago do que West chama de "classe gerencial-profissional" acadêmica, no cotidiano, fora da sala de aula, raramente penso em mim mesma em relação à classe. Penso mais no mundo em termos de quem tem dinheiro para gastar e quem não tem. Assim como para muitas pessoas tecnicamente de classe média, que, dentro da responsabilidade econômica, estão ligadas às estruturas de parentesco que oferecem variado apoio material para os outros, a questão é sempre dinheiro. Muitas pessoas negras de classe média não têm dinheiro porque distribuem a renda regularmente dentro um grupo de parentesco maior, no qual pessoas são pobres e destituídas, em que pais, mães e parentes mais velhos, outrora da classe trabalhadora, aposentaram-se e caíram na pobreza.

A pobreza não era nenhuma desgraça em nossa casa. Fomos socializados desde cedo, por avós, pai e mãe, para assumir que o valor de alguém jamais poderia ser medido por padrões materiais. O valor estava ligado à integridade, a ser honesto e dedicado ao trabalho. Era possível trabalhar com dedicação e ainda assim ser pobre. A mãe de minha mãe, Baba, que não lia nem escrevia, ensinou-nos — contra a vontade de nosso pai e nossa mãe — que era melhor ser pobre do que comprometer a dignidade, que era melhor ser pobre do que permitir que outras pessoas exercessem poder sobre você de maneira desumana ou cruel.

Fui para a faculdade acreditando que não havia conexão entre pobreza e integridade pessoal. Ao entrar em um mundo de privilégios de classe que me obrigou a pensar criticamente sobre meu histórico econômico, fiquei chocada com as representações de pessoas pobres aprendidas em sala de aula e com os comentários de professores e colegas que criavam uma imagem totalmente diferente. Eles quase sempre retratavam os pobres como ineficientes, inconscientes, preguiçosos, desonestos e indignos. Os estudantes do dormitório pressupunham que qualquer coisa que tivesse sumido tinha sido levada pelas mulheres negras e filipinas que trabalhavam lá. Embora eu tivesse passado por muitos períodos de vergonha em relação ao meu passado econômico, mesmo antes de me capacitar para ter consciência crítica sobre classe, ao ler e estudar Marx, Gramsci, Memmi e afins, contestei as representações negativas estereotipadas da pobreza. Fiquei incomodada principalmente com a suposição de que pessoas pobres não tinham valores. Na verdade, um valor crucial que aprendi com Baba, minha avó, e outros membros da família era não acreditar que "a educação escolar te fez inteligente". Pode-se ter diplomas e ainda assim não ser inteligente ou honesto. Ensinaram-me, em uma cultura de pobreza, a ser inteligente, honesta, a me dedicar ao trabalho e a sempre ser uma pessoa de palavra. Ensinaram-me a defender o que eu acreditava ser certo, a ser corajosa e destemida. Essas lições foram a base que tornou possível para mim ter sucesso, tornar-me a escritora que sempre quis ser e me sustentar com meu trabalho acadêmico. Elas me foram ensinadas pelos pobres, os desprivilegiados, a classe baixa.

Aquelas lições foram reforçadas por tradições religiosas libertadoras que sublinhavam a identificação com os pobres. Ensinada a acreditar que a pobreza poderia ser terreno fértil para a integridade moral, para o reconhecimento da importância da comunhão, da partilha de recursos com os semelhantes da igreja negra, eu estava preparada para acolher os ensinamentos da teologia libertadora, que enfatizavam a solidariedade com os pobres. Essa solidariedade deveria ser expressa não apenas por meio da caridade, da partilha do privilégio, mas também por meio da afirmação do poder de mudar o mundo para que os pobres tivessem suas necessidades atendidas, tivessem acesso a recursos, tivessem justiça e beleza na vida.

A cultura popular contemporânea nos Estados Unidos raramente representa os pobres de maneiras que mostrem integridade e dignidade. Em vez disso, os pobres são retratados por intermédio de estereótipos negativos. Quando são preguiçosos e desonestos, são consumidos pelo desejo de ser ricos, um desejo tão intenso que os torna disfuncionais. Dispostos a cometer todos os tipos de atos desumanizadores e brutais em nome da conquista material, os pobres são retratados como se vissem a si mesmos sempre e somente como pessoas sem valor. Valor só se obtém por meio do sucesso material.

Programas de televisão e filmes trazem a mensagem de que ninguém pode realmente se sentir bem consigo mesmo se for pobre. Em seriados de comédia, trabalhadores pobres são representados como pessoas que têm uma medida saudável de autodesprezo; eles atacam uns aos outros com sagacidade e humor que todos nós podemos desfrutar, independentemente de nossa classe. Mas fica claro que o humor mascara o desejo de mudar sua situação, o desejo de "subir na vida" expresso na música-tema da série *The Jeffersons*.[29] Filmes que

---

29 *The Jeffersons* é uma série de comédia estadunidense sobre um casal negro que foi morar em uma luxuosa cobertura em Manhattan após o sucesso da rede de lojas de lavagem a seco da família. Foi transmitida entre 1975 e 1985. [N.E.]

retratam o conto "do lixo ao luxo" continuam a ter grande apelo de bilheteria. A maioria dos filmes contemporâneos que retratam pessoas negras — *Os Donos da Noite* (1989), *O Príncipe das Mulheres* (1992), *Perigo para a Sociedade* (1993), para citar apenas alguns — tem como tema principal a ganância de abundância material dos pobres e sua disponibilidade de fazer qualquer coisa para satisfazê-la. *Uma Linda Mulher* (1990) é um exemplo perfeito de filme que gerou enormes somas de dinheiro retratando os pobres por esse prisma. Consumido e apreciado por plateias de todas as raças e classes, o filme destaca o drama da pessoa benevolente e de classe dominante (nesse caso, um homem branco, interpretado por Richard Gere) voluntariamente compartilhando seus recursos com uma prostituta branca pobre (interpretada por Julia Roberts). De fato, muitos filmes e programas de televisão retratam a classe dominante como generosa, ansiosa para compartilhar, desapegada de sua riqueza em suas interações com pessoas que não são materialmente privilegiadas. Essas imagens contrastam com os anseios avarentos dos pobres.

Socializadas pelo cinema e pela televisão para se identificar com as atitudes e os valores das classes privilegiadas nesta sociedade, muitas pessoas pobres, ou que estão a poucos contracheques de distância da pobreza, internalizam o medo e o desprezo por pessoas pobres. Quando adolescentes desprovidos de recursos materiais matam por pares de tênis ou jaquetas, a motivação não é um desejo enorme por esses itens: eles também esperam fugir do estigma de sua classe, aparentando ter as regalias das classes mais privilegiadas. A pobreza, na mente dessas pessoas e em nossa sociedade como um todo, é vista como sinônimo de depravação, carência e inutilidade.

Ninguém quer ser identificado como pobre. Quando dava aula de literatura com foco em escritoras afro-estadunidenses para estudantes predominantemente negros de famílias pobres e operárias, em uma grande universidade estadual urbana, fui bombardeada por questionamentos sobre por que as mulheres negras pobres que foram abusadas dentro da família nos romances que lemos não "vão simplesmente embora". Foi incrível para mim que esses estudantes, muitos dos quais tinham origem materialmente desfavorecida, não tivessem nenhuma noção realista sobre as condições de moradia ou emprego nesta sociedade. Quando pedi que identificássemos nossa procedência de classe, apenas uma estudante — uma jovem mãe solo — mostrou-se disposta a se identificar como pobre. Depois falamos sobre a realidade de que, embora ela não fosse a única pessoa pobre na turma, ninguém mais queria dizer que era pobre por temer que esse estigma o marcasse, que o envergonhasse de tal forma que pudesse extrapolar a nossa aula. O medo da vergonha e da humilhação é o principal fator para que ninguém queira se identificar como pobre. Conversei com jovens negras que recebem auxílio do Estado, que não trabalham há anos, sobre a questão da representação. Todas concordam que não querem ser identificadas como pobres. Elas têm em casa bens materiais que indicam sucesso (um videocassete, uma televisão colorida), mesmo que isso signifique abrir mão do necessário e mergulhar em dívidas para adquirir esses itens. A autoestima delas está relacionada a não serem vistas como pobres.

Se esta sociedade está representando as pessoas pobres como sinônimo de não serem nada — seja na linguagem que usamos para falar da pobreza, seja na grande mídia —, é compreensível que os pobres aprendam a ser niilistas. A sociedade está dizendo a eles que pobreza e niilismo são a mesma coisa. Se não conseguem fugir da pobreza, eles não têm escolha, a não ser se afogar na imagem de uma vida sem valor. Quando intelectuais, jornalistas ou políticos falam sobre o niilismo e o desespero da classe baixa, eles não relacionam essas condições às representações de pobreza na grande mídia. E sua retórica raramente sugere que é possível levar uma vida significativa, contente e plena se a pessoa for pobre. Ninguém fala sobre nossa responsabilidade individual e coletiva para com os pobres, uma responsabilidade que começa com a política de representação.

Quando a antropóloga branca Carol Stack olhou criticamente para a vida de pessoas pobres negras há mais de vinte anos e escreveu o livro *The Culture of Poverty* [A cultura da pobreza], encontrou entre elas um sistema de valores que enfatizava a partilha de recursos. Esse sistema de valores tem sido há muito tempo corroído na maioria das comunidades por uma ética do individualismo liberal, que afirma ser moralmente aceitável não compartilhar. A grande mídia tem sido o principal professor que traz para nossa vida e nossa casa a lógica do individualismo liberal, a ideia de que você alcança o sucesso pelo acúmulo privatizado de recursos, e não por meio do compartilhamento. Obviamente, o individualismo liberal funciona melhor para as classes privilegiadas, mas ele piorou a condição dos pobres, outrora dependentes de uma ética do comunalismo para oferecer aceitação, ajuda e apoio.

Para mudar o impacto devastador da pobreza na vida de uma massa de pessoas em nossa sociedade, devemos modificar a forma como os recursos e a riqueza são distribuídos, mas também devemos alterar a forma como os pobres são representados. Uma vez que muitas pessoas serão pobres por muito tempo antes que essas mudanças sejam colocadas em prática de maneira a abordar suas necessidades econômicas, é crucial construir hábitos de enxergar e de ser que restaurem um sistema de valor contrário, afirmando ser possível viver uma vida de dignidade e integridade em meio à pobreza. É precisamente essa dignidade que Jonathan Freedman procura transmitir em seu livro *From Cradle to Grave: The Human Face of Poverty in America* [Do berço ao túmulo: a face humana da pobreza nos Estados Unidos], embora não critique o capitalismo nem demande grandes mudanças na distribuição de riquezas e recursos. No entanto, qualquer esforço para mudar a cara da pobreza nos Estados Unidos deve relacionar uma mudança na representação a uma demanda pela redistribuição de riquezas e recursos.

Intelectuais progressistas de classes privilegiadas que são obcecados em obter riqueza material ficam incomodados com a insistência na possibilidade de ser pobre e levar uma vida rica e significativa. Eles temem qualquer indicação de que a pobreza é aceitável, porque isso poderia levar as pessoas que têm posses a se sentirem responsáveis por aquelas que não têm, embora não esteja evidente como conciliam a busca por riqueza com a preocupação e a responsabilidade com os pobres. Para seus colegas conservadores, que fizeram muito para colocar em prática um sistema de representação que desumanizasse pessoas pobres, se a pobreza deixar de ser relacionada ao valor, pessoas pobres não assumirão passivamente seu papel de trabalhadoras exploradas. Esse medo é mascarado pela insistência de que os pobres não procurarão trabalho se a pobreza for considerada aceitável e que o resto de nós terá que sustentá-los. (Observe a suposição implícita de que ser pobre significa não se dedicar ao trabalho.) Obviamente, há muito mais mulheres e homens pobres recusando trabalho braçal em empregos de baixa remuneração do que jamais houve. Essa recusa não está enraizada na preguiça, mas na suposição de que não vale a pena ter um trabalho no qual se é sistematicamente desumanizado ou explorado e, ainda assim, permanecer pobre. Apesar desses indivíduos, a grande maioria das pessoas pobres em nossa sociedade quer trabalhar, mesmo quando o emprego não significa que deixarão de ser pobres.

Ao testemunhar que indivíduos podem ser pobres e levar uma vida significativa, entendo intimamente os danos que foram causados aos pobres por um sistema de representação desumanizador. Vejo a diferença de autoestima entre a geração dos meus avós, dos meus pais, do meu irmão e das minhas irmãs, dos parentes, amigos e conhecidos pobres, que sofrem de uma profunda e incapacitante falta de autoestima. Ironicamente, apesar de haver mais oportunidades do que as disponíveis para uma geração mais velha, a baixa autoestima torna impossível para a geração mais jovem avançar, mesmo quando isso também deixa a vida psiquicamente insuportável. Essa dor psíquica é quase sempre aliviada com alguma forma de abuso de substâncias. Para mudar a cara da pobreza, para que ela se torne, mais uma vez, um lugar para a formação de valores, dignidade e integridade, como qualquer outra posição social nesta sociedade, precisaríamos intervir nos sistemas de representação existentes.

Relacionar essa mudança progressista a movimentos políticos radicais/revolucionários (como o ecofeminismo), que nos incentivam a viver de forma simples, também poderia estabelecer um ponto de conexão e interação construtiva. Os pobres têm muitos recursos e habilidades para viver. Pessoas interessadas em compartilhar a abundância individual, bem como em trabalhar politicamente pela redistribuição da riqueza, podem trabalhar em conjunto com indivíduos materialmente desfavorecidos para alcançar esse fim. A abundância material é apenas um recurso. A alfabetização é outro. Seria emocionante ver pessoas desempregadas que não têm as habilidades de leitura e escrita terem à disposição programas de alfabetização estabelecidos na comunidade. Programas de alfabetização progressistas ligados à educação para uma consciência crítica poderiam usar filmes populares como base para começar a aprender e debater. Teatros em todos os Estados Unidos, que não são usados durante o dia, poderiam ser lugares para esse tipo de programa em que estudantes universitários e professores compartilhariam habilidades. Como muitos indivíduos pobres, desfavorecidos ou destituídos já são alfabetizados, grupos de leitura poderiam ser formados a fim de educar para a consciência crítica, para ajudar as pessoas a repensar como podem organizar a vida, tanto para viver bem na pobreza quanto para sair de tais circunstâncias. Muitas das mulheres jovens que encontro, negras e brancas, que são pobres e recebem auxílio do Estado (algumas das quais são estudantes ou gostariam de ser), são pensadoras críticas inteligentes lutando para transformar suas circunstâncias. Elas estão ansiosas para trabalhar com pessoas que possam oferecer-lhes orientação, *know-how*, estratégias concretas. Freedman conclui seu livro com o lembrete de que

> é preciso dinheiro, organização e leis para manter uma estrutura social, mas nada disso funciona se não houver oportunidades para as pessoas se conhecerem e se ajudarem ao longo

do caminho. Responsabilidade social se resume a algo simples: capacidade de reação.

Mudar de maneira construtiva o modo de representação dos pobres em todos os aspectos da vida é uma intervenção progressista que pode desafiar todo mundo a olhar para a cara da pobreza, e não a virar as costas para ela.

16.
de volta ao negro: acabando com o racismo internalizado

Nenhum movimento social para acabar com a supremacia branca abordou com tanta intensidade a questão do racismo internalizado em relação à beleza quanto a revolução black power dos anos 1960. Por um tempo, pelo menos, esse movimento desafiou as pessoas negras a examinarem o impacto psíquico da supremacia branca. Ao lerem Frantz Fanon e Albert Memmi, nossos líderes começam a falar sobre a colonização e a necessidade de descolonizar nossa mente e nossa imaginação. Expondo as inúmeras maneiras pelas quais a supremacia branca atacou nosso autoconceito e nossa autoestima, líderes militantes da luta pela libertação negra exigiram que nós, pessoas negras, nos enxergássemos de forma diferente, que víssemos o amor-próprio como interesse político radical. Isso significava estabelecer uma política de representação que tanto criticasse quanto integrasse ideais de beleza pessoal e desejos formados por padrões racistas, e que colocasse em prática padrões progressistas, um sistema de valorização para abraçar uma diversidade de aparências negras.

Ironicamente, conforme os líderes negros colocavam em questão noções de beleza embasadas no racismo, muitas pessoas brancas expressavam admiração e surpresa de que existissem, na vida negra segregada, sistemas de castas de cor em que, quanto mais clara a pele de alguém, maior o seu valor social. A surpresa dessas pessoas em relação ao funcionamento das castas de cor na vida negra expôs que escolheram permanecer deliberadamente ignorantes a respeito de um sistema estabelecido e mantido pelo pensamento supremacista branco. A construção de hierarquias de castas de cor por racistas brancos no cotidiano do século XIX está bem documentada na história e na literatura. O fato de que as pessoas brancas contemporâneas ignoram essa história reflete a busca da cultura dominante por apagar — portanto, negar — esse passado. Essa negação não dá espaço para a responsabilização, para que pessoas brancas da cultura contemporânea conheçam e reconheçam o papel principal dos brancos na formação das castas de cor. Todos as pessoas negras, até mesmo aquelas que sabem muito pouco sobre história estadunidense, escravidão e reconstrução, sabem que pessoas brancas racistas muitas vezes dirigiam melhor tratamento às pessoas negras de pele mais clara do que às de pele mais escura, e que esse padrão era espelhado nas relações sociais negras. Mas os indivíduos negros que crescem até a maturidade em ambientes brancos — que talvez tenham lhes permitido permanecer ignorantes em relação ao sistema de castas de cor — logo são iniciados nele quando entram em contato com outras pessoas negras.

Questões de cor e casta de pele foram destaques da luta militante negra por direitos. O lema *black is beautiful* [negro é lindo] funcionou para intervir e alterar aqueles estereótipos racistas que sempre insistiam que o negro era feio, monstruoso, indesejável. Duas das principais conquistas do movimento black power foram a crítica e, em alguns casos, o desmanche das hierarquias da casta de cor. Essas conquistas muitas vezes passam despercebidas e sem discussão porque, em grande parte, ocorreram dentro da psique das pessoas negras, principalmente daqueles de nós que vieram da classe trabalhadora ou que eram pobres, sem acesso a fóruns de discussão onde poderíamos expressar e discutir como nos sentíamos. Pessoas negras que chegaram à maioridade antes do black power enfrentaram as implicações da casta de cor por meio da desvalorização ou da sobrevalorização. Em outras palavras, nascer com pele clara significava nascer com uma vantagem reconhecida por todos. Nascer com pele retinta era começar a vida deficiente, com uma séria desvantagem. No início do movimento feminista contemporâneo, eu tinha acabado de sair de um mundo negro segregado e começado a viver em ambientes predominantemente brancos. Lembro-me de me deparar com a insistência de mulheres brancas na ideia de que, quando uma criança está saindo do útero, a primeira preocupação que se tem é identificar seu gênero, se menino ou menina. Chamei atenção para a realidade de que a preocupação inicial para a maioria dos pais e mães negros é a cor da pele, por causa da correlação entre essa característica e sucesso.

A luta militante pela libertação negra desafiou essa sensibilidade. Ela possibilitou que as pessoas negras tivessem um discurso público contínuo sobre o impacto prejudicial do racismo internalizado no que diz respeito aos padrões de cor de pele e beleza. Admitiu-se que pessoas negras retintas, que historicamente suportaram o peso da desvalorização com base na cor, foram injustiçadas por valores estéticos supremacistas brancos agressivos. Estabeleceram-se novos padrões de beleza que buscavam valorizar e acolher as diferentes peles da negritude. De repente, a suposição de que cada pessoa negra também procuraria um parceiro mais claro foi questionada. Quando o nosso líder militante, carismático e revolucionário Malcolm X escolheu se casar com uma mulher de pele mais escura, ele estabeleceu padrões diferentes. Essas mudanças causaram um impacto profundo na vida familiar negra. As necessidades de crianças que sofreram várias formas de discriminação e foram psicologicamente feridas, na família ou na escola pública, porque não eram da cor certa, agora poderiam ser atendidas. Por exemplo, o pai e a mãe de uma criança de pele retinta que, ao se comportar mal na escola, era chamada de demônio e injustamente punida agora têm acesso a recursos encontrados em materiais escritos por psicólogos e psiquiatras negros documentando os efeitos prejudiciais do sistema de castas de cor. Em todas as áreas da vida negra, as manifestações para enxergar que negro é lindo foram fortalecedoras. Um grande número de mulheres negras parou de alisar quimicamente os cabelos, já que não havia mais nenhum estigma ligado à sua textura natural. Aqueles que muitas vezes ficavam passivos enquanto observavam outras pessoas negras sendo maltratadas com base na cor da pele sentiram, pela primeira vez, que era politicamente apropriado intervir. Lembro-me de quando meus irmãos e eu questionamos nossa avó, que podia se passar por branca, acerca dos comentários depreciativos que ela fazia sobre pessoas de pele retinta, incluindo seus netos. Mesmo estando em uma cidadezinha do Sul, fomos profundamente afetados pelas manifestações para acabar com as hierarquias de tons de pele. Esse processo de descolonização criou grandes mudanças na vida de todas as pessoas negras dos Estados Unidos. Agora, poderíamos ser militantes, enfrentar e mudar as consequências psicológicas devastadoras do racismo internalizado.

Mesmo quando a luta coletiva militante negra pela auto-determinação começou a minguar, formas alternativas de ver a negritude e definir a beleza continuaram a florescer. Essas mudanças diminuíram conforme a assimilação se tornava o processo pelo qual pessoas negras conseguiam entrar no padrão com sucesso. Mais uma vez, o destino das pessoas negras dependia do poder branco. Se uma pessoa negra quisesse um emprego e lhe parecesse mais fácil arranjá-lo se não usasse um penteado natural, percebia-se que isso era motivo legítimo para mudar. Obviamente, muitas pessoas, negras e brancas, sentiram que as conquistas relacionadas a direitos civis e integração racial e o fim de muitos tabus raciais antigos (por exemplo, resistência à moradia segregada e relações inter-raciais) significavam que a luta militante não era mais necessária. Uma vez que se definiu a liberdade para pessoas negras como conquista dos direitos de entrar na sociedade convencional, de assumir os valores e a posição econômica das classes brancas privilegiadas, logicamente não demorou muito para que a interação inter-racial nas áreas da educação e do trabalho reinstitucionalizasse, de maneira menos explícita, um sistema em que a mobilidade social era mais fácil para as pessoas negras que tivessem aparência, modo de falar e forma de se vestir mais similares às das pessoas brancas. Até certo ponto, os perigos da assimilação de padrões brancos foram dissimulados pela suposição de que o modo de enxergarmos a negritude tinha sido alterado em sua essência. Ativistas negros conscientes não presumiram que voltaríamos a condições sociais em que as pessoas negras estariam, mais uma vez, lidando com questões de cor. Enquanto líderes como Eldridge Cleaver, Malcolm X, George Jackson e muitos outros repetidamente centralizaram a questão do amor-próprio na luta pela libertação negra, novos ativistas não mantiveram a ênfase na descolonização, uma vez que muitos direitos foram conquistados. Muitas pessoas simplesmente pressupunham que tínhamos resistido de maneira coletiva e alterado as castas de cor.

Poucos ativistas negros estavam atentos o suficiente para ver que as recompensas concretas da assimilação prejudicariam formas subversivas e contrárias de enxergar a negritude. Ainda assim, com a integração racial, muitas pessoas negras rejeitaram a ética do comunalismo, uma estratégia de sobrevivência crucial quando o apartheid racial era a norma; como alternativa, acolheram o individualismo liberal. Entendia-se que ser livre era ter direito de satisfazer o desejo individual sem se responsabilizar por um corpo coletivo. Consequentemente, uma pessoa negra podia sentir que a maneira como se usava o cabelo não era política, mas somente uma questão de escolha. Buscando melhorar a mobilidade de classe, pessoas negras, para serem bem-sucedidas no mundo branco, começaram a recuar e assumir mais uma vez as atitudes e os valores do racismo internalizado. Algumas justificaram a decisão de se comprometerem com os padrões estéticos brancos e assimilá-los como simplesmente "usar a máscara" para se restabelecerem. Isso foi mais bem representado pelas mulheres negras que, para trabalhar, usavam perucas lisas, parecidas com cabelos de pessoas brancas, cobrindo um penteado natural. Infelizmente, a aceitação negra da assimilação resultou no restabelecimento de uma política de representação que determina padrões brancos de beleza como norma.

Sem um movimento organizado, contínuo e coletivo para a autodeterminação negra, pensadores críticos e ativistas negros militantes começaram a constituir uma subcultura. Uma postura militante revolucionária que criticasse seriamente o capitalismo e o imperialismo já não era aceita pela multidão de pessoas negras. Diante dessas circunstâncias, a radicalização de um líder como Martin Luther King passou despercebida pela maioria das pessoas negras: suas impetuosas críticas ao militarismo e ao capitalismo não foram ouvidas. Ao invés disso, King foi lembrado sobretudo pelos estágios iniciais de seu trabalho político, em que apoiava um modelo burguês de assimilação e mobilidade social. As pessoas negras ativistas que ainda eram famosas não deram continuidade à crítica militante e ao questionamento dos padrões brancos de beleza. Ainda que ativistas radicais, como Angela Davis, participassem de grandes fóruns de discussão e continuassem a usar cabelos naturais, identificando-se como pessoas negras, eles não encararam como foco central de seus interesses políticos a descolonização de nossa mente e de nossa imaginação, algo que estava em andamento. Não chamaram a atenção de forma contínua para o foco no amor-próprio negro, para o fim do racismo internalizado.

No final dos anos 1970, as pessoas negras estavam muito menos interessadas em chamar a atenção para os padrões de beleza. Ninguém questionou ativistas radicais que começaram a alisar os cabelos. Líderes heterossexuais negros escolhiam abertamente suas parceiras e cônjuges usando os padrões do sistema de casta de cor. Mesmo durante os estágios mais militantes do movimento black power, eles nunca tinham de fato parado de permitir que noções racistas de beleza definissem quão desejável é uma mulher, mas pregavam uma mensagem de amor-próprio e o fim do racismo internalizado. Essa hipocrisia também desempenhou um papel importante na criação de uma estrutura em que os sistemas de castas de cor pudessem, mais uma vez, se tornar a norma aceita.

O ressurgimento do interesse pela autodeterminação negra, assim como do supremacismo branco explícito, criou, nos anos 1980, um contexto em que se podia dar atenção à questão da descolonização, do racismo internalizado. A grande mídia veiculou histórias sobre o fato de que crianças negras tinham baixa autoestima, que preferiam imagens brancas a negras, que as meninas negras gostavam mais de bonecas brancas. Essa notícia foi recebida com espanto, como se não houvesse contexto político para o repúdio e a desvalorização da negritude. No entanto, a política de assimilação racial sempre operou como uma forma de retrocesso, com a intenção de comprometer a autodeterminação negra. Nem todas as pessoas negras fecharam os olhos para essa realidade. Entretanto, não tivemos acesso à grande mídia e aos fóruns de discussão que teriam nos permitido lançar questionamentos contínuos ao racismo internalizado. A maioria de nós continuou a lutar contra a internalização do pensamento supremacista branco em qualquer frente em que nos encontrávamos. Como professora universitária, indaguei essas questões em sala de aula e, como escritora, em meus livros.

Hoje em dia, está na moda em alguns círculos zombar da luta black power e enxergá-la como mero movimento social fracassado. Repudiam facilmente o lema "negro é lindo". No entanto, esse escárnio não muda a realidade de que o questionamento ao racismo internalizado implícito nesse lema e os diversos desafios concretos que ocorreram em todas as áreas da vida negra produziram mudanças radicais, embora tenham sido comprometidas pela reação negativa supremacista branca. A maioria das pessoas se recusa a ver a intensidade dessa repercussão e responsabiliza ativistas negros radicais por terem interesses muito superficiais. A única crítica justificável que podemos fazer à luta pela libertação negra militante é acerca de seu fracasso em institucionalizar estratégias contínuas de resistência crítica. Coletiva e individualmente, todos devemos assumir a responsabilidade por esse fracasso.

Os ataques do patriarcado supremacista branco capitalista contra os movimentos de autodeterminação negra, cujo objetivo era acabar com o racismo internalizado, foram realizados mais efetivamente pela grande mídia. Institucionalizou-se uma política de representação que incluía imagens negras, dando fim a anos de segregação racial; ao mesmo tempo, reproduzia-se o status quo, o que comprometeu a autodeterminação negra. A consolidação da assimilação, assim como de padrões estéticos brancos racistas, foi o meio mais eficaz para minar os esforços em transformar o racismo internalizado na psique da multidão de pessoas negras. Quando esses estereótipos racistas foram atrelados a uma realidade concreta na qual as pessoas negras assimiladas eram as que recebiam maior recompensa material, a cultura estava madura para um ressurgimento da hierarquia de castas de cor.

Hierarquias de castas de cor envolvem tanto a questão da cor de pele quanto a da textura dos cabelos. Uma vez que as pessoas negras de pele mais clara estão, com mais recorrência, conectadas geneticamente a parceiros intergeracionais tanto brancos quanto negros, elas tendem a ser mais parecidas com brancos. Mulheres descendentes de gerações de miscigenação inter-racial eram mais propensas a terem cabelos lisos e longos. A natureza exploratória e opressora do sistema de castas de cor na sociedade supremacista branca sempre teve um componente de gênero. Uma mistura de pensamentos racista e sexista determina que as hierarquias de casta de cor prejudicam a vida de homens negros e mulheres negras de forma diferente. Pele clara e cabelos lisos e longos ainda são traços que definem uma mulher como bonita e desejável dentro da imaginação branca racista e da mentalidade negra colonizada. Mulheres negras de pele retinta se esforçam para desenvolver uma autoestima positiva na sociedade que continuamente deprecia sua imagem. Até hoje, as imagens de mulher negra detestável, de temperamento vil e desleal ainda são marcadas pela pele mais escura. Esse é o estereótipo chamado "Sapphire" [mulher negra raivosa]; nenhuma pele clara ocupa essa posição depreciada. Vemos essas imagens continuamente na grande mídia, apresentadas em comédias de televisão (como a famosa série *Martin*),[30] em programas policiais (a criminosa negra geralmente é retinta) e em filmes feitos por diretores negros e brancos. Spike Lee retratou de maneira explícita o conflito da cor da pele em seu filme *Lute pela Coisa Certa* (1988), não com personagens homens, mas encenando uma luta dramática entre mulheres de pele clara e suas colegas mais retintas. O filme não é criticamente subversivo nem discordante, ele apenas se aproveita da questão. E, em muitos cinemas, o público negro expressou em voz alta seu comprometimento contínuo com hierarquias de casta de cor ao "insultar" as personagens mulheres de pele retinta.

---

30 Série de comédia estadunidense estrelada pelo ator negro Martin Lawrence (1965-) e exibida entre 1992 e 1997. [N.E.]

Ao longo da história da supremacia branca nos Estados Unidos, homens brancos racistas consideraram a mulher birracial um ideal sexual. E, nesse caso, homens negros seguiram a deixa dos homens brancos. Retratada pelo estereótipo de quem incorpora um erotismo sensual apaixonado, assim como uma natureza feminina subordinada, a mulher negra birracial foi e continua sendo o padrão de comparação para as outras mulheres negras. Mesmo quando é "permitido" a mulheres negras de pele retinta participarem de filmes, suas personagens geralmente são subordinadas a mulheres de pele mais clara, consideradas mais desejáveis. Por um tempo, filmes que retratavam a mulher negra birracial como "mulata trágica" ficaram fora de moda, mas filmes contemporâneos, como o potente drama *Um Passo em Falso* (1992), recolocaram essa figura no centro do palco. O impacto da luta militante pela libertação negra já havia chamado a atenção de revistas de moda dominadas por brancos e de revistas negras para que mostrassem imagens diversas da beleza da mulher negra. Mais recentemente, entretanto, tem sido aceitável apenas destacar e valorizar a imagem da mulher negra birracial. Modelos negras como Naomi Campbell descobriram que fazem mais sucesso entre públicos negros e brancos se sua imagem for alterada por perucas longas e lisas, apliques ou extensões para os cabelos, de modo que se assemelham às "aspirantes" — pessoas que igualam branquitude com beleza ao buscar assumir uma aparência característica da branquitude. Esse terreno de *drag*, em que a mulher de aparência nitidamente negra é convencida a aparecer em uma luta constante para se transformar em uma mulher branca, é um lugar que apenas uma mulher negra de pele marrom pode ocupar. As mulheres negras birraciais já ocupavam um lugar diferente, mais valorizado na hierarquia da beleza. Como na época da escravidão e do apartheid racial, o fascínio branco pela miscigenação racial determina mais uma vez o padrão de apreciação, sobretudo quando a questão é a valorização do corpo da mulher. É um mundo que consegue reconhecer Michael Jordan, de pele retinta, como símbolo de beleza negra, mas despreza e deprecia a beleza de Tracy Chapman. Ícones negros do pop zombam da aparência dela. E ainda que pessoas brancas comentem que mulheres de pele clara e birraciais tenham se tornado as estrelas da maioria dos filmes que retratam pessoas negras, ninguém organizou fóruns de debate para falar sobre o fato de que a grande mídia concentrada na cor compromete nossos esforços para descolonizar a mente e a imaginação. Enquanto pessoas brancas agora privilegiam a pele mais clara em filmes e revistas de moda, principalmente com personagens mulheres, pessoas com pele mais retinta enfrentam uma mídia que subordina a imagem delas. A pele escura é codificada na imaginação racista, sexista ou colonizada como estereótipo masculino. Portanto, as aparências retintas reforçam o poder do homem, mas diminuem a feminilidade da mulher. Independentemente de preferências sexuais, a hierarquia das castas de cor tem a função de diminuir a desejabilidade das mulheres de pele mais retinta. Ser vista como desejável não afeta somente a capacidade de atrair parceiros; melhora também a mobilidade de classe em âmbitos públicos, nos sistemas educacionais e na força de trabalho.

As trágicas consequências da hierarquia de castas de cor são evidentes entre os muitos jovens que estão se esforçando para construir uma identidade positiva e uma autoestima saudável.

Pais e mães negros atestam que crianças negras aprendem cedo a depreciar a pele escura. Uma mãe negra em casamento inter-racial ficou chocada quando sua filha de quatro anos expressou o desejo de que a mãe fosse branca como ela e o pai: ela já tinha aprendido que branco era melhor, já tinha aprendido a negar a negritude em si. Nas escolas de ensino médio em todos os Estados Unidos, as garotas negras de pele retinta precisam resistir à socialização que as faz se enxergarem como feias se quiserem construir uma autoestima saudável. Isso significa que devem resistir aos esforços dos colegas em depreciá-las. Essa é apenas uma das implicações trágicas do reinvestimento negro nas hierarquias de castas de cor. Se uma mudança na conscientização de cor entre pessoas negras nunca tivesse acontecido, ninguém teria prestado muita atenção na realidade de que muitas crianças negras parecem ter hoje, nesta era racialmente integrada do multiculturalismo, tanta dificuldade de aprender a amar a negritude quanto as pessoas tinham durante períodos de intenso apartheid racial. O documentário de Kathe Sandler, *A Question of Color* [Uma questão de cor], examina a forma como a política da libertação negra dos anos 1960 questionou as castas de cor, mesmo quando mostra imagens recentes de ativistas que voltaram às noções de beleza convencionais e racistas. Embora Sandler não ofereça sugestões e estratégias de como podemos lidar com esse problema agora, o filme é uma intervenção importante, porque traz a questão de volta à discussão pública.

Para descrever os problemas de castas de cor, devemos abordá-las politicamente como uma grave crise de consciência se não quisermos voltar a um antigo modelo de classe e casta em que as pessoas negras mais privilegiadas serão de pele clara ou birracial, agindo como mediadores entre o mundo branco e uma multidão de pessoas negras de pele retinta, desprovidas de seus direitos e em desvantagem. Agora há uma nova onda de jovens birraciais com boa formação educacional que se identificam como negros e se beneficiam dessa identificação tanto socialmente quanto ao entrarem na força de trabalho. Embora percebam o racismo implícito quando são mais valorizados pelos brancos do que pelos negros de pele retinta, a ética do individualismo liberal sanciona esse oportunismo. Ironicamente, é possível que estejam entre as pessoas que criticam o sistema de castas de cor, mesmo aceitando as vantagens resultantes do reinvestimento da cultura em hierarquias determinadas pelas tonalidades de pele. Até que as pessoas negras comecem, de modo coletivo, a criticar e a questionar a política de representação que sistematicamente deprecia a negritude, os efeitos devastadores das castas de cor continuarão a infligir danos psicológicos à multidão de pessoas negras. Para intervir e transformar essas políticas de representação formadas pelo colonialismo, pelo imperialismo e pela supremacia branca, precisamos estar dispostos a enfrentar as tentativas da cultura convencional de "apagar o racismo", sugerindo que ele na verdade não existe. Uma vez que reconhecemos o poder das imagens da grande mídia para definir a realidade social, precisamos de lobistas no governo, bem como de grupos organizados que promovam boicotes, a fim de criar conscientização acerca dessas preocupações e de exigir mudanças. Aliados progressistas e não negros devem se unir ao esforço de chamar a atenção para o racismo internalizado. Todo mundo precisa quebrar o muro da negação, que nos faz acreditar que o ódio contra a negritude emerge de psiques individuais problemáticas, e reconhecer que isso é sistematicamente ensinado por meio de processos de socialização na sociedade supremacista branca. Devemos reconhecer também que pessoas negras que internalizaram atitudes e valores supremacistas brancos são tão agentes dessa socialização quanto seus colegas racistas não negros. Líderes negros progressistas e pensadores críticos comprometidos com uma política de transformação cultural que mudaria construtivamente a condição de vida da classe baixa negra e, portanto, impactaria positivamente a cultura como um todo precisam tornar fundamental a descolonização da mente e da imaginação ao educar para a consciência crítica. Aprendendo com o passado, precisamos permanecer criticamente atentos, dispostos a questionar nosso trabalho, assim como nossos hábitos de vida, para garantirmos que não estamos perpetuando o racismo internalizado. Agendas políticas negras mais conservadoras, como a da Nação do Islã e de certas vertentes do afrocentrismo, são as únicas que fazem do amor-próprio interesse central e, como consequência, capturam a imaginação de um público negro em massa. A luta revolucionária pela autodeterminação negra deve se tornar parte real da nossa vida se quisermos nos opor ao pensamento conservador e oferecer práticas afirmativas de existência às pessoas negras feridas diariamente por ataques supremacistas brancos. Essas feridas não curarão se não lidarmos com elas.

17.
Malcolm X: a tão desejada masculinidade feminista

O corpus crítico acadêmico sobre Malcolm X não contém nenhum trabalho *substancial* do ponto de vista feminista. Sempre interessada em abordagens psicanalíticas para compreender a construção da subjetividade individual, tenho me animado com estudos recentes que buscam lançar luz sobre o desenvolvimento da personalidade de Malcolm X como porta-voz militante e ativista da luta pela libertação negra, interpretando criticamente informações autobiográficas e, como consequência, ressaltando de forma séria a questão de gênero.

São tempos conturbados para mulheres e homens negros. Há conflitos de gênero em abundância, assim como enormes mal-entendidos sobre a natureza dos papéis sexuais. Na cultura popular negra, as mulheres negras são frequentemente culpadas pelos problemas que os homens negros enfrentam. A institucionalização do patriarcado do homem negro é muitas vezes apresentada como a resposta para nossas questões. Não surpreende que um ícone cultural como Malcolm X, que continua a ser visto por muitas pessoas negras como personificação da quinta-essência da virilidade, ainda seja um exemplo influente para a construção da identidade do homem negro. Por isso, é crucial entendermos a complexidade do seu pensamento sobre gênero.

Malcolm com frequência culpava as mulheres negras por muitos dos problemas que os homens negros encaravam, e demorou anos para começar a fazer um questionamento crítico sobre esse tipo de pensamento misógino e sexista. O recente estudo biográfico de Bruce Perry, intitulado *Malcolm: The Life of the Man Who Changed Black America* [Malcolm: a vida do homem que mudou os Estados Unidos negros], oferece informações muito necessárias, anteriormente indisponíveis, e tenta "interpretar" a vida de Malcolm de forma crítica, usando uma abordagem psicológica. Ironicamente, porém, responsabiliza as mulheres na vida de Malcolm por qualquer comportamento que possa ser considerado disfuncional. Embora Perry pareça chocar-se com a intensidade do sexismo e da misoginia de Malcolm em vários períodos de sua vida, ele não tenta relacionar esse pensamento à instituição do patriarcado, a formas de pensar sobre gênero que abundam em uma cultura patriarcal, nem mesmo escolhe enfatizar as mudanças progressistas no pensamento de Malcolm sobre gênero no fim da vida. Para se concentrar nessas mudanças, seria necessário que Perry repensasse uma premissa importante de seu livro: que as mulheres negras "dominadoras" na vida de Malcolm — ou as que o abandonaram — criaram nele uma masculinidade monstruosa, que o lesou emocionalmente a ponto de incapacitar sua recuperação e, consequentemente, de torná-lo abusivo e controlador em relação aos outros.

De certa forma, a biografia de Perry tenta desconstruir e desmistificar Malcolm ao ressaltar agressivamente suas falhas, deficiências e problemas psicológicos. E é sobretudo por meio da exploração e da discussão sobre a relação de Malcolm com as mulheres que Perry interpreta criticamente o material, de modo a enfatizar (até demais) que Malcolm não era a matéria-prima que deveria compor modelos, heróis e ícones culturais. Descontextualizar o sexismo e a misoginia de Malcolm, fazendo com que pareçam mero resultado de relações familiares disfuncionais, é retirá-lo da história, representá-lo como se fosse apenas um produto da cultura negra, e não igualmente um indivíduo cuja identidade e cujo senso de si mesmo — em especial o senso de masculinidade — foram moldados pelo *ethos* social predominante da sociedade patriarcal supremacista branca capitalista. Usar uma estrutura tão limitada para analisar a vida de Malcolm só pode levar a distorções e a excesso de simplificação. Nem é preciso mencionar que Perry não usa ferramentas de análise feminista para explicar a atitude de Malcolm em relação às mulheres ou seu modo de pensar sobre relações de gênero. Houve poucas tentativas de discutir a vida de Malcolm e seus compromissos políticos por um viés feminista. Com muita frequência, pensadores feministas simplesmente escolhem focar, como Perry, o sexismo e a misoginia que moldaram o pensamento e as ações de Malcolm ao longo de grande parte de sua vida, usando isso como justificativa para invalidar ou desconsiderar seu impacto político. O ressurgimento contemporâneo do interesse pelos textos escritos e pelos ensinamentos de Malcolm X ajudou a criar um clima crítico no qual podemos reavaliar sua vida e seu trabalho com base em vários pontos de vista. Mulheres e homens jovens e negros, ao escolherem Malcolm como ícone e professor, levantam questões acerca de seu pensamento sobre gênero. Em minhas aulas, jovens negras querem saber como conciliamos seu sexismo e sua misoginia com ensinamentos políticos progressistas sobre libertação negra.

Para reavaliar a vida e a obra de Malcolm do ponto de vista feminista é sem dúvida essencial inseri-lo de maneira definitiva no contexto social do patriarcado. Devemos entender Malcolm à luz do legado histórico no qual racismo e supremacia branca são formas de dominação em que a violação e a desumanização foram articuladas e descritas por meio de uma retórica patriarcal de gênero. Assim sendo, quando as pessoas falam sobre a cruel história da dominação de pessoas negras por pessoas brancas nos Estados Unidos — conforme exemplifica a emasculação de homens negros —, muitas vezes fazem da libertação sinônimo do estabelecimento do patriarcado negro, de homens negros ganhando o direito de dominar mulheres e crianças.

A "masculinidade" que Malcolm X traz em seus discursos apaixonados como representante da Nação do Islã foi claramente definida de acordo com tais características patriarcais. Embora ele não defendesse diretamente o estabelecimento do patriarcado negro como forma de conceder aos homens negros o direito de dominarem as mulheres negras, ele falava sobre a necessidade de "proteger" as mulheres negras, usando assim uma estratégia menos óbvia para promover o patriarcado negro. Ele trouxe o que poderia ser chamado de patriarcado "benevolente", no qual o pai/líder patriarcal assumiria total responsabilidade de cuidar de sua família — sua mulher, seus filhos. Em um de seus discursos mais famosos, "The Ballot or the Bullet" [O voto ou a bala], Malcolm articulou os princípios do nacionalismo negro usando retórica patriarcal: "A filosofia política do nacionalismo negro significa que o homem negro deve controlar a política e os políticos em sua própria comunidade". A retórica de libertação nacionalista negra claramente colocou as mulheres negras em um papel subordinado. É importante observar aqui que Malcolm não inventou essa retórica. Ela era parte da ideologia conservadora subjacente à religião muçulmana negra, além de ser abordagem tanto reformista quanto radical para a libertação negra.

Essa ideologia foi promovida tanto por homens quanto por mulheres negras, muitas das quais aderiram à Nação do Islã porque sentiam que encontrariam respeito pela mulheridade negra, a proteção patriarcal e os cuidados que lhes foram negados na cultura dominante. A subordinação não parecia um preço muito alto a se pagar pela consideração masculina. Em uma de suas primeiras aparições com a grande lutadora pela liberdade negra Fannie Lou Hamer, Malcolm puniu os homens negros por seu fracasso em proteger mulheres e crianças negras da brutalidade racista.

> Quando escuto a sra. Hamer, uma mulher negra — que poderia ser minha mãe, minha irmã, minha filha —, descrever o que fizeram com ela no Mississippi, pergunto-me: como podemos querer ser respeitados como *homens* se há mulheres negras sendo espancadas e nada é feito em relação a isso? Não, não merecemos ser reconhecidos e respeitados como homens enquanto nossas mulheres puderem ser brutalizadas da maneira que essa mulher descreveu e nada for feito.

Socializadas para pensar de acordo com conceitos sexistas sobre a natureza dos papéis de gênero, a maioria das pessoas negras da época de Malcolm acreditava que os homens deveriam trabalhar e sustentar a família, e que as mulheres deveriam permanecer em casa, cuidando da vida doméstica e das crianças. (Hoje, a maioria das pessoas negras entende que ambos os gêneros trabalharão fora de casa.) Era comum entender que o racismo no mercado de trabalho muitas vezes significava que os homens negros não eram capazes de assumir a posição de provedor econômico, que as mulheres negras com frequência encontravam empregos de baixa remuneração, enquanto os homens não conseguiam encontrar trabalho. Uma promessa do Islã de Elijah Muhammad era a de que as mulheres negras encontrariam maridos que estivessem empregados. Qualquer que fosse o sexismo e a misoginia que Malcolm X adotava antes de seu envolvimento com a Nação do Islã, eles foram intensificados por sua participação na organização. No contexto da Nação do Islã, o medo misógino e o ódio pelas mulheres, que ele aprendeu quando era um vigarista de rua, receberam uma estrutura ideológica legítima. No entanto, lá se supunha que, se as mulheres negras eram dominadoras, não era porque eram inerentemente "más", e sim porque os homens negros tinham se permitido tornar-se emasculados e fracos. Portanto, qualquer homem negro que tivesse coragem poderia recuperar esse papel patriarcal e, consequentemente, endireitar a mulher negra rebelde. Como um vigarista de rua, Malcolm ficava frequentemente enfurecido quando as mulheres eram capazes de enganar e controlar os homens.

Por trás de sua desconfiança em relação às mulheres, estava o medo da emasculação, de perder o controle, de ser controlado por outros. Na verdade, Malcolm estava obcecado pela noção de emasculação e interessado na afirmação do controle dos homens negros sobre a vida deles e a vida dos outros. Em sua autobiografia, Malcolm explicou os ensinamentos muçulmanos sobre a natureza dos papéis de gênero ao afirmar que a verdadeira natureza de um homem é ser forte, e a verdadeira natureza de uma mulher é ser fraca; um homem deve sempre respeitar sua mulher, mas precisa também compreender que deve controlá-la, se deseja conquistar seu respeito.

Esse pensamento sexista continua a configurar o pensamento muçulmano negro contemporâneo. Recentemente, sua expressão foi renovada no conhecido livro de Shahrazad Ali, *The Blackman's Guide to Understanding the Black Woman* [O guia do homem negro para compreender a mulher negra]. Ela afirma que o "desrespeito [das mulheres negras] pelo homem negro é causa direta da destruição da família negra". Em muitos aspectos, o livro de Ali foi uma reformulação dos discursos sobre mulheres negras que Malcolm fez em 1956 na igreja Philadelphia Temple. Sempre que falava sobre gênero durante seus anos com a Nação do Islã, Malcolm acusava com regularidade as mulheres negras de agirem em cumplicidade com os homens brancos. Chamando as mulheres negras de "a mais grandiosa ferramenta do diabo", ele insistiu na ideia de que a ascensão das pessoas negras foi impedida por essa "negra má na América do Norte que não quer fazer a coisa certa e impede o homem de se salvar". Bruce Perry tenta mostrar que Malcolm generalizava, referia-se a todas as mulheres tomando por base suas experiências pessoais com certas mulheres negras que, no entendimento dele, não eram progressistas em relação a gênero ou raça.

Não há justificativa para o sexismo de Malcolm. Falando sobre esse sexismo em seu trabalho comparativo *Martin and Malcolm: A Dream or A Nightmare* [Martin e Malcolm: um sonho ou um pesadelo], James Cone ressalta que ambos "compartilhavam muitos aspectos da visão típica dos homens estadunidenses sobre as mulheres". Ele elabora: "Ambos acreditavam que o lugar da mulher era em casa, na esfera privada, e o do homem era na sociedade, na arena pública, lutando por justiça, em nome das mulheres e das crianças". Cone insiste de forma significativa que não ignoremos as consequências negativas para a vida negra que resultaram do apoio de Martin Luther King e Malcolm X aos interesses sexistas.

> Nós, homens negros, talvez entendamos as razões do sexismo de Martin e de Malcolm, ou do nosso próprio, mas nem por isso devemos desculpá-las ou justificá-las, como se sexismo não tivesse sido e não fosse hoje assunto sério na comunidade afro-estadunidense. Dado que nós, negros, não permitiremos que os brancos ofereçam desculpas plausíveis para o racismo, não podemos desculpar nosso sexismo. Sexismo, assim como racismo, é o oposto da liberdade, e devemos descobrir suas manifestações malignas para que possamos destruí-lo.

Poucos homens negros aceitaram o desafio de Cone. E os ensinamentos de Malcolm X são frequentemente relembrados hoje em dia por homens negros para justificar o sexismo deles e o seu contínuo domínio sobre as mulheres negras.

A verdade é que, apesar das mudanças posteriores em seu pensamento sobre questões de gênero, as primeiras palestras públicas de Malcolm defendendo o sexismo tiveram um impacto muito maior na consciência negra do que os comentários que fez durante discursos e entrevistas no estágio final de sua vida, que demonstraram uma evolução progressiva em suas ideias sobre papéis sexuais. Isso torna ainda mais crucial que todas as avaliações sobre a contribuição de Malcolm para a luta pela libertação negra enfatizem essa mudança, não tentando de maneira alguma minimizar o impacto de seu pensamento sexista, e sim criando um clima crítico em que essas mudanças sejam levadas em consideração e respeitadas, e que possam influenciar de forma positiva as pessoas negras que buscam ser mais progressistas politicamente. Em sua autobiografia, Malcolm declarou seu compromisso pessoal contínuo com a mudança: "Toda a minha vida sempre foi uma cronologia de... *mudanças*. [...] Sempre mantive a mente aberta e receptiva, o que é necessário para a flexibilidade que deve ser inerente a qualquer busca inteligente e sincera da verdade". Dadas as mudanças progressivas no pensamento de Malcolm sobre gênero antes de sua morte, não parece de modo algum incongruente vê-lo como alguém que teria se tornado um defensor da igualdade de gênero. Nos discursos em seu último ano de vida, ele sugeriu que as mulheres negras deveriam desempenhar papel igual ao dos homens na luta pela libertação negra, o que constitui um desafio implícito ao pensamento sexista. Se tivesse sobrevivido, provavelmente Malcolm teria desafiado explicitamente o pensamento sexista de maneira tão inflexível quanto a que outrora defendera. Cone faz esta observação perspicaz em sua discussão sobre o sexismo de Malcolm:

Quaisquer que fossem as opiniões de Malcolm sobre qualquer assunto, ele as apresentava da forma mais extrema possível, para que ninguém ficasse em dúvida sobre seu posicionamento. Quando ele descobria seu erro em relação a algo, era tão extremo em sua rejeição quanto fora na afirmação. Após seu rompimento com a Nação do Islã e suas subsequentes viagens ao Oriente Médio e à África, Malcolm fez uma reviravolta em sua visão sobre os direitos das mulheres; afinal, começou a considerar a questão não apenas no contexto da religião e da moralidade mas, ainda mais importante, do ponto de vista da mobilização das forças necessárias para revolucionar a sociedade.

Muitas vezes, homens e mulheres negros sexistas que pensam em Malcolm como ícone cultural suprimem informações sobre essas mudanças em seu pensamento porque tais mudanças não corroboram seus interesses sexistas.

As avaliações feministas da vida de Malcolm não foram encorajadas por indivíduos preocupados em definir seu legado e o impacto de sua obra. Quando há uma conferência ou painel sobre Malcolm e seu trabalho, Betty Shabazz, sua viúva, é geralmente a voz feminina representante. Muito recentemente, a censura sexista determinou quais vozes femininas poderiam falar sobre Malcolm e ser ouvidas. Uma vez que Shabazz continua a ser a voz feminina que representa o legado de Malcolm e quase não comenta — se é que comenta — sobre mudanças progressistas no pensamento dele a respeito de gênero, ela tem participação no encerramento desse debate. Durante praticamente todo o casamento, Malcolm assumiu um papel patriarcal benevolente na família. Shabazz documenta isso em seu ensaio "Malcolm X as a Husband and Father" [Malcolm X como marido e pai]. Ainda assim, seria muito simplista considerar Shabazz mera vítima dos interesses sexistas dele. Ela também tinha interesses sexistas. Estava igualmente comprometida com as formas de pensar sobre papéis de gênero que foram expressas e defendidas pela Nação do Islã. E, embora Shabazz tenha rompido com o grupo, entrevistas e diálogos não dão nenhuma indicação de que ela tenha mudado substancialmente seu pensamento sobre gênero, de que ela defenda o feminismo de alguma forma.

Mesmo que Shabazz tenha tentado afirmar identidade e presença autônomas após a morte de Malcolm, ela continua a assumir a posição de que, sendo viúva dele, tem direito (acordado com o patriarcado) de ser sua principal e autêntica porta-voz, informando ao mundo quem Malcolm X, o homem, realmente foi. Legalmente, ela controla o espólio de Malcolm X. No entanto, conforme fontes sugerem, se ela e Malcolm estavam se afastando (talvez até mesmo à beira de um divórcio), é bem possível que, apesar do domínio patriarcal dele na família, seu pensamento sobre gênero fosse mais progressista do que o dela. É óbvio que não seria do interesse dela revelar esse conflito, porque isso levantaria questões problemáticas sobre seu papel contínuo como a voz do homem Malcolm.

Em última análise, talvez qualquer avaliação feminista da vida e da obra de Malcolm devesse admitir que, dada a política sexista de sua vida familiar, Shabazz não consegue expor as mudanças do marido em relação ao tema. E, se de fato suas próprias opiniões não forem especificamente progressistas ou feministas, ela realmente não tem um ponto de vista que lhe permita articular as mudanças no pensamento dele. Falando abertamente, talvez Shabazz defenda a igualdade de gênero no âmbito do trabalho, mas ela não vê necessidade de mulheres e homens manifestarem resistência ao sexismo e à opressão sexista em todas as áreas da vida. Ela não foi a público mostrar uma conversão à política feminista nem ao tipo de pensamento feminista que lhe daria um ponto de vista teórico para falar sobre uma mudança progressista em Malcolm (ou, nesse caso, sobre o que qualquer pessoa pensa sobre gênero).

No entanto, o único fato de ter sido esposa de Malcolm faz dela um ícone aos olhos de muitas pessoas negras que buscam aprender com a vida e a obra dele. Se Betty Shabazz age como se as mudanças progressistas no pensamento de Malcolm sobre gênero não fossem importantes, ela é cúmplice das pessoas que escolhem ignorar ou desconsiderar tais mudanças.

Muitas mulheres negras mais jovens (inclusive eu) que têm oportunidade de estar na presença de Shabazz admiram a força dela ao lidar com as adversidades que ela e seus filhos enfrentaram como resultado das escolhas políticas de Malcolm e da morte dele, assim como a maneira com que ela conseguiu criar uma identidade separada e única. Mas essa admiração não muda o fato de que, na maioria dos ambientes públicos onde Shabazz aparece com homens, ela assume uma posição sexista tradicional (ou seja, presta muita atenção ao que os homens dizem quando interpretam a obra de Malcolm, enquanto ignora ou desconsidera efetivamente as interpretações feitas por mulheres). Embora muitas vezes apoie as mulheres, Betty Shabazz não demonstra uma preocupação constante com questões relacionadas aos direitos das mulheres. Certamente ela tem o direito de determinar quais preocupações políticas a interessam. O que quero sugerir aqui, no entanto, é que, se Shabazz tivesse sido mais franca em relação às mudanças no pensamento de Malcolm sobre gênero, se ela tivesse sido mais franca em relação à sua dificuldade de se sujeitar à dominação sexista dele na vida familiar, se de fato ela pudesse articular sua própria "amargura" (se é que existe) em relação a Malcolm não ter vivido para oferecer a ela os benefícios de seu pensamento progressista sobre gênero, compreenderíamos melhor a consciência crítica que ele estava desenvolvendo em torno dessa questão.

Na biografia que escreveu sobre Malcolm, Perry tenta construí-lo como um "abusador" sexista, do qual a esposa foi, de certa forma, libertada com a morte dele.

Livre do controle de Malcolm, Betty, arremessada para a proeminência nacional pelo assassinato dele, floresceu. Como Louise Little, ela defendia que seu falecido esposo, com quem estava casada havia sete anos, tinha sido um bom marido. Ela voltou a estudar, fez doutorado e se tornou uma figura pública, por seus próprios méritos. "Não sou apenas a viúva de Malcolm", ela disse com orgulho a um repórter. Durante a entrevista, ela fez alusão a homens que abusam de mulheres. Esse abuso, ela disse, é resultante de relações infelizes com mães ou irmãs durante a infância.

Ironicamente, Perry recruta Shabazz para apoiar seus interesses sexistas e sua interpretação crítica de Malcolm, que é tendenciosa devido ao mesmo pensamento sexista que ele critica em Malcolm, fazendo parecer que apenas as ações das mulheres (como mães e irmãs) moldam e formam a identidade dos homens. O comentário de Shabazz reforça essa interpretação sexista sobre influências durante a infância. Mas, e o que dizer sobre a sociedade e o papel de pais e outros homens na formação das atitudes e das ações de Malcolm em relação às mulheres? Por que tanto Perry quanto Shabazz negam a influência do patriarcado e se engajam na própria forma de culpabilização materna?

Parece irônico, já que a recusa de Shabazz em falar com Perry dá a entender que ela não o vê como o porta-voz para interpretar a vida e a obra de Malcolm, mas ambos não indagam totalmente a questão do gênero por um viés não sexista. Se Shabazz não consegue questionar o próprio pensamento sexista, é compreensível que ela possa ser incapaz de, publicamente, fazer o mesmo com relação aos hábitos de gênero de Malcolm. Talvez ela não queira discutir abertamente o sexismo dele nem o fato de que suas mudanças de atitude possivelmente não se refletiram na vida pessoal dele. Da mesma forma, talvez seja difícil para as filhas de Malcolm serem publicamente críticas, ou fazerem uma autorreflexão sobre as atitudes dele em relação às mulheres, seu pensamento sobre gênero, porque talvez se lembrem apenas do período em que ele estava mais comprometido com uma postura patriarcal benevolente e era o tipo de pai que pouco estava em casa. Só podemos esperar que, com o passar do tempo, conforme as pessoas negras aceitem, coletiva e plenamente, que é possível conhecer os aspectos negativos de nossos ícones culturais sem perder o profundo respeito por suas contribuições pessoais e políticas, todos que conheciam Malcolm X na intimidade sentirão que podem falar mais aberta e honestamente sobre ele. É possível que, então, Shabazz também seja capaz de ser mais explícita em sua crítica à dominação dos homens negros.

Apesar do sexismo de Malcolm, ele ajudou Shabazz a se tornar uma pessoa politicamente mais consciente. Entrevistada na edição de fevereiro de 1990 da revista *Emerge*, concentrada em "[relembrar] Malcolm X 25 anos depois", Betty Shabazz declara com honestidade que foi politizada durante seu relacionamento com Malcolm, o homem:

> Ele expandiu minha estrutura conceitual, que, como uma garotinha de classe média de Detroit, Michigan, com pai e mãe mais velhos e sem irmãos ou irmãs, era muito limitada. Malcolm me deu uma perspectiva mundial — expandiu a forma como eu

enxergava as coisas... Acho que [se não tivesse conhecido e me casado com Malcolm] ainda seria uma mulher metodista cujas preocupações restringiam-se à comunidade onde vivia, e não com a sociedade mundial.

As declarações de Shabazz indicam que interesses sexistas não a impediram de aprender a pensar e a agir politicamente por meio do exemplo de Malcolm X. Angela Davis também falou sobre a forma como Malcolm contribuiu para o desenvolvimento de seu pensamento social e político e de sua militância. Eu mesma declarei, repetidas vezes, que os escritos dele foram essenciais para meu desenvolvimento político. Para muitos de nós, sua crítica inquestionável ao racismo internalizado, aliada à sua defesa explícita da necessidade de resistência militante, foi o tipo de intervenção política que transformou nossa consciência e nossos hábitos de vida. A despeito de seu sexismo, essa transformação aconteceu.

Notadamente, foi a ruptura de Malcolm com o pai patriarcal incorporado em Elijah Muhammad que criou o espaço social para transformar seu pensamento sobre gênero. Sua relação com Betty (que não se encaixava em estereótipos sexistas sobre o comportamento da mulher) já havia criado um contexto pessoal para que ele repensasse suposições misóginas, mas, de certa forma, ele precisou se tornar "desleal" (para usar a palavra de Adrienne Rich) ao patriarcado antes de conseguir pensar de maneira diferente sobre as mulheres, sobre nosso papel na luta de resistência e, potencialmente, sobre o movimento feminista. Pensadores contemporâneos prestam um grande desserviço a Malcolm quando tentam reinscrevê-lo como ícone dentro do mesmo contexto patriarcal que ele afrontou com tanta coragem. Sua resistência ao patriarcado ficou representada em sua ruptura com a Nação do Islã, na crítica de seu próprio papel no âmbito doméstico e nas mudanças progressistas em seu pensamento sobre gênero: ele não endossava mais a noção sexista de que a liderança dos homens negros era essencial para a libertação negra.

Foi novamente na companhia de Fannie Lou Hamer, pouco antes de sua morte, que Malcolm fez uma de suas declarações mais potentes sobre a questão de gênero. Ao chamar Hamer de "uma das maiores lutadoras pela liberdade deste país", no Audubon Ballroom, ele declarou: "Você não tem que ser um homem para lutar pela liberdade. Tudo de que precisa é ser um ser humano inteligente. E, automaticamente, sua inteligência o levará a querer tanto a liberdade que você fará qualquer coisa, por qualquer meio necessário, para consegui-la". Malcolm estava então repensando e desafiando de forma explícita a si mesmo e a outros que privilegiavam o papel do homem negro na luta de resistência. Outro fator que o levou a repensar suas atitudes foi o tremendo apoio que as mulheres negras estenderam a ele após sua ruptura com a Nação do Islã, assim como sua consciência crescente de que elas eram muitas vezes o núcleo trabalhador de várias organizações negras, tanto radicais quanto conservadoras.

Estrategicamente, foi necessário que Malcolm construísse um eleitorado autônomo após seu rompimento com a Nação do Islã. Não surpreende que ele tenha se conscientizado de que as mulheres poderiam ser formidáveis defensoras da luta de resistência e de que ele precisaria confiar nas colegas mulheres. Mais uma vez, é importante relacionar sua ruptura com a estrutura patriarcal e hierárquica do Islã com um repensar crítico do lugar da hierarquia em qualquer organização social e política. Durante o último mês de sua vida, o jornal *The New York Times* atribuiu a ele a seguinte fala: "Sinto-me como um homem que estava de certa maneira dormindo e sob o controle de outra pessoa. Sinto que o que estou pensando e dizendo agora é por conta própria. Antes, era devido a Elijah Muhammad e sua orientação. Agora penso com minha própria cabeça". Provavelmente, esse momento de autocrítica o ajudou a questionar o pensamento sobre gênero, reformulação que a biografia de Perry se recusa a reconhecer e a interpretar criticamente como uma mudança política impressionante. Falando com o mesmo tom arrogante que caracteriza boa parte do livro, Perry escreve sobre o relacionamento de Malcolm e Shabazz:

> O casamento de Malcolm não era mais infeliz do que o de outras figuras públicas que rejeitam a intimidade devido ao amor da multidão. Depois de algum tempo, o casamento quase acabou, aparentemente devido a questões com dinheiro. Mas havia outros problemas; afinal, Malcolm negava à esposa o calor e o apoio emocional que sua mãe e Ella (sua irmã mais velha) lhe negaram. Ele a controlava como elas o controlaram. Sua misoginia era resultado previsível da tirania do passado.

Esse é um bom exemplo de como Perry opera uma trapaça psicológica, usando o pensamento e as ações sexistas de Malcolm para defini-lo. Como mencionei, o autor se recusa a reconhecer as profundas mudanças no pensamento de Malcolm sobre gênero, até mesmo o fato de ele ter reconsiderado o relacionamento com a família, porque essas mudanças atrapalham a crítica proposta no livro. Talvez seja correto dizer que o pensamento sexista de Malcolm sobre mulheres em geral e, mais especificamente, sobre mulheres negras tenha sido reforçado por sua relação com a mãe e com a irmã mais velha; nesse caso, também seria correto dizer que, quando ele passou a substituir esses laços de parentesco disfuncional por novos laços com mulheres, deu início uma espécie de autocura que lhe permitiu ver as mulheres de maneira diferente. A interação com mulheres negras como Fannie Lou Hamer e Shirley Graham Dubois, líderes inteligentes e influentes, deixou Malcolm X intensamente impressionado. Dado que muitos de seus pontos de vista misóginos referiam-se constantemente ao corpo e à sexualidade da mulher, é importante notar que, em tentativas de reparação, seus últimos discursos enfatizaram a inteligência das mulheres negras. Por isso, ele pôde afirmar: "Tenho orgulho da contribuição que as mulheres fizeram. Sou a favor de dar a elas todo espaço possível. Elas fizeram uma contribuição maior do que muitos homens".

Há muita documentação para sustentar as mudanças progressistas nas atitudes de Malcolm com relação às mulheres: evidentemente, ele acreditava que elas deveriam desempenhar algum papel na luta de resistência (um que fosse igual ao dos homens); acreditava que as contribuições das mulheres deveriam ser reconhecidas; e apoiou a educação igualitária. Porém, há pouca documentação que forneça qualquer pista de como ele percebeu que essas mudanças afetariam os papéis de gênero na vida doméstica. Podemos até considerar que ele talvez tivesse desenvolvido o tipo de consciência crítica que lhe teria permitido escutar e aprender com as defensoras negras do pensamento feminista, que ele talvez tivesse se tornado um porta-voz da causa, um aliado poderoso, mas tudo isso não passa de suposições. No entanto, não devemos minimizar o significado da transformação em sua consciência acerca da questão de gênero, ocorrida no final de sua carreira política.

Seria um profundo desserviço à memória de Malcolm, ao seu legado político, se as pessoas que o reivindicam como influente professor e figura mentora reprimissem o conhecimento sobre essas mudanças. Sexismo, opressão sexista e sua expressão mais insidiosa, a dominação masculina, continuam a comprometer a luta pela libertação negra, continuam a diminuir o potencial positivo na vida familiar negra, tornando disfuncionais as relações familiares que poderiam permitir a recuperação e a resistência. Portanto, mais do que nunca, é preciso uma educação massiva para a consciência crítica que ensine as pessoas acerca da transformação do pensamento de Malcolm sobre gênero. Sua mudança de um ponto de vista sexista e misógino para um em que ele endossava os esforços pela igualdade de gênero foi muito potente. Isso pode servir de exemplo para muitos homens hoje, sobretudo homens negros. Lembrar-se de Malcolm apenas como cafetão e agressor, como alguém que usou e explorou mulheres, é uma distorção de quem ele era, é equivalente a um ato de violação. Pensadoras feministas não podem exigir que os homens mudem e, ao mesmo tempo, se recusarem a reconhecer de forma totalmente positiva quando eles repensam o sexismo e alteram seu comportamento.

Ainda que nunca tivesse confrontado e alterado seu pensamento sexista, Malcolm X permaneceria um pensador político e ativista importante, cuja vida e obra deveriam ser estudadas. Contudo, a questão que deve ser ressaltada repetidas vezes é que ele começou a criticar e a mudar esse sexismo, e transformou sua consciência.

Quando ouço Malcolm nos incitar a agarrar nossa liberdade "por qualquer meio necessário" (*by any means necessary*), não penso em um chamado à violência masculina, mas em uma convocação que nos instiga a pensar, a descolonizar a mente e a criar estratégias para que possamos utilizar várias ferramentas e armas em nossos esforços pela emancipação. Gosto de me lembrar dele falando sobre nossa escolha por trabalhar pela liberdade "por qualquer meio necessário", em sua reação às palavras de Fannie Lou Hamer. Gosto de trazer o nome de Malcolm e suas palavras quando escrevo para um namorado negro sobre como tratamos um ao outro, usando sua sugestão de amor redentor entre pessoas negras, relembrando que ele nos disse:

> Não é necessário mudar o pensamento do homem branco. Precisamos mudar nosso próprio pensamento. [...] Precisamos mudar a nossa própria maneira de pensar um no outro. Precisamos enxergar um ao outro com novos olhos. Precisamos enxergar um ao outro como irmãos e irmãs. Precisamos nos unir com carinho.

A harmonia que Malcolm invoca só pode emergir em um contexto no qual a luta pela libertação negra seja renovada com um componente feminista, no qual a erradicação do sexismo seja vista como essencial à nossa luta, aos nossos esforços para construir uma comunidade amada, um espaço de harmonia e conexão no qual mulheres negras e homens negros possam encarar uns aos outros não como inimigos, mas como camaradas, com o coração alegre, em uma comunhão da luta em comum e da vitória mútua.

18.
Colombo:
o passado não
esquecido

Ontem, tarde da noite, um homem branco estranho bateu à minha porta. Caminhando em sua direção pelas sombras escuras do corredor, senti o medo aflorar, uma incerteza em relação a abrir ou não a porta. Hesitei, mas abri. Era um mensageiro trazendo uma carta de uma colega. Quando tomei a carta, ele me disse que estava lendo meu livro *Olhares negros*, que estava gostando, mas apenas queria dizer que havia muita ênfase em "Ah", ele continuou, "você sabe qual expressão". Terminei a frase para ele: "Patriarcado supremacista branco capitalista". Depois de um momento de pausa, falei: "Bem, é bom saber que você está lendo esse livro".

No início, quando comecei a usar a expressão patriarcado supremacista branco capitalista para descrever minha compreensão da "nova ordem mundial", as pessoas reagiram. Vi como essa expressão perturbou, enfureceu e provocou de inúmeras maneiras. A reação reforçou minha conscientização de que é muito difícil para a maioria dos estadunidenses, independentemente de raça, classe, gênero, preferência sexual ou fidelidade política, de fato aceitar que esta sociedade é supremacista branca. Muitas feministas brancas usavam a expressão patriarcado capitalista sem se questionar se era apropriada. Evidentemente, as pessoas achavam mais fácil ver a verdade ao se referirem ao sistema econômico como capitalista, e ao sistema institucionalizado de dominação pelo gênero masculino como patriarcal, do que pensar na maneira como a supremacia branca, como ideologia fundacional, continuamente configura e molda a orientação desses dois sistemas de dominação. A recusa coletiva da nação em reconhecer a supremacia branca institucionalizada ganha enorme e profunda manifestação no zelo contemporâneo em reivindicar o mito de Cristóvão Colombo como ícone patriótico.

Apesar de todo o rebuliço atual, não acredito que uma multidão de estadunidenses passe muito tempo pensando em Colombo — pelo menos, não até agora. Quando a nação insiste que seus cidadãos celebrem a "descoberta" da América liderada por Colombo, há um implícito apelo para que o patriota entre nós reafirme um compromisso nacional com o imperialismo e a supremacia branca. Por isso, muitos de nós sentimos a necessidade política de todos os estadunidenses que acreditam em uma visão democrática da "sociedade justa e livre", que evita qualquer apoio ao imperialismo e à supremacia branca; a necessidade de "contestar" a romantização de Colombo, do imperialismo, do capitalismo, da supremacia branca e do patriarcado.

O legado de Colombo é uma herança transmitida através das gerações; forneceu o capital cultural que fundamenta e sustenta o patriarcado supremacista branco capitalista moderno. Nós, que nos opomos a todas as formas de dominação, há muito tempo desmascaramos o mito de Colombo e recuperamos histórias que nos permitem uma visão mais ampla e realista das Américas. Portanto, resistimos e nos opomos ao apelo nacional para honrar essa figura. O que celebramos é nossa subversão desse momento, a forma como muitas pessoas o transformaram em um lugar de intervenção radical. De fato, o convite para honrar Colombo foi, para alguns de nós, um apelo convincente para educar a nação para a consciência crítica, para aproveitar o momento e transformar a compreensão de todos sobre a história nacional. Reconhecemos que esse momento nos abre um espaço público de luto, uma ocasião para lamentar a perda do mundo como era antes da vinda do homem branco e para recordar e recuperar valores culturais daquele mundo. E reconhecemos o crescente espírito de resistência que, sem dúvida, abalará esta nação de tal forma que a terra, o chão que estamos pisando e em que vivemos, sofrerá uma mudança fundamental, será virado pelo avesso conforme retomamos uma preocupação com a harmonia coletiva e a vida do planeta.

Ao pensar no legado de Colombo e nos fundamentos da supremacia branca nos Estados Unidos, sou imediatamente atraída para Ivan Van Sertima e seu livro inovador *They Came Before Columbus* [Eles vieram antes de Colombo]. Documentando a presença de africanos nesta terra antes de Colombo, seu trabalho nos convida a repensar questões de origem e começos. Muitas vezes, as profundas implicações políticas do trabalho de Van Sertima são ignoradas. No entanto, essa obra revolucionária nos convida a reconhecer, na história estadunidense, a existência de uma realidade social na qual os indivíduos se encontravam no lugar da diferença étnica, nacional e cultural, mas não faziam dessa diferença um espaço para dominação imperialista/cultural. Em minhas lembranças do que aprendi sobre Colombo na escola, destaca-se a maneira como nos ensinaram a acreditar que a vontade de dominar e de conquistar pessoas diferentes de nós é natural, e não culturalmente específica. Ensinaram-nos que os índios teriam conquistado e dominado os exploradores brancos se pudessem, mas eles simplesmente não eram fortes nem inteligentes o suficiente. Implícita em todos esses ensinamentos estava a suposição de que foi a branquitude desses exploradores do "novo mundo" o que lhes deu um poder maior. A palavra "branquitude" nunca era usada. A palavra-chave, aquela que tinha branquitude como sinônimo, era "civilização". Portanto, fomos obrigados a entender, ainda jovens, que qualquer crueldade feita aos povos indígenas deste país, os "índios", foi necessária para trazer o grande dom da civilização. Ficou óbvio para nossa mente jovem que a dominação era um ponto central do projeto da civilização. E, se a civilização era boa e necessária apesar dos custos, então a dominação era igualmente boa.

Forjou-se uma ideia de que era natural, para pessoas diferentes entre si, se conhecerem e lutarem por poder, e ela se mesclou à ideia de que era natural, para pessoas brancas, viajar pelo mundo civilizando as não brancas. Apesar das intervenções progressistas na educação, que exigem uma reformulação na maneira como a história é ensinada e culturalmente lembrada, ainda há pouca ênfase na presença de africanos no "novo mundo" antes de Colombo. Enquanto esse fato da história for ignorado, é possível dizer que Colombo era imperialista, colonizador, tendo em vista que ainda se considera verdadeira a suposição de que a vontade de conquistar é inata, natural, e de que é ridículo imaginar que pessoas diferentes nacional e culturalmente possam se conhecer e não ter o conflito como principal ponto de conexão. A suposição de que a dominação não é apenas natural mas também central no processo civilizatório está profundamente enraizada em nossa mentalidade cultural. Como nação, fizemos pouco progresso transformador para erradicar o sexismo e o racismo precisamente porque a maioria dos cidadãos dos Estados Unidos acredita, no fundo do coração, que é natural para um grupo ou um indivíduo dominar os demais. A maioria das pessoas não acredita que é errado dominar, oprimir e explorar outras pessoas. Embora grupos marginalizados tenham maior acesso aos direitos civis nesta sociedade do que em muitas outras do mundo, nosso exercício desses direitos pouco fez para mudar a suposição cultural vigente de que a dominação é essencial para o progresso civilizatório, para a realização da ordem social.

A despeito das tantas evidências cotidianas que sugerem o contrário, multidões de estadunidenses brancos continuam a acreditar que as pessoas negras são geneticamente inferiores, e que é natural que sejam dominadas. Ainda que as mulheres tenham provado serem iguais aos homens em todos os sentidos, multidões ainda acreditam que não é possível haver ordem social e familiar duradoura se os homens não dominarem as mulheres por meio de patriarcados, sejam benevolentes, sejam brutais. Devido a essa mentalidade cultural, é fundamental que os progressistas que buscam educar para a consciência crítica lembrem à nossa nação e aos cidadãos que existem paradigmas para a construção de uma comunidade humana que não privilegiam a dominação. E qual exemplo de cultura poderia ser melhor do que o encontro de africanos e povos nativos nas Américas? Estudando esse caso histórico, podemos aprender muito sobre a política da solidariedade. No ensaio "'Renegados' revolucionários: americanos nativos, afro-americanos e indígenas negros", publicado em *Olhares negros*, enfatizo a importância dos laços entre os africanos que vieram para cá antes de Colombo e as comunidades nativas estadunidenses:

> Os africanos que se aventuraram para o "novo mundo" antes de Colombo reconheceram seu destino comum com os povos nativos que lhes deram abrigo e um lugar para descansar. Não vieram para comandar, tomar, dominar ou colonizar. Não ansiavam por cortar seus laços com a memória; não haviam esquecido seus ancestrais. Esses exploradores africanos voltaram para casa pacificamente depois de um tempo de comunhão com os americanos nativos. Ao contrário da insistência colonial imperialista branca de que era "natural" para grupos diferentes entrar em conflito e disputas de poder, os primeiros encontros entre africanos e indígenas oferecem uma perspectiva contrária, uma visão de contato entre culturas onde a reciprocidade e o reconhecimento da primazia da comunidade são afirmados, onde o desejo de dominar e conquistar não era visto como a única maneira de confrontar o Outro que não somos nós.

Evidentemente, os africanos e os povos nativos que os saudaram nessas margens ofereceram uns aos outros uma forma de se encontrarem além da diferença, ressaltando a noção de compartilhar recursos, explorar dessemelhanças e descobrir parecenças. Mesmo que não haja um número ilimitado de documentos que confirmem esses laços, devemos nos atentar para eles se quisermos dissipar a suposição cultural de que a dominação é natural.

Imperialistas brancos colonizadores documentaram a realidade de que os povos indígenas que conheceram não os receberam com vontade de conquistar, dominar, oprimir ou destruir. Em seus diários e cartas aos patronos espanhóis, Colombo descreveu a natureza gentil e pacífica dos americanos nativos. Em uma carta a um patrono espanhol, Colombo escreveu (citado no ensaio de Howard Zinn "Columbus, the Indians, and Human Prógress" [Colombo, os indígenas e o progresso humano]):

> Eles são muito simples e honestos e extremamente liberais com tudo o que têm, nenhum deles se recusa a entregar nada do que possui quando lhe é pedido. Demonstram grande amor pelos demais acima de si mesmos.

Embora parecesse admirado com as políticas de relações comunitárias e pessoais que testemunhou entre os povos indígenas, Colombo não tinha empatia pelos novos valores culturais que observava — tampouco os respeitava — e não se permitiu ser transformado, renascido com um novo hábito de ser. Ao invés disso, via esses valores culturais positivos como fraquezas que tornavam os povos indígenas vulneráveis, nações que poderiam ser facilmente conquistadas, exploradas e destruídas. Essa arrogância cultural foi expressa em seu diário quando se gabou: "Eles seriam bons servos. Com cinquenta homens, poderíamos subjugar todos eles e obrigá-los a fazer o que quisermos". No cerne dos novos valores culturais que Colombo observou, havia a subordinação da materialidade para o bem-estar coletivo, o bem da comunidade. Supõe-se que não havia comunidade indígena formada com base na exclusão de forasteiros, por isso era possível que aquelas pessoas diferentes — em aparência, nacionalidade e cultura — fossem acolhidas pelo *ethos* comunitário.

É a memória desse acolhimento que devemos retomar ao questionarmos criticamente o passado e repensarmos o significado do legado de Colombo. Somos essencialmente convidados a escolher entre uma memória que justifique e privilegie dominação, opressão e exploração e uma que exalte e sustente reciprocidade, comunidade e mutualidade. Com a crise que o planeta hoje enfrenta — destruição desenfreada da natureza, fome, ameaças de ataque nuclear, guerras patriarcais em curso — e a forma como essas tragédias se manifestam em nossa vida cotidiana e na vida de pessoas em todo o mundo, poder recordar e remodelar paradigmas de vínculos humanos que enfatizam a capacidade das pessoas de cuidarem da terra e umas das outras só pode ser fonte de alegria. Essa memória pode restaurar nossa fé e renovar nossa esperança.

Independentemente de evocarmos memórias sobre Colombo ou sobre os africanos que fizeram a jornada antes dele, o legado que cada um representa, guardadas suas diferenças, é masculino. Em determinado semestre, comecei meu curso sobre escritoras afro-estadunidenses abordando essa jornada. Pela primeira vez, falei sobre o fato de que o contato inicial entre africanos e americanos nativos era, antes de tudo, um encontro entre homens. Mais tarde, chegou Colombo, também com homens. Ainda que os homens africanos e os americanos nativos que se encontraram não incorporassem características de um ideal masculino imperialista misógino, eles compartilhavam com os colonizadores brancos uma crença em sistemas de gênero que privilegiam a masculinidade. Isso significa que, embora houvesse comunidades na África e nas Américas nas quais mulheres tinham muito privilégio, elas sempre foram vistas como essencialmente diferentes e, em vários sentidos, inferiores aos homens. O ensaio de Zinn enfatiza tanto o "estupro generalizado de mulheres nativas" por colonizadores brancos como até que ponto o empreendimento imperialista nas Américas foi visto como uma "conquista masculina". Qual debate contemporâneo especula o modo como os homens indígenas reagiram às agressões contra as mulheres nativas? Zinn enfatiza as metáforas de gênero utilizadas para comemorar a vitória dos colonizadores. Cita a romantização patriarcal dessa conquista feita por Samuel Eliot Morison: "Nunca mais os homens mortais esperarão recapturar o espanto, o deslumbramento, o prazer daqueles dias de outubro de 1492, quando o novo mundo graciosamente rendeu sua virgindade aos conquistadores castelhanos". Homens indígenas não tinham nenhuma relação com a terra, com o mundo de seus ancestrais, que lhes permitisse usar metáforas de estupro e violação. Imaginar a terra como uma mulher a ser tomada, consumida, dominada era um modo de pensamento próprio do colonizador. O que eu quero dizer não é que os americanos nativos e os africanos não tinham valores sexistas; eles os tinham de forma diferente da dos colonizadores brancos. Entre esses homens diversos e essas comunidades diversas, ambos de etnias também diversas, havia limites ao poder masculino. É uma consequência trágica da colonização que os homens de cor contemporâneos busquem afirmar identidade nacional e poder masculino em contextos culturais específicos, reforçando uma masculinidade construída pelo pior do legado patriarcal branco.

Em nossa releitura cultural da história, devemos conectar o legado de Colombo com a institucionalização do patriarcado e com a cultura da masculinidade sexista que defende homens dominando mulheres no cotidiano. A romantização cultural do legado imperialista de Colombo inclui uma romantização do estupro. Colonizadores brancos que estupraram e brutalizaram fisicamente mulheres nativas, mas que registraram esses atos como vantagens da vitória, agiram como se as mulheres de cor fossem objetos, e não sujeitos da história. Se houvesse conflito, seria entre homens. Considerava-se que as mulheres e o corpo de cada uma existiam separadamente da luta entre os homens por terra e território. A partir desse momento histórico, as mulheres de cor tiveram de lidar com um legado de estereótipos que sugerem que somos traidoras, bastante dispostas a consentir quando o colonizador exige nosso corpo. Qualquer questionamento crítico do legado de Colombo que não chame a atenção para a mentalidade patriarcal supremacista branca, que tolera estupro e agressão contra mulheres nativas, é somente uma análise parcial. Para os críticos contemporâneos, condenar o imperialismo do colonizador branco sem criticar o patriarcado é uma tática para minimizar as maneiras típicas com que o gênero especifica as formas da opressão dentro de determinado grupo. Isso inclui o estupro e a exploração das mulheres nativas, colocando esses atos unicamente no âmbito da conquista militar, de espólios de guerra, gesto que mistifica o funcionamento do pensamento patriarcal, tanto separado quanto em conjunto com o imperialismo, para apoiar e consolidar a violência sexual contra as mulheres, sobretudo as mulheres de cor. Por que muitos pensadores contemporâneos homens, especialmente homens de cor, repudiam o legado imperialista de Colombo, mas reforçam dimensões desse legado ao se recusarem a repudiar o patriarcado?

Nós, pessoas de cor contemporâneas, não estaríamos nos alinhando ao legado de Colombo ao construir uma política cultural de identidade tribal ou nacional que dissemina a subordinação das mulheres? Se as noções contemporâneas de nacionalidade subcultural étnica e de identidade toleram e enaltecem a subordinação das mulheres pelos homens, por meio da disseminação de pensamento e de comportamento sexistas, as demandas progressistas por uma reformulação da história nunca estarão essencialmente ligadas a uma política de solidariedade que repudie plenamente a dominação. Nenhuma intervenção transformadora para acabar com a opressão e a exploração será possível enquanto criticarmos uma forma de dominação e acolhermos outra.

O legado de Colombo é, sem dúvida, o de silenciamento e erradicação da voz — da vida — de mulheres de cor. Em parte para reparar os danos dessa história, a maneira como ela nos foi ensinada, a maneira como moldou nosso modo de viver, devemos aproveitar esse momento de lembrança histórica para questionar o patriarcado. Nenhuma reformulação progressista da história me faz querer chamar a atenção para o destino das mulheres nativas durante a conquista imperialista das Américas, ou para até que ponto o destino delas determinou o destino das pessoas afro-estadunidenses escravizadas. Só há tristeza ao evocar a intensidade da violência e da agressão que fazia parte da colonização ocidental da mente e do corpo de mulheres e homens nativos. Podemos, no entanto, relembrar esse legado em um espírito de luto coletivo, transformando o nosso pesar em um catalisador para a resistência. Nomear nossa tristeza fortalece tanto ela quanto nós. A escritora chickasaw Linda Hogan (em seu ensaio "Columbus Debate" [Debate sobre Colombo], publicado na edição de outubro de 1992 da revista *Elle*) nos lembra da profundidade dessa tristeza:

Nenhuma pessoa poderia imaginar algo tão terrível quanto o que aconteceu aqui — grande terror, um genocídio em curso, o início de uma tristeza que ainda sentimos. O que foi feito com a terra foi feito com o povo; somos a mesma coisa. E todos nós somos feridos pela cultura que nos separa do mundo natural e da vida íntima, todos nós somos feridos por um sistema que cresceu por meio do genocídio, da destruição da terra e da sociedade.

Nossos camaradas indígenas que lutam pela liberdade na África do Sul nos lembram de que "nossa luta também é uma luta da memória contra o esquecimento". Lembrar é ter poder. Mesmo que essas memórias machuquem, ousamos dar nome à nossa mágoa e à nossa dor, e à tristeza dos nossos ancestrais, e declaramos intransigentemente que a luta para acabar com o patriarcado deve convergir com a luta para acabar com o imperialismo ocidental. Nós nos lembramos do destino das mulheres indígenas nas mãos dos colonizadores patriarcais supremacistas brancos; lembramo-nos de honrá-las em atos de resistência, de reivindicar o som dos protestos e da raiva delas, som que nenhum livro de história registra.

No último ano, rejeitei todas as propostas para falar ou escrever qualquer coisa sobre Colombo. Repetidas vezes, eu me ouvia dizer: "Na verdade, nunca penso em Colombo". Ao investigar de forma crítica essa afirmação, revelei os níveis de inverdade que ela carrega. Não é tão elementar assim que eu simplesmente não pense em Colombo. Quero esquecê-lo, negar sua importância, porque essas primeiras memórias de infância, que remetem ao aprendizado sobre ele, estão ligadas a sentimentos de vergonha, de que as pessoas "vermelhas e negras" (como eu nos concebia na época) haviam sido vitimadas, degradadas e exploradas por esses estranhos descobridores brancos. Na verdade, consigo fechar os olhos e me lembrar vividamente daquelas imagens de Colombo e seus homens desenhadas nos livros de história. Consigo ver os olhares histéricos e selvagens no rosto dos homens indígenas, da mesma forma que me lembro dos desenhos de pessoas africanas escravizadas, algemadas, vestindo poucas roupas. Quero esquecê-los, mesmo que, contra a minha vontade, estejam grudados em minha memória. Em uma carta a uma amiga, a romancista e poeta Leslie Silko, de Laguna Pueblo, fala sobre o lugar das imagens nos olhos da mente, descrevendo como é quando pensamos que lembramos um evento específico, como se estivéssemos de fato presentes, e descobrimos que nossa memória daquele momento foi moldada por uma fotografia. Silko escreve: "É estranho pensar que você ouviu algo, que ouviu alguém descrever um lugar ou uma cena quando, na verdade, viu uma foto dela, viu com os seus próprios olhos". E eu acrescentaria que é ainda mais estranho quando essas fotos permanecem na imaginação de uma geração à outra. Quando me lembro da vergonha que senti ao ver essas imagens, do indígena e dos "grandes" homens brancos, reconheço que também havia raiva ali. Eu não estava apenas furiosa com as imagens, que no íntimo não me pareciam corretas, mas sentia que ser obrigada a olhar para elas era como ser forçada a testemunhar a reconstituição simbólica de um ritual colonizador, um drama da supremacia branca. A vergonha era por me sentir impotente para protestar ou intervir.

Não somos impotentes hoje. Não escolhemos ignorar ou negar o significado de lembrar Colombo porque isso continua a moldar nosso destino. Ao conversarmos, opondo-nos à romantização da nossa opressão e da nossa exploração, rompemos os vínculos com esse passado colonizador.

Lembramo-nos de nossos ancestrais, pessoas de cor — americanos nativos e africanos —, assim como das pessoas europeias que se opuseram ao genocídio com palavras e ações. Nós nos lembramos deles como as pessoas que abriram o coração, que nos deixaram um legado de solidariedade, reciprocidade e comunhão com os espíritos, o qual podemos reivindicar e compartilhar com os demais. Contamos com o conhecimento e a sabedoria deles, presentes em várias gerações, para nos proporcionar a consciência necessária, a fim de criarmos visões transformadoras de comunidade e de nação que possam sustentar e assegurar a preciosidade de toda a vida.

19.
entrando no feminismo e indo além — só pelo prazer de fazer isso

Inicialmente animada para ser entrevistada para um livro que destacaria mulheres e performance, fiquei irritada ao saber que ele seria intitulado *Angry Women* [Mulheres com raiva]. Em nossa cultura, mulheres de todas as raças e classes que se deslocam no limite, resistindo corajosamente às normas convencionais de comportamento feminino, são quase sempre retratadas como loucas, fora de controle, furiosas. Esse título era bom para vender livros. Representações de mulheres "furiosas" tanto excitam quanto trazem conforto. Separada, capturada em um circo de representações raivosas, a rebelião cultural séria das mulheres é ridicularizada, menosprezada, banalizada. É frustrante, até mesmo irritante, viver em uma cultura em que a criatividade e a genialidade da mulher são quase sempre retratadas como inerentemente defeituosas, perigosas, problemáticas. Felizmente, apesar da embalagem estereotipada e de evocar a imagem de "mulheres com raiva", esse retrato é desafiado e subvertido pelas representações de resistência que aparecem no livro.

Nessa entrevista não me expresso com raiva. A paixão em minha voz emerge da tensão divertida entre os múltiplos, diversos e, às vezes, contraditórios lugares que habito. Não há representação de unidade a ser formada aqui, nenhum sentido estático do que é ser negra, mulher, com origem na classe trabalhadora do Sul dos Estados Unidos. Durante anos, tive medo de me engajar em pensamentos ou movimentos políticos radicais. Temia que isso pudesse acabar com a criatividade, confinar-me em um ponto de vista imutável. Após superar esse medo e me envolver em esforços para dar fim à dominação, vejo-me constantemente em discordância com pessoas dedicadas à liberdade, que investem na noção de um eu único, uma identidade imutável. Continuamente resisto a abrir mão da complexidade para ser aceita em grupos nos quais a subjetividade é achatada, visando à harmonia ou a uma visão política única. Desanimada com abutres culturais que querem que eu fale "só sobre raça", "só sobre gênero", que querem confinar e limitar o alcance da minha voz, fico excitada com a subjetividade que se forma no acolhimento de todas as dimensões conflitantes peculiares da nossa realidade. Fico animada com a identidade que resiste à repressão e ao confinamento. Esta entrevista foi um espaço no qual pude transgredir fronteiras sem temer o policiamento — espaço de abertura radical nas margens, onde a identidade fluida, múltipla, sempre em processo poderia falar e ser ouvida.

RE/SEARCH PUBLICATIONS Como sua infância a levou à sua posição atual de luta contra a opressão política, racista e sexista?

BELL HOOKS Bem, é engraçado. Tenho tentado organizar uma coleção de ensaios tanto autobiográficos quanto críticos sobre a *morte*. Porque, quando penso na minha infância, no tipo de primeiras experiências (ou no que considero impressões) que me levaram a ser quem sou hoje, elas realmente giram em torno da morte da mãe do meu pai, Irmã Ray. Em nosso trabalho, utilizamos a experiência autobiográfica de nossa infância. Escrevi um romance policial intitulado *Sister Ray* [Irmã Ray] (o nome da minha avó era Rachel, e esse é o nome da detetive), e um acontecimento de infância de que realmente me lembro é minha avó morrendo no quarto ao lado do meu. Minha mãe colocou todas as crianças na cama (alegadamente para "cochilarmos"), porque ela não queria que *soubéssemos*. Havia, portanto, um incrível ar de mistério sobre isso, e eu, no caso, não conseguia dormir...

Cheguei a testemunhar os homens da funerária chegando com a maca — engraçado, mas uma das coisas de que me lembro perfeitamente é do *cheiro* deles — e, até hoje, tenho problema com homens que usam perfumes doces. Mas a coisa mais surpreendente foi ver minha mãe fechar os olhos da minha avó. Porque vi aquilo e pensei: "Uau! Se isso é morte e pode ser olhado e encarado, então posso fazer *qualquer coisa* que eu queira na vida! Nada será mais profundo do que este momento!". E vejo esse como um *momento no tempo que moldou quem eu me tornei*, o qual me permitiu ser a criança rebelde que fui, ousada e audaciosa, em meio às tentativas dos meus pais de me controlar.

R/SP Eles pensavam que podiam controlar a morte mantendo-a escondida...

BH Exatamente. É interessante para mim que essa intercessão da morte, e a morte de uma *ancestral feminina* (as mulheres que vêm antes de nós), esteja ligada ao meu desenvolvimento como mulher independente e autônoma. A mãe do meu pai vivia sozinha: ela era uma figura potente. Converso muito com outras mulheres sobre a experiência de cada uma como mulher que se esforça para ser artista, e, no meu caso, que se esforça não só como artista mas também como crítica cultural/intelectual em um mundo que ainda não está pronto para nós, que ainda não se adaptou a quem somos.

R/SP Estamos todas lutando para encaixar essas partes em um todo. Sua escrita não é apenas filosófica e teórica mas é também criada por sua vida pessoal. Uma das barreiras que estamos tentando quebrar é a separação artificial do chamado "objetivo" e do "subjetivo", o pessoal e o político.

BH Escreveram-me sobre meu livro *Anseios: raça, gênero e políticas culturais* e disseram o seguinte: "É um livro de partir o coração... É tão triste". Acho que muito do que está acontecendo no meu trabalho é uma espécie de *teorização por meio da autobiografia* ou da contação de histórias. Meu trabalho é quase um projeto psicanalítico que também se passa no âmbito do que se pode chamar de "performance". Grande parte da minha vida tem sido uma performance, de certa forma.

Em um ensaio que escrevi sobre o filme de Jennie Livingston *Paris Is Burning* [Paris está em chamas] (1990), que é sobre os bailes de *drags* negras no Harlem, lembrei-me de mim mesma fazendo *crossdressing* há alguns anos. Pensei sobre isso como uma espécie de reconstituição de uma performance do passado mas também como um momento de compartilhamento autobiográfico, uma espécie de *deslocamento*:

Houve um tempo na minha vida em que gostava de me vestir como homem e sair por aí. Era uma forma de ritual, de brincadeira. Também se tratava de poder. Fazer *crossdressing* sendo mulher no patriarcado significava, mais do que agora, simbolicamente fazer a travessia do mundo da impotência para um mundo de privilégios. Era o maior gesto voyeurístico íntimo possível.

Ao procurar em diários antigos passagens que documentam esse período, encontrei este parágrafo: "Ela implorou a ele: só uma vez — bem, de vez em quando — só quero que sejamos garotos juntos. Quero me vestir como você, sair e fazer todo mundo olhar para nós de maneira diferente, fazê-los ficarem curiosos sobre nós, fazê-los olhar e perguntar bobagens como: 'Ele é uma mulher vestida de homem? Ele é um gay negro mais velho com seu garoto/sua garota/seu amante afeminado exibindo publicamente uma relação entre duas pessoas do mesmo sexo?'. Não se preocupe. Vou levar tudo muito a sério, não vou deixá-los rirem de você. Vou fazer parecer de verdade 'deixá-los adivinhando'... Fazer de tal jeito para que eles nunca tenham certeza. Não se preocupe: quando voltarmos para casa, serei uma garota para você de novo. Mas, por enquanto, quero que sejamos garotos juntos".

Em seguida, escrevi que "*crossdressing*, *drag*, transexualidade são escolhas que emergem em um contexto no qual a noção de subjetividade é desafiada, no qual a identidade é sempre percebida como apta para construção, invenção, mudança".

Eu estava pensando muito sobre isso, porque hoje, mesmo antes de um movimento feminista contemporâneo, ou de um discurso sobre o pós-modernismo, temos que considerar os "posicionamentos" que estão abalando a ideia de que qualquer um de nós é inerentemente qualquer coisa, que nos tornamos quem somos. Portanto, grande parte do meu trabalho vê o momento confessional como um momento transformador, um momento de performance, em que você pode se deslocar da identidade imutável na qual foi visto e revelar outros aspectos do eu... Como parte de um projeto maior de *tornar-se, de forma mais completa, quem você é*.

R/SP Isso é muito importante. Você escreve sobre como separação e exclusão realmente reforçam a hierarquia patriarcal antiga, portanto, precisamos analisar todos os processos de separação que operam dentro da comunidade negra, da comunidade de mulheres etc. Você está falando sobre reintegração com um conjunto de regras totalmente novo...

BH Além de uma visão diferente do *expansionismo*, não aquele expansionismo imperialista que se tratava de "vamos sair e anexar mais terras e conquistar mais algumas pessoas!", mas sim o que permite que o eu cresça. Penso no famoso livro de Sam Keen, *The Passionate Life: Stages of Loving* [A vida apaixonada: estágios do amor], que afirma que queremos nos tornar um ser humano amoroso, e, em certa medida, ter limites fixos não nos permite esse tipo de crescimento.

Estremeço quando as pessoas me dizem "Só quero me associar com (esse grupo pequeno)" porque penso: "E se o que você realmente precisar na vida estiver em outro grupo? Ou em outro lugar?". É interessante como o equilíbrio é necessário, porque você precisa saber quando se soltar e quando recuar. A resposta nunca é apenas "solte-se" completamente ou "transgrida", mas também não é sempre "contenha-se" ou "reprima-se". Sempre há um espaço *liminar* (o contrário de subliminar) *no meio*, o qual é mais difícil habitar, porque nunca parece tão seguro quanto se deslocar de um extremo a outro.

R/SP Há muitos paradoxos com os quais lidar: onde está nossa *ausência* de diferenças? Em um artigo para a revista *Z*, você escreveu sobre ter visto seu pai espancar sua mãe. Você pode falar sobre isso e sobre o misto de sentimentos, de raiva assassina e de terror?

BH É curioso: quando você me lembrou disso, senti-me muito "exposta". Sei que minha mãe e meu pai não leem a *Z* e provavelmente nunca leriam, a menos que alguém a enviasse para eles, mas eles ficariam arrasados e magoados por eu expor para o público algo sobre a vida privada deles. E gostaria de explicar que falei sobre bater, não espancar. Ao mesmo tempo, eu precisava muito expressar algo. Também estava assustada com o tipo de "construção da diferença" que faz parecer existir algum espaço de fúria e raiva habitado por *homens* e desconhecido por nós, mulheres. Mesmo sabendo que a raiva deles pode assumir a forma de assassinato (sem dúvida sabemos que homens matam mulheres mais do que mulheres matam homens; que homens cometem a maioria da violência doméstica em nossa vida), é fácil imaginar que esses são espaços "de homem", em vez de questionar: "O que fazemos, como *mulheres*, com nossa fúria?".

Descobri que a maioria das crianças que presenciaram brigas entre os pais (em que um homem machucou uma mulher ou bateu nela) se identifica com a mulher/vítima quando relata o(s) acontecimento(s). E fiquei impressionada com o fato de que o que eu não queria contar era que eu não só me identificava com minha mãe como a pessoa que estava sendo ferida mas também me identificava com meu *pai* como a pessoa que machucava, e eu queria ser capaz de machucá-*lo* para valer! Minha filha de brincadeira (que é uma sobrevivente de incesto) e eu estávamos falando sobre isso recentemente...

R/SP   O que você quer dizer com "filha de brincadeira"?

BH   Quando era mais nova, esse era um termo usado para adoções informais na vida negra do Sul dos Estados Unidos. Digamos que você não tivesse filhos e sua vizinha tivesse oito. Você podia negociar com ela para adotar uma criança, que moraria com você, mas nunca haveria qualquer tipo de adoção *formal*; no entanto, todos a reconheceriam como sua "filha de brincadeira". Minha comunidade era atípica, no sentido de que homens negros gays também podiam adotar crianças informalmente. Nesse caso, havia uma estrutura de parentesco na comunidade, as pessoas iam para casa e visitavam o pai e a mãe, se quisessem, e ficavam com eles (ou com quem fosse), mas também podiam ficar com a pessoa que amava e cuidava delas.

No meu caso, conheci essa jovem, Tanya, anos atrás, quando eu estava dando uma palestra, e senti que ela precisava muito de uma mãe. Na época, eu estava lidando com a questão, "Quero ou não ter um filho?". E disse: "Pode entrar em minha vida. Preciso de uma filha e você parece precisar de uma mãe!". Tivemos um relacionamento maravilhoso. Eu a vi se tornar mais plenamente quem ela deveria *ser* neste mundo. Com a fala dela sobre a experiência do incesto, surgiu uma teoria: se você vivenciou algum momento traumático em que sentiu uma emoção específica e reprimiu essa emoção (digamos, por dez anos) e não se permitiu sentir nada... Então, quando abre a porta para as emoções que bloqueou, você ainda precisa trabalhar aquela última emoção que estava sentindo. Em outras palavras, não é como *sair do armário* para algum outro tipo de emoção; é mais ou menos assim: você deixou aquela emoção incubando ao trancá-la, então, quando você reabre as portas, a primeira emoção que emerge é *monstruosa*.

R/SP É como estar no olho do furacão, encarando uma raiva inacreditável?

BH Exatamente. Ainda acho que os homens não nomearam nem lidaram totalmente com as *tristezas da juventude de garotos*, como o feminismo proporcionou a nós, mulheres adultas, modos de nomear algumas das tragédias do *nosso* crescimento na sociedade sexista. Acho que os homens estão apenas começando a desenvolver uma linguagem para dar nome a algumas das tragédias *deles*, a fim de expressar o que lhes foi negado. Se me imagino como um garoto vendo o pai adulto batendo na mãe, bem, qual "posicionamento" o menino sentirá que deve assumir? É óbvio que não pensará: "Vou crescer e ser uma mulher que vai apanhar". Então ele terá que temer: "Vou crescer e ser a pessoa que bate, portanto, é melhor eu viver minha vida de tal forma que eu *nunca cresça?*". Como muitas mulheres, sinto que amei homens que tomaram essa decisão de nunca crescer, "porque então me tornarei aquele *Outro* monstruoso". Acho que é por isso que tantos homens em nossa cultura não permitem que essas portas jamais sejam abertas: porque há *algo* na experiência de juventude que eles testemunharam...

R/SP E que é muito traumático... Além de apenas polarizar os homens como "agressores" e mantê-los assim, é necessário reconhecermos que os homens são tão mutilados quanto as mulheres. O que é muito libertador aqui é toda a noção de não se identificar com a vitimização, de que pode haver um fortalecimento, se você simplesmente sentir a raiva em vez de meramente se fechar e se vitimizar.

BH No livro de Toni Morrison *O olho mais azul* (um dos meus romances favoritos), há um momento em que a garotinha, vítima de estupro/incesto, diz à outra garotinha que ela deseja que fique com raiva: "Raiva é melhor. [...] É uma realidade, uma presença". Sempre me emocionei com esse contraste de vitimização *versus* vitimizado; é importante manter o tipo de raiva que permite que você *resista*.

R/SP Sim. Quando eu era jovem, morria de medo de filmes de terror, principalmente do gênero *slasher*,[31] e eu até sonhava que estavam "vindo me pegar". Então eu me forçava a assistir filmes do tipo *Halloween* (1978), em que um personagem homem mata centenas de mulheres (ou homens, tanto faz). E decidi tentar me identificar com aquele homem... Isso me deu uma sensação de poder. É óbvio, isso está na área "segura" da expressão criativa (filme), não que eu vá sair por aí matando pessoas! Mas houve uma sensação inacreditável de fortalecimento quando percebi que não precisava me identificar com a vítima.

BH Certos escritos feministas de mulheres lésbicas sobre sadomasoquismo debatem o significado do poder na inter-

---

31 O gênero *slasher* corresponde aos filmes de terror em que um assassino em série, em geral mascarado ou fantasiado, persegue e mata os personagens de maneira violenta, usando, por exemplo, objetos cortantes. [N.E.]

pretação de papéis. Uma mulher pode interpretar papéis de forma ritualizada, como se *enfrentasse um dragão*, e perceber que, no *enfrentamento* desse dragão (por meio da interpretação), ele não tem mais poder sobre ela. Acho que é muito difícil para algumas feministas "ouvirem" que a interpretação de papéis ritualizada no erotismo e na sexualidade pode *empoderar*, porque há uma tendência moralista de ver isso apenas como uma reconstituição da política sexual do patriarcado que subjuga. Ao passo que, em todas as formas de ritual e interpretação de papéis, se isso for *empoderar* e se a pessoa estiver mesmo apenas engajada na brincadeira, por assim dizer, há a possibilidade de reconstituir o drama de algo que a apavora, de trabalhar simbolicamente a coisa de uma forma que reflita na vida real, de modo que, em última análise, a pessoa ficará mais poderosa.

R/SP Acho que muitas mulheres precisam realmente fazer isto: enfrentar esses medos.

BH Em um ensaio sobre a construção da "branquitude" no imaginário negro, escrevi sobre pessoas negras terem muito medo de pessoas brancas e sobre isso ter se tornado um verdadeiro clichê ou assunto proibido em conversas sobre ter esse medo. Divulguei esse artigo recentemente em uma universidade, e um jovem negro que estava me ciceroneando disse que o texto o perturbou demais. Finalmente, ele percebeu que sentia mesmo certo medo de pessoas brancas, sem nunca ter pensado nesse fato (ou o encarado).

Em nossa cultura, homens negros são construídos como *ameaças*: podem posar na esquina ou na rua como pessoas que estão no poder, no controle. E a cultura nunca dá aos homens negros um espaço onde possam dizer: "Sim, na verdade, sinto medo quando vejo pessoas brancas vindo em minha direção". Quando pensamos em um incidente como o de Howard Beach, quando uma gangue de brancos matou um jovem negro que havia "invadido" seu bairro,[32] reconhecemos ali esses homens negros que, na mente das pessoas, não eram potencialmente amedrontados — que pode ser *assustador* para três homens negros estar no espaço de branquitude dominante. Em vez disso, todo o medo foi projetado sobre eles como objetos de ameaça, não como pessoas que poderiam habitar um espaço de medo...

Havia toda uma controvérsia em torno do fato de esses homens terem dito que queriam telefonar e que passaram por vários telefones (o que os opositores citaram para provar que eles não estavam falando a verdade), e, mesmo assim, nada sugere que talvez eles tenham ignorado vários telefones porque estavam procurando um local em que se sentissem mais seguros. Temos tão pouco entendimento sobre como pessoas negras têm medo de pessoas brancas no dia a dia...

Estive recentemente em Nova York. Algumas vezes, eu entrava no elevador e depois via uma pessoa branca se aproximando, e eu então tentava segurar o elevador... Na maioria das vezes, elas me ignoravam! Eu apenas ficava surpresa com a ideia de que havia a possibilidade de elas estarem com medo de entrar

---

32 O incidente ocorreu em dezembro de 1986, em Howard Beach, bairro de classe média predominantemente branco no Queens, em Nova York. Os três homens negros foram atacados por um grupo de adolescentes brancos depois que o carro em que estavam quebrou nas proximidades. Um dos rapazes morreu atropelado após ser perseguido pelas ruas. [N.E.]

no elevador comigo porque sou negra. E pensei em como tenho medo de entrar em elevadores com pessoas brancas.

R/SP Bem, de certa forma, negros e outras pessoas de cor tornam-se sombras desencarnadas da estrutura de poder; eles simbolizam a culpa que a estrutura de poder não reconhece e então projeta sobre eles como medo.

BH Acho que, para nós, é realmente perigoso internalizar essas projeções, porque significa que (e acho que esse tem sido o caso específico para homens negros) desligamos essas áreas de vulnerabilidade em nós mesmos. É uma espécie de defesa imitar as pessoas que te feriram, porque, conforme você se torna como elas, você imagina que está *seguro* (ou melhor, conforme você se torna do jeito que elas *dizem* que você deveria ser, você imagina que está seguro). Então, tento falar sobre o processo de "assimilação" como uma espécie de máscara, como quase um amuleto com o qual você sente: "Consigo afastar o mal disso me tornando isso ou aparentando sê-lo". É um tipo de *camuflagem*.

R/SP Pode nos dar um exemplo?

BH Quando entro em uma sala onde há outras pessoas negras, talvez eu queira falar com outra pessoa negra e reconhecê-la. Essa pessoa talvez desvie o olhar, como se dissesse: "Não pense que temos algo em comum só porque somos negros". De certa forma, essa pessoa decidiu imitar o comportamento da cultura branca mais dominante, que diz: "Cor não é importante... Não use *isso* como base para interação". E a pessoa talvez imagine que, ao adotar esse comportamento, está mais segura, faz mais parte do *grupo*, quando, na verdade, sabemos que não está necessariamente segura e que sua segurança talvez resulte da interação com outra pessoa de cor.

Penso que o mesmo pode ser dito sobre mulheres que entram em esferas de poder e sentem o seguinte: "É importante, para mim, nunca mostrar vínculo com outra mulher nem fidelidade a ela, porque isso indicará que sou fraca". No entanto, ironicamente, somos mais fortalecidas quando conseguimos mostrar amor-próprio ao criarmos vínculo com pessoas que são como nós.

R/SP É sempre ameaçador para a estrutura de poder do homem quando as mulheres se reúnem e são amigas.

BH Penso que agora estamos em um momento histórico no qual todos nós precisamos falar sobre como podemos ter vínculos com pessoas negras de maneira que não sejam construídos para serem opressivos ou excludentes para outras pessoas. Acho que isso pode ser visto como um *momento mágico*: "O que significa tentar afirmar alguém sem excluir outra pessoa?".

Dei uma palestra no Barnard College para uma plateia grande, e uma mulher negra que chegou atrasada parecia um pouco agitada. Eu queria chegar até ela e dizer: "Ei, você é muito bem-vinda aqui, estou feliz em vê-la!". (E sempre penso: "Como se faz isso de tal maneira a não fazer as outras pessoas sentirem que, de certa forma, a presença dela é mais importante do que a de qualquer outra?". Porque não é, todas as presenças são importantes. Então sempre tento transmitir uma grande aura de afeto e acolhimento para todo mundo.) Quando ela entrou, andei e estendi a mão para ela. Depois, recebi dela uma carta amável dizendo que essa ação havia significado muito para ela: "Fiquei atordoada com a amorosidade espontânea de seu gesto para mim. Vai levar algum tempo até eu internalizar totalmente as lições de relacionamento e de sororidade que isso me ensinou".

Parte do que tento expressar no meu trabalho é que racismo, sexismo, homofobia e todas essas coisas realmente nos ferem de forma profunda. Praticamente todo mundo reconhece que o incesto fere a vítima, mas as pessoas não querem reconhecer que racismo e sexismo estão ferindo de maneiras que tornam igualmente difícil ter um eu funcional na vida cotidiana. E uma pessoa chegar até você de modo caloroso pode ser simplesmente curativo.

R/SP Acho que muitas pessoas precisam de filosofias integradas agora. As coisas estão tão alienadas, fascistas e polarizadas... É muito triste que sejamos todos uma espécie de "outros deslocados". Todas as pessoas que desejam mudar o mundo de verdade precisam muito estar unidas e conectadas com nossas diferenças, ao invés de separadas.

BH Essa foi uma das ideias que tentei expressar quando escolhi *Anseios* como título de livro. No jantar de ontem à noite, quando olhei ao meu redor através das diferenças, perguntei-me: "O que nos une?". Todos nós, em nossas diferentes experiências, expressávamos essa falta, esse anseio imenso e profundo, de que a dominação simplesmente *termine*. O que sinto que nos une é: conseguimos encontrar, uma na outra, um anseio semelhante de estar em um mundo mais *justo*. Então tentei trazer a ideia de que, se pudéssemos nos unir nesse espaço de desejo e anseio, esse talvez se tornasse um lugar com potencial para construção de comunidade. Em vez de pensar que nos uniríamos como "mulheres" em um vínculo baseado em identidade, poderíamos nos atrair por uma *comunalidade de sentimentos*. Acho que esse é um verdadeiro desafio para nós agora: pensar em construir uma comunidade sobre diferentes *bases*.

Como disse Eunice Lipton, historiadora da arte: "O que significaria para nós olhar para a biografia não do ponto de vista das realizações das pessoas, mas do que elas *desejaram*?". Pensei: "Uau, que jeito diferente de conceituar a vida e o *valor* dela". De novo, isso se afasta do modelo imperialista, no qual se pensa sobre a vida com base em "Quem ou o que você conquistou?", a fim de responder "O que você realizou dentro de si?". Assim, a pergunta dela relacionava-se a: "E se a biografia fosse para falar sobre *desejo*, e não realizações, como contaríamos a vida de uma mulher?". Acho que isso é muito poderoso.

R/SP Nossa identidade é de tal forma construída que você se choca contra um muro se tentar dizer o que as mulheres "são", porque é sempre possível pensar em exceções. Todas as identidades construídas, como "negro" ou "chicano", são espécies de identidades negativas contra o mundo dos "ideais" dos brancos WASP. Para muitas mulheres, o que nos une é o que está *contra* nós.

BH Certo, e isso não é suficiente como alicerce para construção de comunidade — é preciso construí-la sobre bases muito mais profundas do que "em reação a" algo. Soube da lojista coreana e da jovem negra que ela assassinou? Em Los Angeles, essa mulher entrou na loja, pegou um suco e o colocou na mochila, depois estendeu o dinheiro para pagar e foi morta a tiros pela lojista (que alegou que estava sendo atacada). Mas, quando o vídeo foi reproduzido, as pessoas puderam ver de maneira explícita que ela não foi atacada. E isso pode se tornar a forma como as relações entre mulheres coreanas/asiáticas e negras são projetadas. Aquelas de nós que tiveram tipos de relações muito diferentes (em que aprendemos sobre a cultura umas das outras) não falamos o suficiente para propagar uma representação contrária, de modo que enxerguemos isso como o momento ímpar de loucura que foi, em vez de uma representação das relações entre negros e asiáticos.

Quando a cineasta e teórica vietnamita Trinh T. Minh-ha e eu nos reunimos no amor e na solidariedade, geralmente é em espaços privados — na casa uma da outra, onde falamos sobre o que compartilhamos, a cultura de onde viemos e as formas como elas se intersectam. E um desafio que proponho é: isso já não é suficiente para nós; também precisamos sair de casa e nomear *publicamente* o que nos une.

Fiquei fascinada com o fato de que muitos dos estereótipos de mulheres asiáticas ("passivas", "inseguras", "caladas") são exatamente o oposto dos estereótipos que atormentam mulheres negras ("agressivas", "barulhentas", "más"). É como se existíssemos em dois polos radicalmente diferentes na economia do racismo. São esses posicionamentos que dificultam a união entre mulheres asiáticas e negras. Penso que devemos ir mais a *público* ao nomear nosso modo de ousar cruzar esses limites e nos unir.

R/SP Certo. Wanda Coleman disse que, quando ela vai para uma festa e é a única mulher negra, de repente está carregando o fardo de ser a "representante da cultura negra", principalmente com tipos "liberais" bem-intencionados, e que isso é cansativo — ela só quer se *divertir*!

BH Exatamente. Pode-se pensar em raça como apenas uma faceta de "quem eles são", mas essa faceta não significa que eles conheçam, inerentemente, a "coletividade"! Fui a um jantar em que uma jovem branca, que parecia ser uma admiradora do meu trabalho, quis sentar-se ao meu lado... Mas logo em seguida ela disse: "Estou tendo problemas com a colega negra com quem moro e só queria saber se você poderia me dizer por que ela está se comportando daquele jeito". Respondi: "Sabe, se você quisesse saber sobre budismo, pegaria o primeiro religioso budista que conhecesse e diria: 'Conte-me tudo sobre budismo em meia hora'?".

Acho que, muitas vezes, quando se trata de raça ou do significado que *atravessa* a diferença, as pessoas simplesmente perdem a capacidade racional de saber como abordar algo, e penso que muitas pessoas brancas desistem de seu *poder de saber*. Assim que ouviu minha resposta, aquela jovem soube que deveria aprender mais sobre cultura e história negra, em vez de procurar outra pessoa negra para resolver esse problema. Perguntei a ela: "Por que eu entenderia essa situação melhor do que você, que está nela?". Mas, da parte dela, havia toda essa noção de: "Como mulher branca, eu não poderia entender *o que* uma mulher negra está passando", quando, na verdade (como diz o monge budista vietnamita Thich Nhat Hanh), a compreensão vem por meio da nossa capacidade de esvaziar o eu e se identificar com a pessoa que normalmente consideramos o Outro. Em outras palavras, no momento em que estamos dispostos a desistir do próprio ego e atrair o ser e a presença de outra pessoa, não mais a "transformamos em Outro", porque estamos dizendo que não há espaço que ela habite que não possa ser um espaço com o qual possamos nos conectar.

R/SP   Hoje os relacionamentos são tão superficiais e estereotipados, são um clichê... Mas se uma pessoa realmente conversar com outra, depois de dez minutos ela se esquece de si mesma ou se perde nas emoções da outra.

BH   Quando as pessoas perguntam como lidar com a diferença, sempre as remeto ao significado de se apaixonar, porque a maioria de nós teve uma experiência de desejo e de amor. Costumo perguntar a elas: "O que você faz quando conhece alguém e se sente atraído ou atraída por essa pessoa? Como comunica isso? Por que você acha que para conhecer alguém 'racialmente' diferente o procedimento não é o mesmo?". É como se eu te visse na rua e achasse você bonito, e por acaso conhecesse alguém que te conhece; eu poderia dizer a essa pessoa: "Ah, achei tal pessoa *bonita*. O que você sabe sobre ela?". Acho que, muitas vezes, as estratégias que usamos no âmbito do amor e da amizade para nos fortalecer são descartadas imediatamente quando entramos no âmbito da *diferença politizada*, mas, na verdade, algumas dessas estratégias são úteis e necessárias.

Quer dizer, quantos de nós correm até alguém por quem se sentem atraídos e dizem, sem fôlego: "Conte pra mim agora tudo sobre você". Em geral, tentamos *sentir* a situação. Não queremos afastar essa pessoa; queremos abordá-la de maneira que permita a ela se abrir... Doar-se. Acho interessante que, muitas vezes, quando há *diferença* (como diferença racial ou algo assim), as pessoas entram em pânico e fazem coisas loucas e bizarras... Ou dizem coisas malucas e estúpidas.

R/SP   Dentro de qualquer grupo politizado que está formulando uma plataforma de mudança social (reivindicando a "homossexualidade" ou o "politicamente correto"), bem, o que isso significa de fato? Por exemplo, se você está no ACT UP,[33] é possível ter menos em comum com uma pessoa gay republicana do que com uma pessoa "hétero" de posicionamento político anarquista.

BH Exatamente. Eu disse algo parecido sobre o filme *Paris Is Burning*: o fato de a sua temática *parecer* "radical" não *significa* necessariamente que ele seja radical. Simplesmente retratar a subcultura gay negra marginalizada não é necessariamente retratar a subversão e a vida opositora. É preciso se questionar mais profundamente sobre o possível significado de termos opositores autênticos para qualquer um de nós na vida.

R/SP Especialmente nesta sociedade que se apropriou de todas as formas de rebelião... Onde há Lee Atwater[34] tocando blues.

BH Exatamente. Minha amiga Carol Gregory fez um vídeo do Lee Atwater contrapondo a fala dele mesmo sobre como *amava* música negra e exemplos do racismo político que ele gerou. A desconexão era tão intensa...

---

33 ACT UP é a sigla para Aids Coalition to Unleash Power [Coalizão de aids para liberar o poder]. Criado em Nova York, em 1987, o grupo foi responsável por pressionar o governo estadunidense em favor dos pacientes. Também propôs um novo modelo para a aprovação de medicamentos, permitindo que os pacientes tivessem acesso a drogas experimentais. [N.E.]

34 Lee Atwater (1951-1991), membro do Partido Republicano, foi responsável pela campanha presidencial de George H. W. Bush em 1988. Com a vitória de Bush, Atwater passou a trabalhar no governo, em Washington. Guitarrista desde a adolescência, várias vezes tocou com B. B. King. Com este último — e também com Isaac Hayes e outros músicos —, participou do álbum *Red, Hot & Blue*, de 1990. [N.E.]

R/SP Ele fomentou o racismo mais flagrante.

BH Sim. Ela disse: "Eis o que é tão trágico... Ele não foi capaz de permitir que seu fascínio por música negra alterasse suas percepções de raça". Isso também nos lembra a facilidade com que podemos nos apropriar e transformar em commodity um aspecto da cultura de um povo sem permitir que qualquer transformação pessoal ocorra. O que quero dizer é que ele *não* passou por uma transformação devido ao envolvimento com a música negra! Muito do que está acontecendo agora com Madonna e a cultura negra também está levantando esse tipo de questão.

R/SP Quando vi Lee Atwater com Chuck Berry, notei um colonialismo bastante implícito, certa característica "favelizante"; afinal, ele estava "tocando blues" com aqueles músicos negros. Dava para sentir que a estrutura de poder não tinha sido quebrada de jeito nenhum.

BH Ainda assim, quando li recentemente sobre sua morte devido a um tumor no cérebro, fiquei me perguntando até que ponto o *posicionamento esquizofrênico* que ele tinha havia afetado seu bem-estar fisiológico.

R/SP Quando descobriu que tinha câncer no cérebro, ele, ao que parece, se deu conta genuinamente de que ia morrer e tentou se desculpar com todas as pessoas que havia magoado.

BH Um dos mitos do racismo, nesta sociedade e neste patriarcado, é de que as pessoas que oprimem não sofrem de nenhum jeito. No entanto, se olharmos de perto, veremos que este país, o mais materialmente luxuoso do planeta, está tomado por todas as formas de doenças e de problemas de saúde. Isso, por si, é um questionamento sobre o preço que as pessoas tiveram de pagar pelo que foi tomado na conquista.

R/SP E as pessoas são profundamente solitárias. Vi um comercial que me atingiu como um tijolo, sobre um programa comunitário de um hospital para tratamento de alcoolismo, abuso de drogas e vícios em geral. Ele citava esta estatística: "Uma em cada quatro pessoas terá um colapso mental". Pensei: "Que chamado para esta sociedade!".

BH E é óbvio que nunca sabemos das pessoas negras ou pessoas de cor que surtam (de uma forma ou de outra) todos os dias, porque as forças políticas que enfrentamos na vida cotidiana são tão graves que nos deixam indefesos. Não há como sequer mapear esses colapsos, essas disfuncionalidades, esses momentos em que as pessoas simplesmente se sentem como... Conforme a professora de direito negra Patricia Williams escreveu em um ensaio: "Há dias em que *simplesmente não sei*... Eu me olho no reflexo de uma vitrine e penso: 'Esse ser humano enlouquecido sou *eu*?'. Não sei quem eu sou". Ela fala ainda sobre como todo o esforço necessário — as forças envolvidas apenas em *lidar* com sexismo, racismo e todas essas coisas — pode simplesmente destruir nosso senso de estabilidade.

R/SP Você falava sobre professoras universitárias negras e queda de cabelo.

BH É interessante que, embora muitas profissionais negras nesta sociedade tenham conquistado muitas coisas, um fator importante que prejudica essa conquista é o estresse. Uma das coisas sobre o estresse como resposta ao racismo, à homofobia, ao sexismo, é que ele não é mapeável. Penso em uma mulher negra em um cargo de alto poder cujos cabelos talvez estejam caindo — ela pode começar a usar lenços ou chapéus e ninguém notará isso —, e ninguém registra a crise pela qual talvez ela esteja passando. No entanto, é possível que todo mundo veja todos os tipos de surtos psicológicos que acontecem com ela.

R/SP A disfunção é intrínseca à família nuclear. Mulheres nos anos 1940 e 1950 tinham sempre "colapsos nervosos"... Isso fazia parte da "cultura".

BH Em seu filme *Privilege* [Privilégio] (1990), Yvonne Rainer mostra como o sistema de saúde branco lidava com a menopausa e o modo de construção das mulheres como seres humanos histéricos, doentes e que surtam. Ela relaciona isso também à forma como olhamos para raça e diferença.

R/SP Como reação a esta sociedade, tão doentia, qualquer pessoa com o mínimo de sensibilidade tem que incorporar *alguma* forma de loucura.

BH Com certeza. Escrevi muito sobre a necessidade de pessoas negras *descolonizarem a mente*. Uma das coisas que acontecem quando você descoloniza sua mente é que se torna difícil ser funcional na sociedade, porque você não está mais se comportando de um modo que deixe as pessoas confortáveis. Por exemplo, as pessoas brancas com frequência se sentem muito mais confortáveis com uma pessoa negra que não faz perguntas diretas, que age como se não soubesse nada — que parece *burra* —, da mesma forma que homens em geral se sentem mais confortáveis com uma mulher que parece não ter conhecimento, força, poder ou o que for, que assume um posicionamento de "Ah, não sei o que estou fazendo". Quando essa pessoa se empodera, aqueles com quem ela está, com quem convive e para quem trabalha podem ficar bastante assustados.

Por outro lado, quando você começa a sair da disfuncionalidade (como bem sabemos, graças a nossos movimentos de recuperação), quando você começa a mudar em busca de saúde em um ambiente disfuncional, torna-se quase impossível permanecer nessa configuração... Mas aqui estamos, em uma sociedade totalmente disfuncional, *sem lugar para ir*! Por isso, sinto que precisamos criar o que Thich Nhat Hanh chama de "comunidades de resistência", para que haja lugares onde possamos nos recuperar e retornar para nós mesmos mais plenamente.

R/SP Você poderia explicar melhor?

BH Bem, ele criou uma vila na França chamada Plum Village. É um lugar para onde diferentes pessoas vão, cultivam alimentos e vivem juntas uma vida de "atenção plena". Às vezes, fico realmente angustiada com quanto nós, nos Estados Unidos, nos afastamos da ideia de *comunidades*, de pessoas tentando ter visões de mundo e de sistemas de valor *diferentes*. Nos anos 1960, havia muito foco nessas comunidades, mas isso de certo modo foi acabando, e de novo surgiu o foco na família nuclear.

Na verdade, o foco em um estilo de vida *yuppie* era muito parecido com um anúncio público: "Se você quiser ser legal, retornará para a família nuclear patriarcal!". E sabemos que pequenas comunidades alternativas de pessoas ainda existem, mas não recebem muita atenção. Se pensarmos nas comunidades que receberam muita atenção da grande mídia (como a Rajneeshpuram, no Oregon), sempre era algo *negativo*... Nunca chamavam atenção para a adoração coletiva, para o hábito compartilhado de comer vegetais (e não carne) ou para o fato de serem amantes da paz — *essa* não era a atenção recebida. Mas, sempre que algo dá errado...

R/SP ... a mídia está pronta para denunciar. No entanto, muitas sociedades "alternativas" trouxeram, nos anos 1960, o mesmo pensamento dualista de opressão para o que seria seu "paraíso", apenas o inverteram um pouco, mas foi opressor da mesma forma.

BH Ainda assim, fica a pergunta: você desiste de fazer a comunidade amada, ou se conscientiza de que deve fazê-la de maneira diferente? Sinto que muitas pessoas consideraram as falhas dos anos 1960 como um sinal de que não é possível *fazer* um espaço alternativo de verdade. No entanto, estou convencida de que é possível se, como se diz, você mudar sua consciência e suas ações *antes* de tentar criar esse espaço.

Penso que, quando entramos nesses novos espaços com a mesma velha bagagem negativa, obviamente não produzimos algo novo e diferente neles. Lembro-me de ir para uma cidade e trabalhar com várias mulheres negras; disse para elas: "Deveríamos comprar um prédio juntas. Por que pagar aluguel para um proprietário branco detestável?". Todas olharam para mim e disseram tolices bizarras como: "Por que iríamos *que-rer* viver no mesmo espaço? E a *privacidade*?". Elas levantaram esses pontos negativos, e eu me dei conta: "Essas pessoas preferem ser vitimadas a pensar em tomar iniciativas ou assumir o controle de sua vida". Todos os valores que estavam sendo considerados (como "privacidade" ou "individualidade"), na verdade, eram mitos — quer dizer, que privacidade nós temos de fato? Eu não sentia que tinha privacidade no predinho onde morava, pois a proprietária observava minhas idas e vindas como um falcão. Não sentia que tinha uma existência autônoma ali. Porque não era uma vigilância útil, não se tratava de alguém que se importava comigo e me observava, querendo que minha vida fosse mais rica e mais plena, sabe?

R/SP "Privacidade" neste país é geralmente apenas um eufemismo para solidão extrema, alienação e fragmentação.

BH E privacidade se torna um modo de dizer: "Não quero ter que cuidar de algo além de mim mesmo". Portanto, torna-se na verdade um escudo para um narcisismo profundo. E as pessoas "privilegiam" esse narcisismo como se ele representasse a "vida boa". Muitas pessoas me perguntam: "Como você consegue viver nesta cidadezinha de oito mil habitantes? Eu enlouqueceria se as pessoas me *conhecessem* e se eu encontrasse com elas". E respondo: "Bem, você sabe, se você vive sua vida ao ar livre...".

Adoro aquele livro *A trilha menos percorrida*, de M. Scott Peck. Ele tem uma parte incrivelmente divertida sobre *mentir*, em que diz que, se você é dedicado à verdade e vive a vida sem ter vergonha, de fato não precisa se importar se os vizinhos conseguem ou não ver o que está fazendo... Sinto que realmente não me importo se as pessoas enxergam meu modo de viver, porque *acredito* em como vivo, acredito que há beleza e alegria e muito que valha a pena *testemunhar* em como vivo. E considero ser sinal de problemas e confusão quando começo a precisar de "privacidade" ou a precisar me esconder.

Penso em como a privacidade está tão ligada a uma política de *dominação*. Acho que é por isso que no meu trabalho há tanta ênfase no *confessional*, porque sei que, de certa forma, nunca acabaremos com as formas de dominação se não estivermos dispostos a desafiar a noção de *público* e *privado*, se não estamos dispostos a quebrar as paredes que dizem: "Deveria sempre existir essa separação entre o espaço doméstico/íntimo e o mundo lá fora". Afinal, na verdade, por que não poderíamos ter intimidade no mundo lá fora também?

R/SP Acredito realmente na ideia de que as pessoas rompem a estrutura de poder por meio do confessional... De que só o fato de dizer a verdade, em uma sociedade alicerçada em mentiras, é um ato radical.

BH Sim... Uma cultura de mentiras.

R/SP E a verdade também é libertadora. A coisa sobre a qual se mente é, em geral, algo de que se tem *vergonha*. Essa vergonha basicamente torna as pessoas escravas do status quo. Por exemplo, nos anos 1950, pessoas negras tentavam ser brancas; na verdade tinham vergonha de sua negritude, quando o *racismo* é que deveria ter sido motivo para se envergonhar; ou, ainda, uma mulher que tem vergonha de ser sexualmente ativa e se sente "usada".

BH Além disso, acho que somente em um ambiente verdadeiramente solidário podemos saber o real significado de privacidade ou de "solitude". Porque o significado real não está relacionado a segredos nem à atividade clandestina: penso que privacidade "real" (não estou gostando da palavra "real") ou "autêntica" tem a ver com a capacidade de ficar sozinho consigo mesmo. E uma das tristezas de uma cultura de mentiras e dominação é que *muitas pessoas não conseguem ficar sozinhas consigo mesmas*. Elas sempre precisam da TV, do telefone, do aparelho de som, de algo... Porque ficar sozinho consigo mesmo significa possivelmente ter que enxergar todas as coisas que dedicamos tanto do nosso tempo tentando não encarar.

R/SP As coisas que não queremos encarar nos escravizam. Então é muito libertador dizer: "Bem, isto é quem sou". Há algo muito catártico e transformador em aceitar todas as vitimizações pelas quais passamos. Uma pessoa descreveu o incesto que sofreu como "muro da vergonha". É inacreditavelmente libertador "sair" do armário da vergonha.

BH Por isso que gosto daquele livro *Vergonha: o poder dos cuidados*, de Gershen Kaufman, porque uma das coisas que o autor diz é: não há experiência que não possamos curar... Não há espaço onde não possamos nos reconciliar... Mas jamais nos reconciliaremos enquanto existirmos no âmbito da negação, porque a negação está sempre relacionada à *insanidade*. E a sanidade está muito ligada à nossa capacidade de encarar a realidade.

Lembro-me de quando estava lutando muito com meus problemas com homens e com meu pai. Um dia, liguei para minha mãe (acho que eu tinha 22 anos), chorando: "Papai não me amava!". Normalmente, minha mãe diria: "É óbvio que ele te amava: ele fez isso e aquilo...". Mas, daquela vez, depois de uma hora de conversa tortuosa, ela disse de repente: "Você está *certa*, ele *não* te amava e nunca entendi por quê". Aquele momento do reconhecimento dela da verdade sobre o que eu havia experienciado foi de alívio! No momento em que ela afirmou a realidade do que havia acontecido, fui *libertada*, porque, de alguma forma, o que todos aprendemos em nossa experiência de infância machucada (o que a psicanalista suíça Alice Miller tentou nos ensinar) é: o ato de *viver a ficção* é o que produz a aflição torturante e a angústia... A sensação de que sua mente está fodida. Eu estava assistindo de novo *Quando Fala o Coração* (1945), de Hitchcock, e adoro quando aquele momento da verdade — romper a negação e reentrar na realidade — torna-se o momento da esperança, da promessa: quando é possível nos conhecermos, em vez de viver uma vida de fuga da realidade.

R/SP Quando você falava sobre ser criada na comunidade negra, lembrei-me do livro *História social da criança e da família*, de Philippe Ariès.

BH Um dos meus livros favoritos.

R/SP Na Idade Média, as crianças não eram criadas em uma família nuclear, mas em uma família estendida mais saudável.

BH Algo no qual penso muito é a questão do *destino*. Parece que esta sociedade tecnológica tenta apagar culturas que acreditam em forças do destino... Que acreditam que há forças que entram em nossa vida à nossa revelia. Porque essas crenças sugerem que não é possível estar confinado ao âmbito da pele ou à família nuclear ou à sexualidade biológica (ou o que for), porque se tem muita consciência de que há forças do *além* trabalhando em nós no universo. E penso que parte do que a sociedade tecnológica do homem tenta fazer é negar e esmagar nosso conhecimento sobre isso, para que nos percamos facilmente.

Acho que, ironicamente, apesar de todas as suas falhas, a religião foi um desses lugares que expandiram nossa existência. Segundo a religião cristã, Jesus fazia milagres, e crianças crescendo na igreja cristã talvez aprendam todo aquele outro dogma reacionário, mas elas também aprenderão algo de apreciação pelo mistério e pela magia. Eu estava conversando com uma amiga hindu indiana, cujo filho é fascinado pelo cristianismo, e eu disse: "Sim, aquelas histórias me fascinavam também!". Ele curte Davi e Golias, Moisés dividindo o Mar Vermelho... Essas histórias não só são fascinantes como também mantêm você em contato com a ideia de que há forças trabalhando em nossa vida além do mundo da "razão" e do intelecto. Portanto, afastar-se da religião (na cultura negra, da religião negra tradicional) também significa afastar-se de um âmbito do sagrado — um âmbito de mistério — que tem sido de grande ajuda para nós como povo.

Isso não quer dizer que apenas nas crenças cristãs tradicionais é que se encontra um sentido do sagrado, porque encontro isso também no âmbito da espiritualidade e no âmbito do pensamento oculto. Parece ser uma perda muito trágica quando assimilamos os valores de uma cultura tecnocrática que não reconhece essas outras formas de mistério ou tenta dar sentido a elas.

Parte do que pessoas como Fritjof Capra (autor de *O Tao da física*) fazem é nos lembrar de que um verdadeiro mundo tecnológico *respeita* o mistério. Penso que eles estão tentando recuperar o aspecto da física e da ciência que, de certa forma, foi suprimido pelas forças e pela mentalidade que somente *dominavam* e *conquistavam*.

R/SP A "nova ciência" parece estar quase confirmando as postulações ocultas mais antigas. As mais novas teorias da física, da astronomia ou teorias das "supercordas" soam muito parecidas com noções de cabala.

BH Com certeza! Quando estudamos historicamente a vida de alguém como Madame Curie, descobrimos que, na verdade, não foi apenas a metodologia científica lógica que lhe permitiu fazer sua "grande descoberta", mas o trabalho da *imaginação*. E, com Einstein, vemos o papel do *mistério* na descoberta das coisas, em oposição à noção de que tudo pode ser trabalhado em um paradigma lógico.

R/SP Algumas escritoras como Evelyn Fox Keller (*Reflections on Gender and Science* [Reflexões sobre gênero e ciência]) e Donna Haraway debatem sobre a filosofia da ciência ter sido formada por uma mentalidade colonialista patriarcal e sobre essa mentalidade estar em processo de reformulação por diferentes perspectivas, como o feminismo... Eu queria falar mais sobre a comunidade negra.

BH Uma das coisas mais importantes que quero dizer é que não só cresci em uma comunidade negra, mas cresci em uma comunidade negra *afetuosa* — repito, não devemos ficar presos em falsos essencialismos... Não quero sugerir que algo mágico aconteceu lá *porque* todas as pessoas eram negras — aconteceu como resultado *do que fizemos juntos* sendo pessoas negras.

Eu estava em Claremont, Califórnia, com um crítico cultural negro da Inglaterra. Todos os dias fazíamos caminhadas e éramos as únicas pessoas na rua. Minha sensação era de que estávamos na série *Além da Imaginação* (1959-1964), porque havia todas aquelas casas grandes com lindas varandas, mas nunca víamos nenhuma pessoa. E me lembrei de como foi crescer em Hopkinsville, Kentucky, no lado negro da cidade pequena, onde, se você saísse para caminhar, sempre podia cumprimentar as pessoas nas varandas e falar com elas e espalhar mensagens. Uma pessoa idosa talvez dissesse: "Quando chegar na casa de fulano, diga que preciso de uma xícara de açúcar!". Havia uma sensação de estar totalmente conectado nessa experiência de caminhar, de passear.

Aqui onde moro agora, quando caminho até a residência de um amigo, não vejo ninguém fora de casa. Mesmo que esta cidade seja pequena e todos tenham varandas grandes, as pessoas não ficam do lado de fora, a noção burguesa de "privacidade" significa que elas não querem ser vistas, sobretudo não querem ter que conversar com estranhos. Mas pelo menos temos mais comunicação em torno de questões de "raça" e "diferença" do que na maioria das cidades do Centro-Oeste, em razão da Underground Railroad[35] ter passado por aqui e da antiga comunidade negra que ainda existe em Oberlin, Ohio. Ainda assim, muitas pessoas que chegam aqui vindas de Nova York ou de

---

[35] A Underground Railroad [ferrovia subterrânea] era a rede secreta de rotas utilizada para a fuga de escravizados nos Estados Unidos, em meados do século XIX. Era usada pelos negros que buscavam escapar em direção aos estados livres no país ou ao Canadá. [N.E.]

outras cidades para fazer faculdade pensam que é horrível ser visto diariamente pelas mesmas pessoas.

R/SP Mas, se você anda por bairros étnicos, judaicos, hispânicos ou negros em Nova York, em geral as pessoas mais velhas ainda levam a cadeira para a rua e se sentam com sua caixa térmica — essa é a sala de estar delas. Conversam com os outros, e isso é realmente muito maravilhoso e tranquilo.

BH Brigo muito com o telefone, porque penso que ele é muito *perigoso* para nossa vida, porque dá uma sensação ilusória de que estamos nos *conectando*. Sempre penso nesses comerciais de telefone ("Estenda a mão e dê um toque em alguém!"), e isso se torna uma realidade muito falsa. Na minha vida mesmo, tenho que me lembrar de que falar com alguém ao telefone *não* é a mesma coisa que ter uma conversa na qual você vê a pessoa e sente o cheiro dela.

Acho que o telefone ajudou muito as pessoas a ficarem mais reservadas, porque dá a elas uma ilusão de conexão que se nega a olhar para alguém. Os comerciais de telefone são "ótimos" porque nos deixam ver a pessoa do outro lado, ver como reagem e transmitem o carinho que nunca é realmente transmitido pelo telefone, de modo a não termos uma experiência reduzida da não pessoa que de fato não vemos do outro lado. E é difícil sempre nos lembrarmos disso, porque somos seduzidos. Eu amo o livro *Da sedução*, de Baudrillard, porque fala muito sobre como somos seduzidos por *tecnologias de alienação*. Sabemos que nem todas as tecnologias alienam, então acho bom ter uma expressão como "tecnologias de alienação", para que possamos distinguir entre essas formas de transmitir conhecimento, informação etc. e outras formas de conhecimento mais plenamente significativas para nós.

R/SP Você não acha que, em nossa cultura viciante, tais seduções configuram vícios que nunca podem ser satisfeitos? O telefone dá essa promessa impossível de conexões; os números 0900[36] prometem uma simulação de amizade e comunidade (como uma boate de longa distância) que nunca pode ser preenchida. Isso traz uma inacreditável sensação de anseio e desejo.

BH Exatamente. Em uma conferência, falei da guerra contra as drogas e tentei mostrar como uma cultura de dominação é necessariamente uma cultura de *vício*, porque você de fato tira das pessoas o senso de *agência*. E o que restaura nas pessoas essa sensação de poder e capacidade? Bem, trabalhar em uma fábrica de automóveis nos Estados Unidos, hoje, dá a poucos trabalhadores uma sensação de poder. Então, como dar a eles uma sensação ilusória de poder? Poderíamos ir a qualquer fábrica grande nos Estados Unidos e ver o que as pessoas fazem. E muito do que elas fazem quando saem do trabalho é beber. Muitas das formas de "comunidade" (criadas para neutralizar as forças da alienação no trabalho) estão ligadas ao *vício*. Porque o fato é: simplesmente *não* é gratificante trabalhar pesado dez horas por dia em troca de salários baixos e não ser capaz de obter de fato a coisa de que você precisa materialmente na vida.

---

36 Os números telefônicos com prefixo 0900 foram uma febre nos anos 1990. Por meio de ligações cobradas por minuto, eram oferecidos serviços de disque-amizade, telessexo, leitura de horóscopo, entre outros. No Brasil, a prática foi proibida pela Justiça por lesar consumidores com a cobrança de valores exorbitantes nas contas de telefone. [N.E.]

Na verdade, se as pessoas não fossem seduzidas por certas formas de vício, elas poderiam se rebelar! Podem ficar deprimidas, podem começar a dizer: "Por que qualquer um de nós deveria trabalhar dez horas por dia? Por que não poderíamos dividir as funções, trabalhar quatro horas por dia e ter mais tempo de qualidade para nós mesmos e para a família? Por que trabalhadores que não sabem ler não podem ter um emprego no qual passam quatro horas trabalhando e outras quatro assistindo a filmes e participando de debates críticos?". Não conheço nenhuma indústria que tenha tentado implementar esse tipo de momento de autorrealização na experiência dos trabalhadores engajados no trabalho industrial nesta sociedade.

R/SP Em sua opinião, quais são os mecanismos por trás da guerra contra as drogas?

BH Acho que os mecanismos da guerra contra as drogas têm muito a ver com os mecanismos do capitalismo e de ganhar de dinheiro. Além disso, muitas pessoas têm mostrado como o nosso Estado e o nosso governo estão associados para disponibilizar inúmeras drogas a fim de pacificar as pessoas, começando com a aspirina, que as faz sentirem que não deveria haver dor na vida e que a dor significa que não se está vivendo uma vida de sucesso. Penso que isso é bastante difícil de aceitar. As pessoas negras e a comunidade negra foram realmente prejudicadas por acreditarem na noção de que "Se sinto dor, devo ser uma pessoa infeliz", em vez de: "*A dor pode ser uma condição frutífera de transformação*".

Acho que no início, nas comunidades negras em que cresci, havia um senso de sofrimento redentor. E é muito problemático para nós perder essa compreensão. Em *Da próxima vez, o fogo*, James Baldwin escreveu que, se você não pode sofrer, você nunca poderá crescer de verdade, porque não vai passar por nenhuma mudança real. Voltemos a M. Scott Peck, que nos diz que "toda mudança é um momento de perda". E em momentos de perda, geralmente sentimos algum grau de tristeza, luto e até mesmo dor. Se as pessoas não têm o aparato para suportar essa dor, haverá por certo uma tentativa de evitá-la; é aí que entra tanto vício e abuso de substâncias em nossa vida. A ideia é não sentir, é "vou tomar esta droga para passar por isso sem ter que realmente sentir o que poderia ter sentido aqui", ou "posso sentir, mas eu não terei memória disso".

R/SP   Finalmente, voltamos a toda a questão da raiva: "não sentir isso para não explodir com o tipo de raiva que a dor causou".

BH   Acho que é exatamente isso. Mas é promissor que haja aqueles dispostos a quebrar ou *atravessar* os muros da negação para construir uma ponte entre ilusão e realidade, para que possamos voltar para nós mesmos e viver mais plenamente no mundo.

R/SP   O que você escreve?

BH   Comecei escrevendo dramaturgia e poesia, mas depois senti que tinha recebido uma "mensagem dos espíritos", dizendo que eu realmente precisava fazer um trabalho feminista que desafiaria a categoria universalizada de "mulher". Há alguns anos, certas ideias eram predominantes no movimento feminista, como "as mulheres seriam libertadas se trabalhassem". E eu pensava: "Nossa, todas as mulheres negras que conheci trabalhavam (fora de casa), mas isso não acarretou, necessariamente, libertação". Obviamente, isso me fez questionar: "De quais mulheres estamos falando quando falamos de 'mulheres'?".

Então, passei a fazer uma teoria feminista desafiando a construção predominante da mulheridade no movimento feminista. Escrevi *E eu não sou uma mulher? Mulheres negras e feminismo*, que, inicialmente, recebeu tremenda resistência e hostilidade, porque ia contra a ideia feminista de que "mulheres compartilham as mesmas dificuldades". Estava dizendo que, na verdade, não compartilhamos as mesmas dificuldades só porque somos mulheres, que nossas experiências são muito, muito diferentes. É óbvio que, agora, isso se tornou uma noção bem-aceita, mas há doze anos as pessoas ficaram muito bravas.

Lembro-me de pessoas enfurecidas porque o livro questionou toda a construção da mulher branca como vítima ou da mulher branca como o símbolo dos mais oprimidos ou da *mulher* como o símbolo dos mais oprimidos. Porque eu estava dizendo: espere um minuto, e as diferenças de *classe* entre as mulheres? E as diferenças raciais, que, de fato, tornam algumas mulheres mais poderosas do que outras? Foi assim que comecei. Continuei escrevendo minhas peças e meus poemas, mas minha teoria e textos feministas ficaram mais conhecidos.

R/SP Você é professora universitária também?

BH Sim, embora eu esteja de licença. É engraçado, ultimamente tenho pensado muito, porque estou em um momento de crise na vida e estou tentando parar um pouco — chamo isso de uma "crise pausitiva". Estou aproveitando esse tempo para focar mais o trabalho criativo e questões de performance. Tenho o desejo de escrever pequenas peças e performances, dramas que podem ser encenados na sala de estar das pessoas.

Eu realmente gosto da *desinstitucionalização* do aprendizado e da experiência. Quanto mais tempo passo na academia, mais penso no livro de Foucault, *Vigiar e punir: nascimento da prisão*, e em toda a ideia de como as instituições funcionam. As pessoas têm essa fantasia (como eu tinha, quando era jovem) de que universidades são instituições libertadoras, quando, de fato, são como todas as outras instituições da nossa cultura quando se pensa em *repressão* e *contenção*, de modo que agora sinto que estou tentando escapar. E notei a semelhança entre a linguagem que tenho usado e a linguagem das pessoas encarceradas, sobretudo no que diz respeito à noção daquilo que alguém precisa recuperar depois de um período de confinamento.

R/SP Gosto da sua ideia de que a teoria *pode* ser libertadora, mas que, muitas vezes, está encerrada em uma linguagem *tão* elitista que a torna inacessível. Na palestra a que assisti, as ideias que você apresentou pareciam tão compreensíveis. Além disso, parecia que você havia levado seu coração e sua alma em formato de palestra.

BH É aí que acho a *performance* útil. Na cultura negra tradicional, se estiver de pé diante de uma plateia, você deve performar, deve ser capaz de comover as pessoas, alguma coisa tem de acontecer, deve haver algum tipo de *experiência* completa. Se você se levanta na frente de uma plateia e apenas lê algo passivamente, bem, qual é o sentido?

R/SP Exato. Por que não ouvir uma gravação?

BH É preciso haver esse engajamento completo, que também sugere diálogo e reciprocidade entre quem faz a performance e a plateia, que, espera-se, está reagindo. Penso em teoria e uso palavras como "desconstrução". Uma vez, alguém me perguntou: "Não acha que essas palavras são alienantes e frias?". Respondi: "Quer saber? Espero ver essas palavras no rap nos próximos anos!".

No meu livro *Anseios*, falo sobre ir para casa no Sul e dizer para a minha família que sou *minimalista*, explicando para eles qual é o significado do minimalismo para mim (em relação a espaço, objetos, necessidades e o que for). Porque os significados podem ser compartilhados — as pessoas podem conhecer diferentes idiomas e jargões por meio de aulas e de experiências, mas é necessário haver um *processo* intermediário durante o qual, ao longo do tempo, você apresenta uma noção do significado de um termo. Você precisa conseguir expressar um significado complicado em uma língua de forma mais simples ou traduzível. Isso não significa que as pessoas não possam entender um jargão mais complexo e utilizá-lo. Acho que é isso que livros como *Marx for Beginners* [Marx para principiantes] tinham em mente: se você oferecer às pessoas um esboço ou um sentido básico, estará dando a elas uma ferramenta com a qual podem voltar para o texto principal (mais "difícil") e se sentir mais à vontade com isso.

R/SP Você sente que, como mulher negra, está mudando as coisas na academia?

BH As mulheres negras mudam o processo apenas quando estão envolvidas contra a ordem dominante. Entretanto, a grande maioria das mulheres negras na academia *não* está em rebelião; elas parecem ser tão conservadoras quanto as outras forças conservadoras de lá! Por quê? Porque grupos marginalizados nas instituições se sentem vulneráveis demais. Reli *Policing Desire* [Policiando o desejo], de Simon Watney, e pensei muito sobre como me sinto mais policiada por outras mulheres negras, que me dizem: "Como você consegue se expor e se arriscar? Como você pode fazer certas coisas, por exemplo, ser indomável, ser inapropriada? Você está dificultando as coisas para que as demais (que estamos tentando mostrar que conseguimos ser 'apropriadas') façam parte do convencional".

R/SP É como um ataque de ambos os lados. Você falava sobre a "internalização do opressor" na mente das pessoas colonizadas.

BH Simon Watney falava sobre comunidades marginalizadas que protestarão contra certas formas de dominação (como a noção de "exclusão/inclusão" pela qual são excluídas), mas inventarão seu próprio grupinho no qual as mesmas práticas determinam quem tem permissão para entrar naquela "comunidade". Vemos isso acontecendo com o recente retorno a um nacionalismo cultural negro, no qual um novo grupo de pessoas negras com boa formação educacional, legal, chique, vanguardista (que, provavelmente, há cinco anos, tinham muitas amizades brancas ou miscigenadas) agora diz: "Realmente quero me relacionar *só* com pessoas negras" ou "pessoas negras e pessoas de cor".

Gosto muito do trabalho de Thich Nhat Hanh. Considero-o um dos meus principais professores e o leio há anos. Ele fala muito sobre a ideia de resistência à construção de falsas fronteiras — ideia de que *você* faz ou constrói alguém como um inimigo contra o qual precisa se opor, mas que, na verdade, talvez tenha mais em comum com você do que você percebe. No entanto, nesta sociedade, é mais fácil para nós construirmos nossa noção de "comunidade" em torno da semelhança, por isso não conseguimos imaginar um movimento pelos direitos dos homossexuais em que 80% das pessoas talvez não sejam gays!

Estava trabalhando com base na ideia de Martin Luther King de "comunidade amada" e me perguntando: em quais termos estabelecemos "comunidade"? Como conceituamos uma "comunidade amada"? A ideia de King era a de um grupo de pessoas que superaram o próprio racismo; no entanto, penso mais em comunidades de pessoas que não estão apenas interessadas em racismo mas também em toda a questão da dominação.

Acho que é mais importante perguntar: "O que significa habitar um espaço sem uma *cultura de dominação* que define como você vive sua vida?". No livro de Thich Nhat Hanh, *The Raft Is Not the Shore* [A jangada não é a margem], ele diz que "resistência no coração deve significar mais do que resistência contra a guerra. Deve significar resistência contra todas as coisas que se *parecem* com a guerra". Depois, fala sobre viver na sociedade moderna, sobre o modo como vivemos ser ameaçador à integridade do nosso ser e sobre como as pessoas que se sentem ameaçadas acabam construindo falsas fronteiras: "Só posso me importar com você se você for igual a mim. Só posso demonstrar compaixão por você se algo na sua experiência se relacionar com algo que experimentei".

Vemos uma expressão disso no livro *Contingência, ironia e solidariedade*, no qual Richard Rorty argumenta que as pessoas brancas dos Estados Unidos poderiam ser solidárias com a juventude negra se parassem de enxergá-la como "jovens negros" e olhassem para ela como estadunidenses e declarassem: "Nenhum estadunidense deveria viver assim". Então é toda a noção de: "Se você conseguir se encontrar no Outro de forma a eliminar a Alteridade, vocês conseguirão ficar em harmonia".

Porém uma ideia "mais grandiosa" é: por que precisamos eliminar a Alteridade para vivenciar uma noção de *Unidade*? Sou mais ou menos uma estranha na esquerda, porque sou muito dedicada a uma prática espiritual no meu dia a dia, mas também me interesso por expressões de desejo transgressoras.

R/SP   Como o quê?

BH   "Como o quê?", ela pergunta! Bem, por exemplo, acabei de ter um caso com um homem negro de 22 anos. Muita gente achou: "Isso é politicamente incorreto. Essa pessoa não é política; ele até tem uma namorada branca. Como você consegue ser não monogâmica na era da aids?". Da mesma forma, se você diz que tem uma prática espiritual, as pessoas na hora acham que você está conectada a uma maneira totalmente boa/ruim de ler a realidade.

R/SP   Ou que você não pode ter uma vida sexual agitada... Você é mais velha e ele é mais jovem; portanto, você está quebrando um tabu de "idade"?

BH   Na verdade, é menos o tabu da idade do que o tabu de estar envolvida com alguém que não está envolvido com o meu trabalho, que não conversa, que não é politicamente correto.

R/SP   Quase como se *você* pudesse ser a exploradora?

BH   Não! Em vez disso, a ideia é: "Você está nos decepcionando. Como pôde se envolver com um terrorista sexista?!". Porque, ao *transar*, eu não estava tentando fingir que esse cara era uma pessoa maravilhosa — eu disse que ele era um "terrorista", referindo-me a pessoas que gostam de *gaslight*, aquele termo antigo ótimo que nunca deveríamos ter abandonado: homens que seduzem uma mulher e, quando você pensa que está no céu, eles de repente a abandonam. A síndrome de seduzir e abandonar, seduzir e trair. Esse tema era muito popular nos filmes de Hitchcock.

Gosto desse termo, *gaslight*, quero recuperá-lo. Isso me faz pensar em campos minados emocionais, em alguém com quem é possível realmente ter uma experiência de êxtase, alguém que inspira sentimentos de pertencimento e retorno ao lar. Você está andando junto e, de repente, explode! Uma parte de você desaparece, e você percebe que o tempo todo isso estava nos interesses da outra pessoa: proporcionar uma sensação de pertencimento e proximidade, depois romper isso de alguma forma potente. Isso é o que penso ser terrorismo sexual...

Em um sentido mais geral, neste país eu sempre relaciono terrorismo com a ideia de um *fascismo palatável*: as pessoas realmente pensam que são livres, mas de repente descobrem que, se cruzarem certas fronteiras (por exemplo, decidir que não querem lutar nessa Guerra do Golfo), poderão ser explodidas — alguma parte de você pode ser cortada, morta a tiros, roubada...

Penso nos soldados nos quais as pessoas cuspiam — aqueles que *não* querem entrar alegremente em aviões e matar alguns iraquianos... Com que rapidez toda a vivência deles de "Estados

Unidos" foi alterada no espaço de, digamos, até mesmo um dia. Se você fizer uma justaposição da noção de "escolha/livre-arbítrio" (essa projeção mítica) com a realidade do que significa dizer: "Bem, eu realmente gostaria de exercer minha liberdade nesta *democracia* e dizer que, de fato, não apoio essa guerra e não quero ir para lá!", aí, BUM!, você descobre que na verdade não havia essa liberdade, que você realmente *tinha* se alistado para ser um agente da supremacia branca e do imperialismo ocidental branco no mundo inteiro — e que será punido, rapidinho, se sua escolha for contrária a isso!

R/SP Essa foi realmente uma guerra supremacista branca, mas a maneira como foi apresentada na TV deixou essa realidade de lado.

BH É engraçado, porque estava justamente conversando com um amigo sobre *Dança com Lobos* (1990). Ficamos incomodados porque muitas pessoas "progressistas" assistiam a esse filme chorando e dizendo que era maravilhoso. E, embora seja uma das melhores representações hollywoodianas de americanos nativos, o fato é que o pacote, de modo geral, é completamente pró-guerra, totalmente conservador.

Fiquei interessada nisso, e meu livro *Olhares negros: raça e representação* tem um ensaio que examina toda a história dos africanos que chegam ao chamado "novo mundo" e o tipo de laço que se desenvolveu entre africanos e diferentes nações. De repente, começamos a pensar nos nativos americanos como pessoas de pele clara com cabelos lisos, cuja cultura não tem nada a ver com a cultura afro-americana (ou qualquer cultura africana), quando, na verdade, nos anos 1800 e início dos anos

1900, ainda havia muita comunicação — muitas pessoas negras se juntaram legalmente às nações americanas nativas. Era possível se declarar cidadão de determinada nação.

R/SP Você tem alguma opinião sobre a apresentação de pessoas de cor na grande mídia?

BH Acho que um dos dilemas do cinema ou da performance para pessoas de cor é que não basta criarmos produtos culturais em reação aos arquétipos predominantes; devemos tentar criar as *ausências* no cinema de Hollywood. Por exemplo, achamos que um filme do Spike Lee é "bom" porque tem imagens diferentes do que vimos antes. Mas precisamos de mais do que imagens meramente "positivas" — precisamos de imagens *desafiadoras*. Quando as pessoas me perguntam: "Você não acha que, pelo menos, Spike Lee está contando a coisa como ela é?", respondo: "Sabe, a função da arte é fazer mais do que contar a coisa como ela é — é imaginar o que é *possível*".

R/SP Para dizer o que *poderia ser*.

BH Sim. E acho que, para todas as pessoas de cor nesta cultura (porque nossa mente foi colonizada demais), é muito difícil sair desse lugar de *reação*. Mesmo que eu diga: "Vou criar um drama em que a sexualidade das mulheres asiáticas seja retratada de forma diferente da norma racista", ainda estou trabalhando no sentido de: "Nós apenas reagimos à representação existente", quando, na verdade, precisamos "revisualizar", de modo abrangente, o que está fora do âmbito do meramente reacionário.

Sou fascinada pela aparência da transgressão em forma de arte que, na verdade, não é nenhuma transgressão. Vários filmes *parecem* criar uma mudança, mas a narrativa é sempre muito "amarrada" por um final que nos devolve ao status quo; portanto, não houve nenhuma mudança. A mensagem subjacente acaba sendo completamente conservadora.

R/SP Você consegue pensar em algum exemplo na grande mídia que funcione de forma positiva?

BH Não vimos o suficiente. A heterossexualidade negra no cinema e na televisão é sempre básica, estilosa e sexista, como no filme *Mais e Melhores Blues* (1990), de Spike Lee, em que nada de diferente acontece, ainda que a gente saiba que a vida real das pessoas pode ter construções muito mais complexas. Por exemplo, ninguém diz: "Vamos ter arranjos diferentes, não acho que quero ser monogâmico. Vamos reorganizar isso aqui". Um lugar onde *se pode* imaginar possíveis construções diferentes é a arte da performance. Penso nas primeiras performances de Whoopi Goldberg, quando ela assumiu muitas identidades diferentes, como a *bag lady* [mulher sem-teto] a quem ela deu voz.

Houve um momento em minha vida no qual precisei de terapia. Eu estava envolvida com um artista/intelectual negro e vivia uma vida horrível, um misto de tristeza e alegria. Não havia ninguém que eu pudesse procurar para dizer: "Eis o que está acontecendo comigo, e não tenho nenhum aparato para entender isso". Então *inventei* esta personagem: uma terapeuta, uma curandeira, e pude me levantar e fazer uma performance improvisada com essa persona. Percebi que dá para inventar algo de que se precisa.

Acabei de ler uma citação do livro *As guerrilheiras*, de Monique Wittig — "Houve um tempo em que você não era uma escrava" —, que traz a ideia de *lembrar quem você era*. Pensava em quando eu estava naquele relacionamento emocionalmente abusivo, contraditório, e tentei me lembrar de quando *não* vivia tanto "na Matrix" assim. Mas, vinda de uma família na qual fui torturada de forma rotineira e perseguida emocionalmente, foi difícil até mesmo imaginar um espaço onde eu não estivesse envolvida com pessoas que seduzem e traem, que fazem você se sentir amada em um minuto e logo em seguida puxam seu tapete, e você fica sempre em uma espiral, sem certeza de como reagir. A questão é: a arte da performance, no ritual de inventar uma personagem que não só podia falar através de mim, mas também por mim, era um *lugar de recuperação* importante para mim.

R/SP Quanto à posição das mulheres ou das pessoas de cor, parece que os níveis de decepção estão piorando. As ilusões e o controle são muito mais rígidos.

BH Há uma citação incrível de Martin Luther King em seu último ensaio, "Um testamento de esperança". Ele diz que a revolução negra não é uma revolução apenas para pessoas negras; na verdade, ela expõe certas falhas sistêmicas da sociedade: *racismo*, *militarismo* e *materialismo*. E, embora haja muitas pessoas progressistas de esquerda contrárias ao militarismo, muitas não se opõem ao *materialismo*.

Uma coisa que podemos aprender com Thich Nhat Hanh, que sobreviveu à Guerra do Vietnã, é o quanto esta cultura é tão profundamente materialista... As pessoas pensam que precisam de *tanta coisa*. Quando leciono um curso sobre literatura do terceiro mundo, dedico as primeiras semanas a tentar fazer as pessoas desaprenderem a pensar com mentalidade de primeiro mundo, o que significa assistir a uma série como *Dinastia* (1981-1989), ver toda aquela opulência material e avaliar a própria vida com base naquilo. Talvez você diga: "Ah, Deus, não tenho nada; só tenho um carro velho e um aparelho de som velho, mas *olha* essa opulência!". No entanto, se pensarmos no resto do mundo... Eu me lembro de mim mesma, quando era adolescente ingênua, indo para a Alemanha e descobrindo que nem todo mundo tinha um aparelho de som!

Ao pensarmos *globalmente*, somos capazes não só de ver quanto temos (em comparação com os outros) mas também de pensar naquilo que se relaciona com a produção do que temos. Digo aos estudantes: "Nas duas primeiras semanas, para não pensar dentro de um contexto de primeiro mundo, se comer um bife, você terá que sacar caneta e papel e escrever o que envolve a produção daquele bife". Assim, terá noção de fazer parte de uma comunidade mundial, e não só parte de um contexto de primeiro mundo, que, na verdade, te faz negar seu posicionamento como indivíduo em uma *comunidade mundial*. Não basta pensar em si mesmo em termos de Estados Unidos.

Até mesmo os amigos "da esquerda" preferem não discutir a Guerra do Golfo como um *materialismo desafiador* — o uso e a exploração excessivos de recursos mundiais. Porque então poderíamos começar a discutir o que significaria mudar nosso estilo de vida, para perceber que ser contra a guerra também significa mudar nosso estilo de vida. Em seu discurso ao receber o Nobel da Paz, Dalai Lama disse: "Como podemos esperar que pessoas com fome se preocupem com a ausência de guerra?". Ele também disse que a paz deve significar mais do que apenas ausência de guerra; deve estar relacionada à reconstrução da sociedade para que as pessoas possam aprender a ser seres humanos plenamente autorrealizados, plenamente vivos.

R/SP As posses se tornam substitutas, encobrem uma perda de significado e de conexão (você *é* o que possui). As coisas que mais amo não custam muito, mas têm um significado especial para *mim*, como presentes que me conectam a certas pessoas ou objetos que me lembram de certo período. No entanto, a sociedade industrial ocidental promove itens cuja função original foi esquecida: um carro não é apenas uma caixa sobre rodas que te leva por aí, é a mercadoria cara que você compra para "comunicar" status.

BH Acho que nosso materialismo muitas vezes está totalmente desconectado da ideia de que a estética é *crucial* para nossa capacidade de viver humanamente no mundo, para sermos capazes de reconhecer e conhecer a beleza, para sermos capazes de nos alegrarmos com ela, para sermos capazes de *escolher* os objetos ao redor... Sempre me interessei pelo arranjo de quartos budista: como colocar algo em nossa casa para que possamos ser mais humanos só de olhar ou de interagir com aquilo? E há *tão pouco* disso em nossa cultura.

Por exemplo, durante um tempo quis um livro de mesa caro sobre colchas amish. E fiquei muito triste quando o adquiri e descobri que abordava apenas a coleção da Esprit! Por um lado, somos feitos para nos sentir "gratos" por essas pessoas ricas comprarem essas colchas e fazerem com que estejam "disponíveis" para o público. Mas ninguém fala sobre o fato de que os consumidores *yuppies* transformaram colchas em algo que abandona completamente a casa das pessoas que as tinham como legados históricos ou familiares — tudo em prol do *dinheiro*. Não há nada que nos diga: "Foi assim que adquirimos essa colcha". Não há nada sobre o processo de aquisição no contexto do capitalismo, nada sobre todo esse *processo de colecionar* e o que ele implica...

R/SP ... o que o exclui da comunidade. Em certas aldeias ameríndias, a espiritualidade e um senso comunitário intenso eram profundamente integrados na confecção de objetos cuja função era também necessária para a sobrevivência do grupo... Cresci na Nova Inglaterra, onde as senhoras idosas costumavam organizar encontros de costura que reuniam as mulheres e proporcionavam um valioso senso de comunidade. E de repente desvirtuar esse ofício comunitário transformando-o em status de *colecionador* simplesmente alienou e consumiu aquele reservatório espiritual e cultural.

BH Quando tenho dinheiro para comprar uma coisa, penso demais na questão do significado dessa coisa na minha vida. Quero possuir algo *só* porque tenho dinheiro para comprá-lo? Como eu ou a Esprit (ou qualquer grupo de pessoas) podemos possuir uma coleção de algo e não participar do processo de alienação cultural? A Esprit parece pensar que pendurar as colchas nos escritórios é uma maneira de *compartilhar*.

Tentei analisar por que me senti violada quando recebi um livro intitulado *The Amish Quilt* [A colcha amish], pensando que aprenderia algo sobre as colchas amish, quando na verdade me dei conta de que o que estou realmente aprendendo é sobre a coleção de colchas amish da Esprit. Isso levanta as questões de *repaginar*, de fantasiar a vida amish, o que está acontecendo nos Estados Unidos. Acho que isso não está desconectado da supremacia branca, porque, se pensarmos nos *shakers*[37] ou nos menonitas ou em outros grupos que acolheram pessoas que não são brancas, concluiremos que um dos que ficaram mais *brancos* foi o amish. E as pessoas brancas olham para eles com uma espécie de nostalgia, trazendo esse ideal de "estilo de vida amish" — ainda que os vejamos sendo explorados descaradamente, como no filme *A Testemunha* (1985) ou nos muitos livros publicados recentemente.

Há um novo livro de uma mulher branca que foi viver entre os amish. Ela descreve a paz e a serenidade que encontrou. Penso que *todos* nós temos algo a aprender com o modo de vida amish, com seus hábitos de ser e de pensar... Mas é interessante que especificamente esse grupo, mais *branco*, seja fetiche.

R/SP Como a exploração em geral pode ser evitada?

BH Sempre penso que, enquanto houver possibilidade de exploração, a intervenção é *o reconhecimento do Outro*. O reconhecimento permite certo tipo de negociação que parece acabar com a possibilidade de dominação. Se uma pessoa tomar uma decisão unilateral que não *me* leva em consideração, eu me sentirei explorada por essa decisão, porque minhas necessidades não

---

[37] Membros da Sociedade Unida dos Crentes na Segunda Aparição de Cristo, seita religiosa cristã fundada na Inglaterra (c. 1747) a partir da cisão de uma comunidade quacre. Em inglês, *shaker* significa "sacudidor", e seus seguidores receberam esse apelido pejorativo porque ficavam em êxtase durante os cultos. [N.E.]

foram consideradas. Mas, se essa pessoa estiver disposta a fazer uma pausa, nesse momento de pausa haverá uma oportunidade de *reconhecimento mútuo* (o que chamo de encontro "entre sujeitos", em oposição ao encontro "entre sujeito e objeto"). Isso não significa, necessariamente, que a pessoa mudará o que pretendia fazer, mas significa que (pelo menos temporariamente) não sou transformada em *objeto* para ela seguir com seu objetivo.

Um contexto de não dominação requer uma vivência prática de interação. E essa prática precisa ser *consciente*, em vez de alguma noção sentimental de que "você e eu viemos ao mundo com 'vontade de fazer o bem um para o outro'". Na realidade, essa forma não exploradora de estar um com o outro precisa ser *praticada*; a resistência à possibilidade de dominação precisa ser *aprendida*.

Isso também significa que é preciso cultivar a capacidade de *esperar*. Penso que uma cultura de dominação está muito ligada a noções de eficiência, a tudo funcionando sem problemas. Quer dizer, será muito mais fácil se você me disser: "Vou embora!", em vez de: "Desejo ir embora e não voltar; qual é o impacto desse desejo em você?", e eu respondo: "Existe espaço para uma reação minha?". Tudo isso leva mais tempo do que o tipo de fascismo que diz: "Isso é o que vou *fazer*, foda-se!".

Muitas vezes, penso: o que *significa* "resistência" (nossa resistência contra guerra, sexismo, homofobia etc.) se não estivermos totalmente comprometidos em mudar nosso estilo de vida? Porque muito do que *somos* é formado por uma cultura de dominação. E como nos libertamos dentro da cultura de dominação se nossa vivência prática, a cada momento do dia, não diz "Não!" para isso de alguma forma ou de outra? Significa que temos que *pausar*, *refletir*, *reconsiderar*, criar todo um *movimento*... e não é disso que se trata a máquina do capitalismo na vida cotidiana. Trata-se de "vamos fazer tudo rapidamente, depressa!".

Tenho a esperança de que aquilo que está ocorrendo agora para tantas pessoas seja a eliminação de boa parte da *negação*, porque negação é sempre *insanidade*. Portanto, sabemos que, quanto menos nos engajarmos na negação, mais somos capazes de recuperar nosso *eu*. A *esperança* está na possibilidade de resistência baseada em ser capaz de encarar nossa realidade *como ela é*.

R/SP   Ainda assim, vejo a negação ficar cada vez mais forte, crescer.

BH   Há um modo de encarar isso: é como ter um mal-estar no corpo que fica cada vez mais forte conforme compromete o *bem-estar*. Não precisamos enxergar esse período de intenso mal-estar como um convite ao desespero, mas como um sinal de *transformação* em potencial nas raízes de qualquer dor que estivermos vivenciando.

20.
o amor como prática da liberdade

Nesta sociedade, não há um discurso potente sobre o amor emergindo nem de radicais politicamente progressistas nem da esquerda. A ausência de um foco contínuo no amor dentro dos círculos progressistas é resultado de uma falha coletiva em reconhecer as necessidades do espírito e de uma ênfase excessiva em preocupações materiais. Sem amor, nossos esforços para libertar a nós mesmos e a nossa comunidade mundial da opressão e da exploração estão condenados. Enquanto nos recusarmos a abordar plenamente o lugar do amor em lutas pela libertação, não seremos capazes de criar uma cultura de conversão na qual uma multidão de pessoas se afaste de uma ética de dominação.

Sem uma ética do amor para moldar a direção da nossa visão política e das nossas aspirações radicais, muitas vezes somos seduzidos, de uma forma ou de outra, por uma lealdade contínua a sistemas de dominação — imperialismo, sexismo, racismo, classismo. Fico intrigada com mulheres e homens que passam a vida trabalhando para resistir e se opor a uma forma de dominação, mas apoiam sistematicamente outra. Já fiquei intrigada com líderes negros visionários influentes, que conseguem falar e agir com empolgação, resistindo à dominação racial, e, ao mesmo tempo, aceitar e abraçar a dominação sexista das mulheres; e com mulheres brancas feministas que trabalham diariamente para erradicar o sexismo, mas têm grandes pontos cegos quando se trata de reconhecer o racismo e a dominação supremacista branca do planeta e resistir a eles. Ao analisar esses pontos cegos de maneira crítica, concluo que muitos de nós estão motivados a agir contra a dominação apenas quando sentimos nosso próprio interesse ser diretamente ameaçado. Muitas vezes, então, o anseio não é pela transformação coletiva da sociedade, pelo fim da política de dominações, mas simplesmente pelo fim do que sentimos estar nos machucando. É por isso que precisamos desesperadamente de uma ética do amor para intervir em nosso desejo egocêntrico por mudança. Essencialmente, se estamos comprometidos apenas com uma melhoria nessa política de dominação que sentimos resultar diretamente em nossa exploração ou opressão individual, não apenas permanecemos ligados ao status quo como também agimos em cumplicidade com ele, nutrindo e mantendo esses mesmos sistemas de dominação. Até que todo mundo consiga aceitar a natureza interligada, interdependente dos sistemas de dominação, e reconhecer as formas específicas da manutenção de cada um deles, continuaremos a agir de maneira a comprometer nossa busca individual pela liberdade e a luta coletiva pela libertação.

A capacidade de reconhecer pontos cegos somente emerge conforme expandimos nossa preocupação com políticas de dominação e nossa capacidade de nos importar com a opressão e a exploração dos outros. Uma ética do amor torna essa expansão possível. O movimento dos direitos civis transformou a sociedade nos Estados Unidos porque estava fundamentalmente enraizado em uma ética do amor. Nenhum líder enfatizou essa ética mais do que Martin Luther King. Ele teve a visão profética de reconhecer que uma revolução construída em qualquer outra base fracassaria. Repetidas vezes, King declarou que tinha "decidido amar" porque acreditava profundamente que, se estivermos "buscando o bem supremo", nós "o encontraremos por meio do amor", porque essa é "a chave que abre a porta para o significado da realidade definitiva". O objetivo de estar em contato com uma realidade transcendente é lutarmos por justiça sempre conscientes de que somos mais do que nossa raça, classe ou sexo. Quando olho para trás, para o movimento dos direitos civis, de muitas maneiras limitado por ser um esforço reformista, vejo que ele tinha o poder de mover uma multidão de pessoas para agir em benefício da justiça racial porque estava profundamente enraizado em uma ética do amor.

O movimento black power dos anos 1960 se afastou dessa ética do amor. A ênfase naquele momento estava mais no poder. Não é surpreendente que o sexismo, que sempre comprometera a luta pela libertação negra, tenha se intensificado; que o tratamento misógino das mulheres tenha se tornado central à medida que se tornou norma entre líderes políticos negros — quase todos homens —, igualando a liberdade à masculinidade patriarcal. De fato, a nova militância do poder negro masculinista equiparava o amor à fraqueza, anunciando que a expressão quinta-essencial de liberdade seria a disposição para coagir, gerar violência, aterrorizar, utilizar de fato as armas de dominação. Essa foi a personificação mais crua do ousado credo de Malcolm X: "por qualquer meio necessário".

No lado positivo, o movimento black power redirecionou o foco da luta pela libertação negra, de reforma para revolução.

Esse foi um importante desenvolvimento político, trazendo consigo uma perspectiva global anti-imperialista mais forte. No entanto, os vieses sexistas da liderança levaram à supressão da ética do amor. Assim, houve progresso, ainda que algo valioso tenha sido perdido. Enquanto King se concentrara em amar nossos inimigos, Malcolm chamava nossa atenção para nós mesmos, reconhecendo que cuidar da negritude era nossa responsabilidade central. Embora King tenha falado sobre a importância do amor-próprio negro, ele falou mais sobre amar nossos inimigos. Por fim, nem ele nem Malcolm viveram o suficiente para integrar totalmente a ética do amor a uma visão de descolonização política que fornecesse um modelo para a erradicação do auto-ódio negro.

Pessoas negras que entraram no âmbito da vida racialmente integrada nos Estados Unidos, devido ao sucesso dos direitos civis e do movimento black power, de repente descobriram que estavam lidando com uma intensificação do racismo internalizado. A morte desses importantes líderes (assim como dos líderes brancos liberais que foram grandes aliados na luta pela igualdade racial) desencadeou sentimentos fortes de desesperança, impotência e desespero. Machucadas naquele espaço onde conheceríamos o amor, pessoas negras vivenciaram coletivamente dor e angústia intensas em relação ao nosso futuro. A ausência de espaços públicos onde essa dor pudesse ser articulada, expressa, compartilhada significou que ela ficava contida — apodrecendo, suprimindo a possibilidade de que essa tristeza coletiva fosse resolvida na comunidade, mesmo que modos de superá-la e continuar a luta de resistência fossem antevistos. Sentindo como se "o mundo tivesse realmente chegado ao fim", no sentido de que havia morrido a esperança de que a justiça racial se tornaria norma, um desespero ameaçador tomou conta da vida negra. Nunca saberemos até que ponto o foco masculinista negro na rigorosidade e na tenacidade serviu como barreira para impedir o contínuo reconhecimento público da tristeza e da dor enormes na vida negra. Em *World as Lover, World as Self* [O mundo como amante, o mundo como eu], Joanna Macy enfatiza, no capítulo "The Gateway of Despair" [O portal do desespero], que

> paga-se um preço alto pela recusa em sentir. Não só há um empobrecimento de nossa vida emocional e sensorial [...] como há também esse entorpecimento psíquico que impossibilita nossa capacidade de processar a informação e de reagir a ela. A energia gasta em reprimir o desespero é desviada de usos mais criativos, esgotando a resiliência e a imaginação necessárias para novas visões e estratégias.

Para as pessoas negras seguirmos em frente em nossa luta pela libertação, devemos enfrentar o legado dessa tristeza não resolvida, pois ele tem sido terreno fértil para um enorme desespero niilista. Devemos retornar coletivamente a uma visão política radical de mudança social enraizada em uma ética do amor e buscar, mais uma vez, converter uma multidão de pessoas, negras e não negras.

Uma cultura de dominação é antiamor. Requer violência para se sustentar. Escolher o amor é ir contra os valores predominantes da cultura. Muitas pessoas se sentem incapazes de amar a si mesmas ou aos outros porque não sabem o que é o amor. Músicas contemporâneas como "What's Love Got To Do With It" [O que o amor tem a ver com isso], de Tina

Turner, defendem um sistema de trocas em torno do desejo, espelhando a economia do capitalismo — a ideia de que o amor é importante é ridicularizada. Em seu ensaio "Love and Need: Is Love a Package or a Message?" [Amor e necessidade: o amor é um embrulho ou uma mensagem?], Thomas Merton argumenta que somos ensinados, dentro da estrutura do capitalismo competitivo de consumo, a ver o amor como um negócio: "Esse conceito de amor pressupõe que o maquinário de compras e vendas de necessidades é o que faz tudo funcionar. Considera a vida como um mercado e o amor como uma variação da livre-iniciativa". Embora muitas pessoas reconheçam e critiquem a comercialização do amor, elas não veem outra alternativa. Sem saber amar ou até mesmo o que é o amor, muitas pessoas se sentem emocionalmente perdidas; outras buscam definições, formas de sustentar uma ética do amor em uma cultura que nega o valor humano e valoriza o materialismo.

A venda de livros com foco na recuperação, livros que buscam ensinar às pessoas maneiras de melhorar a autoestima, o amor-próprio e nossa intimidade nas relações, atestam que há certa conscientização pública sobre uma ausência na vida da maioria das pessoas. O livro de autoajuda de M. Scott Peck, *A trilha menos percorrida*, é extremamente popular porque aborda essa ausência.

Peck oferece uma definição eficaz de amor, útil para aqueles de nós que gostariam de fazer de uma ética do amor o núcleo de toda a interação humana. Ele define o amor como "vontade de se empenhar ao máximo para promover o próprio crescimento espiritual ou o crescimento espiritual de outra pessoa". Comentando acerca das atitudes culturais predominantes sobre o amor, Peck escreve:

Todos na nossa cultura desejam, até certo ponto, estar amando. Contudo, de fato muitos não estão. Portanto, concluo que o desejo de amar não é amor. O amor é expresso amando. É um ato de vontade — isto é, tanto uma intenção quanto uma ação. A vontade também implica escolha. Nós não temos de amar. Escolhemos amar.

Suas palavras ecoam a declaração de Martin Luther King: "Decidi amar", que também enfatiza a escolha. King acreditava que o amor é, "em última análise, a única resposta" para os problemas enfrentados por esta nação e por todo o planeta. Compartilho dessa crença e da convicção de que é ao escolhermos o amor, ao começarmos com o amor como base ética para a política, que nos posicionamos melhor para transformar a sociedade de maneira a aprimorar o bem coletivo.

É realmente incrível que King tivesse coragem de falar tanto sobre o poder transformador do amor em uma cultura em que essa conversa é, muitas vezes, vista como meramente sentimental. Nos círculos políticos progressistas, falar de amor é garantir que alguém será dispensado ou considerado ingênuo. Mas, fora desses círculos, há muitas pessoas que reconhecem abertamente que são consumidas por sentimentos de auto-ódio, que se sentem inúteis, que querem uma saída. Muitas vezes estão demasiado presas a um desespero paralisante, que as impede de se envolver efetivamente em qualquer movimento de mudança social. No entanto, se os líderes desses movimentos se recusarem a enfrentar a angústia e a dor da vida, nunca terão motivação para considerar a reabilitação pessoal e política. O movimento político que possa efetivamente atender a essas necessidades do espírito no contexto da luta pela libertação terá sucesso.

No passado, a maioria das pessoas aprendeu sobre as necessidades do espírito e atendia a elas no contexto da experiência religiosa. A institucionalização e a comercialização da igreja têm comprometido o poder da comunidade religiosa de transformar almas, de intervir politicamente. Ao comentar sobre a sensação coletiva de perda espiritual na sociedade moderna, Cornel West afirma:

> Há um generalizado empobrecimento do espírito na sociedade estadunidense, sobretudo entre pessoas negras. Historicamente, houve forças culturais e tradições, como a igreja, que controlavam insensibilidade e falta de empatia. Entretanto, o empobrecimento do espírito hoje significa que a frieza e a falta de consideração estão cada vez mais difundidas. A igreja controlava essas forças ao promover uma noção de respeito pelos outros, um senso de solidariedade, um senso de significado e de valor que desencadeariam a força para lutar contra o mal.

Comunidades políticas vitais podem oferecer um espaço semelhante para a renovação do espírito. Isso só pode acontecer se abordarmos as necessidades do espírito por meio de teoria e prática políticas progressistas.

Muitas vezes, quando Cornel West e eu falamos com grandes grupos de pessoas negras sobre o empobrecimento do espírito na vida negra, o desamor, compartilhando que podemos nos recuperar coletivamente por meio do amor, a reação é emocionante. As pessoas querem saber como começar a prática de amar. Para mim, é aí que a educação para uma consciência crítica precisa entrar. Quando olho para a minha vida, procurando por um projeto que tenha me ajudado no processo de descolonização, de autorreabilitação pessoal e política, sei que aprender a verdade sobre como os sistemas de dominação operam foi o que me ajudou, aprender a olhar tanto para dentro quanto para fora com olhar crítico. Consciência é central para o processo do amor como prática da liberdade. Sempre que aqueles de nós que são membros de grupos explorados e oprimidos ousam questionar criticamente nossa localização, as identidades e alianças que configuram nosso modo de viver, começamos o processo de descolonização. Se descobrimos em nós mesmos o auto-ódio, a baixa autoestima ou o pensamento supremacista branco internalizado e os enfrentamos, podemos começar a nos curar. Reconhecer a verdade da nossa realidade, tanto individual quanto coletiva, é um estágio necessário para o crescimento pessoal e político. Essa é, geralmente, a fase mais dolorosa no processo de aprender a amar, aquela que muitos de nós tentamos evitar. De novo, uma vez que escolhemos o amor, instintivamente possuímos os recursos internos para confrontar essa dor. Movendo-se através da dor para o outro lado, encontramos a alegria, a liberdade de espírito que uma ética do amor traz.

Ao escolhermos o amor, escolhemos também viver em comunidade, e isso significa que não precisamos mudar sozinhos. Podemos contar com a afirmação crítica e o diálogo com companheiros que andam por um caminho semelhante. O teólogo afro-estadunidense Howard Thurman acreditava que aprendemos melhor sobre o amor como prática da liberdade no contexto da comunidade. Ao comentar esse aspecto de seu trabalho no ensaio "Spirituality out on The Deep" [Espiritualidade em profundidade], Luther Smith nos lembra de que Thurman sentiu que os Estados Unidos foram dados a diversos grupos de pessoas pela força vital do universo como um lugar para a construção de comunidade. Parafraseando Thurman, ele escreve: "A verdade se torna verdade em comunidade. A ordem social anseia por um centro (isto é, espírito, alma) que lhe dê identidade, poder e propósito. Os Estados Unidos, e todas as entidades culturais, estão em busca de uma alma". Trabalhando dentro da comunidade, compartilhando um projeto com outra pessoa ou com um grupo maior, somos capazes de vivenciar alegria na luta. Essa alegria precisa ser documentada, pois, se focarmos apenas a dor ou as dificuldades que certamente são reais em qualquer processo de transformação, mostraremos apenas uma imagem parcial.

Uma ética do amor enfatiza a importância do serviço aos outros. Dentro do sistema de valores dos Estados Unidos, qualquer tarefa ou trabalho relacionado ao "serviço" é desvalorizado. O serviço fortalece nossa capacidade de conhecer a compaixão e aprofunda nossa percepção. Para servir aos outros, não posso enxergá-los como objeto, devo enxergar sua subjetividade. Compartilhando o ensinamento dos guerreiros Shambhala, a budista Joanna Macy escreve que precisamos de armas de compaixão e percepção:

Você precisa ter compaixão, porque ela lhe dá o combustível, o poder, a paixão para se mover. Quando você se abre para a dor do mundo, você se move, você age. Mas essa arma não é suficiente. Ela pode queimá-lo, então você precisa do outro — você precisa entender a radical interdependência de todos os fenômenos. Com essa sabedoria, você percebe que não se trata de uma batalha entre mocinhos e bandidos, mas que a linha entre o bem e o mal atravessa o terreno de cada coração humano. Com a percepção de nossa profunda inter-relação, você sabe que ações empreendidas com intenção pura têm repercussões em toda a teia da vida, para além do que você pode medir ou discernir.

Macy compartilha que compaixão e percepção podem "nos sustentar como agentes de mudança saudável" porque são "dons para reivindicarmos agora, na cura do nosso mundo". Em parte, aprendemos a amar ao prestarmos serviço. Essa é novamente uma dimensão do que Peck quer dizer quando fala sobre nos estendermos para o outro.

O movimento pelos direitos civis tinha o poder de transformar a sociedade porque os indivíduos que lutam sozinhos e em comunidade por liberdade e justiça queriam que esses dons fossem para todos, e não apenas para quem estivesse sofrendo e sendo oprimido. Líderes negros visionários, como Septima Clark, Fannie Lou Hamer, Martin Luther King e Howard Thurman, alertaram contra o isolacionismo. Encorajaram as pessoas negras a olhar além de nossas próprias circunstâncias e a assumir responsabilidade pelo planeta. Esse apelo à comunhão com um mundo além do eu, da tribo, da raça, da nação, era um convite constante para expansão pessoal e crescimento. Quando uma multidão de pessoas negras começou a pensar apenas em "nós e eles", internalizando o sistema de valores do patriarcado supremacista branco capitalista, pontos cegos se desenvolveram, e a capacidade de empatia necessária para a construção da comunidade foi reduzida. Para curar nosso corpo político ferido, devemos reafirmar nosso compromisso com uma visão daquilo a que King se referiu, no ensaio "Facing the Challenge of a New Age" [Enfrentando o desafio de uma nova era], como um compromisso genuíno com "a liberdade e a justiça para todas as pessoas". Meu coração se alegra quando leio o ensaio de King, pois lembro do lugar para o qual a verdadeira libertação nos leva. Ela nos leva, além da resistência, para a transformação. King nos diz que "o fim é a reconciliação, o fim é a redenção, o fim é a criação da comunidade amada". No momento em que escolhemos amar, começamos a agir contra a dominação, contra a opressão. No momento em que escolhemos amar, começamos a avançar em direção à liberdade, a agir de forma a libertar a nós mesmos e aos outros. Essa ação é o testemunho do amor como prática da liberdade.

bell hooks nasceu em 1952, em Hopkinsville, então uma pequena cidade segregada do Kentucky, no Sul dos Estados Unidos, e morreu em 2021, em Berea, também no Kentucky, aos 69 anos, depois de uma prolífica carreira como professora, escritora e intelectual pública. Batizada como Gloria Jean Watkins, adotou o pseudônimo pelo qual ficou conhecida em homenagem à bisavó, Bell Blair Hooks, "uma mulher de língua afiada, que falava o que vinha à cabeça, que não tinha medo de erguer a voz". Como estudante, passou pelas universidades Stanford, de Wisconsin e da Califórnia, e lecionou nas universidades Yale, do Sul da Califórnia, no Oberlin College e na New School, entre outras. Em 2014, fundou o bell hooks Institute. É autora de mais de trinta obras sobre questões de raça, gênero e classe, educação, crítica cultural e amor, além de poesia e livros infantis, das quais a Elefante já publicou *Olhares negros*, *Erguer a voz* e *Anseios*, em 2019; *Ensinando pensamento crítico*, em 2020; *Tudo sobre o amor* e *Ensinando comunidade*, em 2021; *A gente é da hora*, *Escrever além da raça* e *Pertencimento: uma cultura do lugar*, em 2022.

© Editora Elefante, 2023
© Gloria Watkins, 2023

Título original:
Outlaw Culture: Resisting Representations, bell hooks
© All rights reserved, 1994
Authorised translation from the English language edition published
by Routledge, a member of the Taylor & Francis Group LLC.

Primeira edição, agosto de 2023
São Paulo, Brasil

Dados Internacionais de Catalogação na Publicação (CIP)
Angélica Ilacqua CRB-8/7057

---

hooks, bell, 1952–2021
Cultura fora da lei: representações de resistência / bell hooks;
    tradução de Sandra Silva. São Paulo: Elefante, 2023.
    420 p.

ISBN 978-85-93115-78-3
Título original: *Outlaw Culture: Resisting Representations*

1. Cultura 2. Sexualidade 3. Feminismo 4. Racismo
I. Título II. Silva, Sandra

22-4415   CDD 306.4

Índice para catálogo sistemático:
1. Cultura

---

elefante

editoraelefante.com.br
contato@editoraelefante.com.br
fb.com/editoraelefante
@editoraelefante

Aline Tieme [comercial]
Samanta Marinho [financeiro]
Teresa Cristina [redes]
Sidney Schunck [design]

fontes H.H. Samuel e Calluna
papéis Cartão 250 g/m² & Pólen Natural 70 g/m²
impressão BMF Gráfica